国家示范性高职院校汽车类规划教材
——任务驱动式项目教材

# 汽车整车检测

袁诚坤　主　编
康国初　李建兴　副主编
　　　杨柏青　主　审

## 内 容 简 介

本书主要介绍汽车在不解体情况下的性能检测与故障诊断，通过项目教学的方法，分别讲解了汽车检测与故障诊断的基本知识，对汽车发动机、汽车底盘、汽车传动系、汽车电气系统常见故障的检测与故障诊断等内容进行了翔实的阐述，注重介绍汽车常见故障并安排了相应的训练项目。

本书集理论与实战于一体，力求通俗易懂，为加强职业院校学生能力的培养，安排了大量的实训内容，并且使之符合职业院校的实践要求。

本书适合于高职高专汽车检测与维修、汽车运用技术等相关专业使用，也可作为成人高等教育相关课程的教材，还可供汽车维修人员、汽车驾驶员、汽车行业相关人员阅读参考。

#### 图书在版编目（CIP）数据

汽车整车检测/袁诚坤主编. —北京：北京大学出版社，2010.3
（国家示范性高职院校汽车类规划教材·任务驱动式项目教材）
ISBN 978-7-301-16512-6

Ⅰ. 汽…　Ⅱ. 袁…　Ⅲ. 汽车—检测—高等学校：技术学校—教材　Ⅳ. U472.9

中国版本图书馆 CIP 数据核字（2009）第 230984 号

| | |
|---|---|
| 书　　　　名： | 汽车整车检测 |
| 著作责任者： | 袁诚坤　主编 |
| 策划编辑： | 温丹丹 |
| 责任编辑： | 桂　春 |
| 标准书号： | ISBN 978-7-301-16512-6/TH·0172 |
| 出版发行： | 北京大学出版社 |
| 地　　　　址： | 北京市海淀区成府路 205 号　100871 |
| 电　　　　话： | 邮购部 62752015　发行部 62750672　编辑部 62765126　出版部 62754962 |
| 网　　　　址： | http://www.pup.cn |
| 电子信箱： | zyjy@pup.cn |
| 印刷者： | 涿州市星河印刷有限公司 |
| 经销者： | 新华书店 |
| | 787 毫米×980 毫米　16 开本　14.25 印张　311 千字 |
| | 2010 年 3 月第 1 版　2016 年 12 月第 3 次印刷 |
| 定　　　　价： | 30.00 元 |

未经许可，不得以任何方式复制或抄袭本书之部分或全部内容。
版权所有，侵权必究
举报电话：010-62752024　电子信箱：fd@pup.pku.edu.cn

# 前　言

汽车整车检测是保障汽车安全行驶和汽车维修质量的重要监控手段，对促进运输业的发展发挥着重要的作用。随着 GB 7258—2004《机动车运行安全技术条件》的实施，社会对汽车检测与维修人员的需求不断增加，对人员的素质也提出了更高的要求，为此，我们组织编写了《汽车整车检测》这本书。

本书体现了如下特点：

1. 理论与实践相结合。考虑到本书的主要对象是职业院校在校生，加强了"任务训练"内容的编写，使学生在"做"中"学"。

2. 注重学习能力的培养。在每项任务资讯后都附有任务训练，便于学生自测学习，使教学与职业资格考试有机结合，锻炼学生的自主学习和自我评价的能力。

3. 以工作任务作为驱动。结合目前我国职业教育改革的新模式，以典型工作任务为驱动，围绕职业工作的需要，以就业为导向，以技能训练训中心，实现理论教学与技能训练的有机结合。

4. 以学生为主体。突出实用性、新颖性，注重汽车服务岗位和检测与维修岗位的知识和技能的要求，融入教学设计的新理论，以学生为主体、教师为指导，理论紧密联系实践。

黑龙江农业工程职业学院袁诚坤编写任务一和任务六，赵艺平编写任务三资讯部分，王娜编写任务五资讯部分，刘剑峰编写任务四资讯部分，宁波城市职业技术学院李建兴编写任务三任务训练部分和任务五任务训练部分，康国初编写任务四训练部分，北京理工大学赵中煜编写任务二。全书由袁诚坤统稿、修改并定稿；袁诚坤任主编，康国初、李建兴任副主编。黑龙江农业工程职业学院杨柏青任主审。

本书在编写过程中，参阅了大量的相关文献，得到了许多同行的大力支持，在此，一并向有关作者及关心支持本书编写的同志们表示真诚的谢意。

由于编者水平有限，书中难免存在缺点和错误，恳切希望读者批评指正，以便再版时修正。

编者<br>2010 年 1 月

# 目　　录

**任务一　汽车故障诊断与检测的基本知识** …………………………………… 1
    任务目标 ……………………………………… 1
    任务资讯 ……………………………………… 1
        一、汽车故障诊断与检测的目的 ……… 1
        二、汽车故障诊断与检测和汽车维修行业的关系 ………………………… 2
        三、汽车故障诊断与检测的基本概念及术语 ……………………………… 3
        四、汽车故障诊断方法 ………………… 3
        五、汽车故障诊断参数 ………………… 4
        六、汽车故障诊断标准 ………………… 5
    任务思考 ……………………………………… 7

**任务二　汽车发动机（汽油机）故障诊断与排除** ……………………………… 8
    任务目标 ……………………………………… 8
    任务资讯 ……………………………………… 8
    资讯一　汽车发动机异响的故障诊断与检测 …………………………………… 8
        一、发动机产生异响的原因 …………… 8
        二、发动机异响的特性 ………………… 9
        三、发动机异响的振动区域 …………… 10
        四、发动机异响的确定 ………………… 10
        五、发动机异响的确诊 ………………… 11
    资讯二　汽缸密封性的检测 ………………… 11
    资讯三　汽车发动机冷却系统常见故障部位 …………………………………… 12
    资讯四　汽车发动机润滑系统 ……………… 12
        一、机油消耗量的检测 ………………… 12
        二、润滑系统压力检测 ………………… 13
        三、机油品质检测 ……………………… 13
    资讯五　电控发动机故障诊断方法 ………… 14
        一、环境模拟法 ………………………… 14
        二、简单仪表诊断法 …………………… 16
        三、专用诊断仪器诊断法 ……………… 16
        四、自诊断系统诊断法 ………………… 16
    资讯六　点火系统检测 ……………………… 16
    任务训练 ……………………………………… 19
    训练一　发动机异响仪器检测 ……………… 19
    训练二　汽缸压力检测 ……………………… 20
        一、检测标准 …………………………… 20
        二、检测方法 …………………………… 21
    训练三　进气歧管真空度检测 ……………… 21
        一、检测标准 …………………………… 21
        二、检测方法 …………………………… 21
    训练四　汽缸漏气量检测 …………………… 22
        一、测试方法 …………………………… 22
        二、用汽缸漏气量检测仪检测 ………… 22
    训练五　汽车发动机冷却系统的外观检测 … 23
    训练六　汽车发动机冷却系的检测 ………… 23
        一、冷却系统密封性的检测 …………… 23
        二、水泵的检测 ………………………… 24
    训练七　发动机润滑系统故障的诊断与排除 …………………………………… 24
    训练八　电控燃油喷射系统的自诊断系统应用 ………………………………… 25
        一、故障代码常见的显示方式 ………… 25
        二、故障代码的读取 …………………… 27
        三、电控汽油喷射发动机故障诊断的基本诊断步骤 ……………………… 34
    任务思考 ……………………………………… 36

**任务三　柴油发动机故障诊断与排除** …… 37
    任务目标 ……………………………………… 37
    任务资讯 ……………………………………… 38
    资讯一　柴油发动机常见故障的诊断与检测 …………………………………… 38
        一、启动发动机有发动征兆，但不能发动 …………………………………… 38

二、柴油机不能启动或启动困难的
　　　　　诊断与检测 …………………… 40
　　　三、柴油机动力不足 ………………… 42
　　　四、发动机怠速不稳 ………………… 45
　　　五、柴油机工作粗暴 ………………… 46
　　　六、发动机超速 ……………………… 47
　资讯二　电控共轨柴油机电控系统故障
　　　　　诊断与检测 …………………… 49
　任务训练 …………………………………… 51
　训练一　柴油机燃油供给系的检测 …… 51
　　　一、喷油器的检测 …………………… 51
　　　二、输油泵的检测 …………………… 52
　　　三、喷油泵的检测 …………………… 53
　　　四、供油正时的检测 ………………… 55
　训练二　柴油机喷油压力的检测 ……… 57
　训练三　共轨喷射发动机主要故障诊断 … 63
　任务思考 …………………………………… 66

## 任务四　汽车底盘故障诊断与排除 ……… 67

　任务目标 …………………………………… 67
　任务资讯 …………………………………… 67
　资讯一　离合器故障诊断与排除 ……… 67
　资讯二　变速器故障诊断与检测 ……… 73
　资讯三　万向传动装置故障检测与排除 … 80
　资讯四　后驱动桥故障检测与排除 …… 83
　资讯五　转向系统故障诊断与排除 …… 86
　资讯六　汽车电控悬架故障诊断与排除 … 91
　资讯七　汽车巡航控制系统故障诊断与
　　　　　排除 …………………………… 95
　　　一、故障代码 ………………………… 96
　　　二、常见故障诊断 …………………… 96
　资讯八　制动系统故障诊断与排除 …… 100
　任务训练 ………………………………… 106
　训练一　汽车自动变速器故障诊断与
　　　　　排除 …………………………… 106
　　　一、基本检查 ………………………… 106
　　　二、性能试验 ………………………… 107
　训练二　电子控制自动变速器检测仪器
　　　　　应用 …………………………… 117
　训练三　自动变速器常见故障诊断与
　　　　　排除 …………………………… 121

　训练四　电子防抱死制动系统故障 …… 130
　任务思考 ………………………………… 137

## 任务五　汽车电气设备的故障诊断与
## 　　　　排除 ………………………………… 138

　任务目标 ………………………………… 138
　任务资讯 ………………………………… 138
　资讯一　充电系统的故障诊断与排除 … 138
　　　一、充电指示灯故障诊断与排除 …… 138
　　　二、不充电故障诊断 ………………… 140
　　　三、充电电流过大或过小 …………… 142
　　　四、充电电流不稳 …………………… 143
　　　五、发电机运转时有异响 …………… 143
　资讯二　启动系统的故障诊断与排除 … 144
　资讯三　汽车照明与信号装置的故障诊断与
　　　　　排除 …………………………… 149
　资讯四　汽车空调的故障诊断与排除 … 153
　　　一、汽车空调故障诊断经验法 ……… 153
　　　二、用歧管压力表诊断空调系统
　　　　　故障 …………………………… 154
　　　三、汽车空调系统故障的自诊断 …… 155
　资讯五　汽车安全控制系统的故障诊断
　　　　　与排除 ………………………… 156
　　　一、轿车安全气囊系统的故障诊断
　　　　　与排除 ………………………… 156
　　　二、LS400型轿车全气囊系统的故障
　　　　　诊断与检测 …………………… 157
　　　三、中央门锁及防盗系统的故障
　　　　　与排除 ………………………… 161
　任务训练　汽车空调系统常见故障的诊断
　　　　　与排除 ………………………… 169
　任务思考 ………………………………… 173

## 任务六　汽车综合性能检测 ……………… 174

　任务目标 ………………………………… 174
　任务资讯 ………………………………… 174
　资讯一　整车经济性能检测 …………… 174
　　　一、整车经济性评价指标 …………… 174
　　　二、整车经济性检测原理和设备 …… 175
　资讯二　汽车车速表的检测 …………… 178
　　　一、汽车车速表检测评价指标 ……… 178

二、汽车车速表检测原理……………… 178
　三、汽车车速表的检测设备……………… 179
资讯三　汽车前照灯的检测……………… 181
　一、汽车前照灯检测评价指标…………… 182
　二、汽车前照灯检测的原理……………… 182
　三、汽车前照灯检测设备………………… 184
资讯四　汽车排放污染物的检测………… 187
　一、汽车排放污染物检测评价指标……… 187
　二、汽车排放污染物检测仪器及工作
　　　原理……………………………………… 188
资讯五　汽车噪声的检测………………… 193
　一、汽车噪声检测的评价指标…………… 193
　二、汽车噪声检测的原理………………… 194
　三、汽车噪声检测仪器…………………… 195
资讯六　汽车制动性能检测……………… 196

资讯七　汽车侧滑量检测………………… 201
资讯八　电脑四轮定位的检测…………… 204
资讯九　发动机动力性检测……………… 208
　一、发动机功率评价指标………………… 208
　二、发动机功率检测仪器………………… 209
　三、发动机功率检测的原理……………… 211
　四、发动机动力性故障的诊断和
　　　排除………………………………… 213
资讯十　汽车底盘输出功率的检测……… 214
　一、底盘输出功率的评价指标…………… 214
　二、底盘输出功率检测原理和设备……… 214
**任务思考**……………………………………… 218
**参考文献**……………………………………… 219

# 任务一　汽车故障诊断与检测的基本知识

## 任务目标

熟悉汽车故障的基本概念，汽车诊断与检测的分类以及汽车一些常见故障的规律；掌握汽车故障诊断参数及诊断标准，掌握汽车故障诊断和检测的基本思路和常用方法。

## 任务资讯

汽车故障诊断与检测技术是随着汽车的发展从无到有逐渐发展起来的一门技术。国外一些发达国家，早在20世纪四五十年代就发展成为以故障诊断和性能调试为主的单项检测技术。进入60年代后，故障诊断与检测技术获得较大发展，逐渐将单项检测技术联线建站（汽车检测站）。70年代初出现了检测控制自动化、数据采集自动化、数据处理自动化、检测结果自动打印的综合故障诊断与检测技术。进入80年代后，国外的汽车诊断与检测技术已发展到广泛应用阶段，给交通安全、环境保护、能源节约、降低运输成本和提高运输力等方面带来了明显的社会效益和经济效益。

我国的汽车诊断与检测技术起步较晚，20世纪六七十年代开始引进和研制汽车检测设备。进入20世纪80年代以后，汽车诊断与检测技术成为国家"六五"重点推广项目，并视其为推进汽车维修管理现代化的一项重要技术措施。交通部自1980年开始，有计划地在全国公路运行系统筹建汽车综合性能检测站；公安部门也在全国的中等以上城市建成了许多安全性能检测站。到20世纪90年代末，我国汽车检测诊断技术已初具规模，基本形成了全国性的汽车检测网，国家颁布了《机动车运行安全技术条件》（GB 7258—2004）、《营运车辆综合性能要求和检验法》（GB 18565—2001）；交通部颁布了第13号部令《汽车运输业车辆技术管理规定》、28号部令《汽车维修质量管理办法》和29号部令《汽车运输业车辆综合性能检测站管理办法》；公安部《机动车安全检验项目和方法》（GA468）等，对汽车故障诊断与检测技术、检测制度和综合性能检测站等均做出了明确规定。

## 一、汽车故障诊断与检测的目的

汽车故障诊断与检测包括汽车诊断技术和汽车检测技术。通过对汽车进行诊断与检测可以在不解体情况下判断汽车的技术状况，为汽车继续运行或进厂维修提供可靠依据，其目的因检测项目的不同而有差异，归纳起来有以下几个目的：

1. 汽车故障的检测诊断

对有故障的汽车进行的检测诊断，目的是在不解体（或仅卸下个别小件）情况下，查出故障的确切部位和产生的原因，从而确定故障的排除方法，提高排除故障的效率，使汽车尽快恢复正常。

2. 汽车维修时的检测

汽车维修前的检测是要找出汽车技术状况与标准值相差的程度，从而确定汽车是否需要大修或应采取何种技术措施修复，以实现视情修理；汽车维修过程中的检测是要确定故障的位置和原因，提高维修质量及维修效率；汽车维修后的检测是要检验汽车的使用性能是否得到恢复，以保证维修质量。

3. 汽车安全、环保性能检测

汽车安全环保检测是指在汽车不解体的情况下定期和不定期地对汽车的外观、制动与转向性能、排放与噪声、前照灯以及车速表等进行检测，从而建立汽车安全和环保监控体系，强化汽车的安全管理，确保运行车辆具有符合要求的外观容貌、良好的安全性能，并控制其对环境的污染，使汽车在安全、高效的状况下运行。

4. 汽车综合性能检测

对汽车实行定期和不定期的综合性能检测，是在汽车不解体情况下，确定营运车辆的技术状况和工作能力，对维修车辆实行质量监控，确保运输车辆具有良好的动力性、经济性、安全性、可靠性等使用性能和减少对环境的污染程度。

## 二、汽车故障诊断与检测和汽车维修行业的关系

诊断与检测技术是改革汽车维修制度、实行视情维修的必要手段。汽车的维修制度发展至今已经历了3个阶段。

第一阶段是"事后维修制度"，该制度产生于20世纪50年代。所谓事后维修，是指在汽车出现故障之后才进行检修，汽车不损坏就不修理，维修只是在机器出现故障或损坏之后不得不采取的一种措施。

第二阶段是"计划预防修理制度"。它是指按照间隔期有计划地实行定期强制维修，根据零部件的磨损规律或零部件的使用寿命来合理制定维修时间间隔，在汽车维修工作中发挥了作用，其经历的时期也最长。但是，由于零件之间的使用寿命的不平衡性，使得理论维修时间间隔与机器的实际技术状况的变化往往不相符合，从而造成还没到维修时间间隔就出现了故障的"失修"现象。

第三阶段即目前实行的"视情维修制度"。它始于1990年，是针对计划预防修理制度的

不足而制定，其核心就是根据汽车实际技术状况来确定修理作业的一种制度。这种维修制度要求通过检测诊断设备定期地检测汽车的各种技术状况，按照检测结果分析判断汽车技术状况是否正常，发现故障或隐患，进行针对性修理。与前两种维修制度相比，"视情维修制度"能最大限度地发挥各零部件的使用潜力，减少不必要的拆装，提高机器的使用寿命和使用经济效益。

交通部令第 13 号《汽车运输业车辆技术管理规定》中规定："车辆修理应贯彻视情修理的原则，即根据车辆检测诊断和鉴定的结果，视情按不同作业范围和深度进行，既要防止拖延修理造成车况恶化，又要防止提前修理造成浪费。车辆检测诊断技术是检查、鉴定车辆技术状况和维修质量的重要手段，是促进维修技术发展，实现视情修理的重要保证，各地交通运输管理部门和运输单位应积极组织推广检测诊断技术。"可见，这一视情维修制度的实施必须是建立在大量的检测诊断工作的基础之上的，没有检测诊断手段和检测诊断设备，要实现"视情维修制度"是不可能的。

## 三、汽车故障诊断与检测的基本概念及术语

参照国标《汽车维修术语》（GB/T 5624—2005）的规定，对汽车诊断与检测技术的常用语解释如下。

（1）汽车诊断：在不解体（或仅卸下个别小件）的条件下，为确定汽车技术状况或查明故障部位、原因所进行的检查、分析和判断工作。

（2）汽车检测：确定汽车技术状况或工作能力的检查。

（3）汽车技术状况：定量测得的表征某一时刻汽车外观和性能参数值的总和。

（4）汽车故障：汽车部分或完全丧失工作能力的现象。

（5）诊断参数：供诊断用的表征汽车、总成及机构技术状况的参数。

（6）诊断标准：对汽车诊断的方法、技术要求和限值的统一规定。

（7）诊断周期：汽车诊断的间隔期。

（8）汽车维修：汽车维护和修理的总称。

（9）故障树：表示故障因果关系的分析图。

## 四、汽车故障诊断方法

汽车技术状况的诊断是通过检查、测量、分析、判断等一系列活动完成的。传统的汽车故障诊断是建立在人工经验检查基础上，主要依赖于人工观察、推理分析和逻辑判断。现代汽车故障诊断则通过先进的仪器设备，利用电子控制技术，对汽车故障做出科学、快速的诊断。

目前，汽车故障诊断可归纳为以下几种方法。

### 1. 直观诊断法

直观诊断法又称为人工经验诊断法，是指诊断人员凭丰富的实践经验和一定的理论知识，在汽车不解体或局部解体情况下，依靠直观的感觉印象、借助简单工具，采用眼观、耳听、手摸和鼻闻等手段，对汽车进行检查、试验、分析，确定汽车的技术状况，查明故障原因和故障部位的诊断方法。人工经验诊断法多适用于中、小维修企业和运输企业的故障诊断过程，即使普遍使用了现代仪器设备诊断，也不能完全脱离人工经验诊断法。近年来刚刚起步研制的专家诊断系统，也是把人脑的分析、判断，通过计算机语言变成了微机的分析、判断。

### 2. 仪器设备诊断法

仪器设备诊断法是在人工经验诊断法的基础上发展起来的一种诊断方法，是指在汽车不解体情况下，利用测试仪器、检测设备和检验工具，检测整车、总成或机构的参数、曲线和波形，为分析、判断汽车技术状况提供定量依据的诊断方法。现代仪器设备诊断法具有检测速度快、准确性高、能定量分析、可实现快速诊断等优点，而且采用微机控制的现代电子仪器设备能自动分析、判断、存储并打印出汽车各项性能参数。其缺点是投资大、占用厂房、操作人员需要培训、检测成本高等。这种诊断方法适用于汽车检测站和中、大型维修企业。仪器设备诊断法是汽车诊断与检测技术发展的必然趋势。

### 3. 自我诊断法

自我诊断法是利用车载计算机根据一定的预设程序，自动监测汽车受控系统范围内发生的故障并将其以代码的形式储存于汽车电脑中，驾驶员和维修检测人员根据自诊断系统发出的提示（如声、光）将故障代码提取出来，从而得到汽车故障信息，然后对症，进行故障排除。

汽车电脑故障诊断仪，也称解码器，它能把汽车电控单元储存的各种故障信息提取出来，进行译码整理、比较和分析，并将结论和处理意见以清晰的文字、曲线或图表方式显示出来。可以根据这些传送出来的信息，判断故障的类型、发生部位以及解决的方法。自我诊断法可以进行静态和动态诊断，是未来汽车诊断技术的发展方向之一。

以上3种汽车故障诊断方法，各自保持着不可替代的特点，在应用时应相互结合，在重视传统经验诊断法的同时，力求充分利用现代检测诊断技术，取长补短，以提高诊断效率和诊断效果。实际上，上述3种诊断方法可以同时使用，称为综合诊断法。

## 五、汽车故障诊断参数

汽车在使用过程中，随着汽车行驶里程的增加，技术状况会逐渐变坏，将导致动力性下降，经济性变差，可靠性降低。在汽车故障诊断与检测汽车技术状况的技术上，不仅要求有完善的检测、分析、判断的方法，而且还要有正确的理论为指导。诊断参数标准、最佳诊断周期等是从事汽车故障诊断与检测工作人员必须掌握的基础理论知识。

在不解体条件下直接测量汽车结构参数常常受到限制，因此，在进行汽车诊断时，需要找出一组与汽车结构参数有联系并能足够表达汽车技术状况的直接或间接指标，并通过对这些指标的测量来确定汽车技术状况的好坏。这种供诊断用的，表征汽车技术状况的指标称为汽车诊断参数。

汽车诊断参数与结构参数紧密相关，它包含有关诊断对象技术状况的足够信息，是一些能够实际反映汽车技术状况的可测物理量和化学量。虽然每一类诊断参数都有不同的含义，但在确定汽车技术状况或判断某些复杂故障时，需采用不同的诊断参数进行综合诊断。汽车诊断参数可分工作过程参数、伴随过程参数和几何尺寸参数。

1. 工作过程参数

工作过程参数是汽车、总成和机构在工作过程中输出的一些可供测量的物理量和化学量，或指体现汽车或总成功能的参数，例如，发动机功率、驱动车轮输出功率或驱动力、汽车燃料消耗量、制动距离、制动力或制动减速度以及滑行距离等。它们往往能表征诊断对象总的技术状况，适合于总体诊断。若通过检测得知底盘输出功率符合要求，说明汽车输出功率符合要求，同时也说明发动机技术状况和传动系技术状况符合要求。反之，若底盘输出功率不符合要求，则说明汽车输出功率不符合要求，也说明发动机输出功率不足或传动系功率损失太大，通过进一步深入检测诊断，可确知是发动机技术状况不佳还是传动系技术状况不佳。所以，工作过程参数反映了汽车或总成技术状况的主要信息，是对汽车技术状况进行综合评价的主要依据，通常用作为初步诊断的依据。工作过程参数也是深入诊断的基础。汽车不工作时，工作过程参数无法测得。

2. 伴随过程参数

伴随过程参数是指伴随工作过程输出的一些可测量（如：热、噪声、振动等）、可反映有关诊断对象技术状况的局部信息，常用于复杂系统的深入诊断。伴随过程参数提供的信息较窄，但这种参数较为普遍。汽车不工作或工作后已停驶较长时间的情况下，无法检测伴随过程参数。

3. 几何尺寸参数

几何尺寸参数是由各机构零件尺寸间相互配合关系决定的参数。几何尺寸参数提供的信息量有限，却能直接表明诊断对象的具体状态，如间隙、自由行程、车轮定位参数等。几何尺寸参数与其他参数配合使用，无论是在初步诊断，还是深入诊断中，均可对汽车技术状况的评价或故障诊断起到重要的作用。

## 六、汽车故障诊断标准

诊断标准是汽车技术标准中的一部分。诊断标准是对汽车诊断的方法、技术要求和限值等的统一规定,而诊断参数标准仅是对诊断参数限值的统一规定。诊断标准中包括诊断参数标准。

**1. 诊断标准的类型**

汽车诊断标准与其他技术标准一样,分为国家标准、行业标准、地方标准和企业标准等类型。

(1) 国家标准

国家标准是一类国家制定的标准的总称,冠以中华人民共和国国家标准字样。国家标准一般由某行业部委提出,由国家技术监督局批准、发布,全国各级各有关单位和个人都要贯彻执行,具有强制性和权威性。例如《机动车运行安全技术条件》(GB 7258—2004)、《营运车辆综合性能要求和检验方法》(GB 18565—2001)、《在用汽车排气污染物限值及测试方法》(GB 18285—2000)等都是强制推行的国家标准。《汽油车排气污染物的测量—怠速法》(GB/T 3845—1993)、《柴油车自由加速烟度的测量—滤纸烟度法》(GB/T 3846—1993)等,是推荐性国家级标准。

(2) 行业标准

行业标准也称为部、委标准,是部级或国家委员会级制定、发布并经国家技术监督局备案的标准,在部、委系统内或行业内贯彻执行,一般冠以中华人民共和国某某部或某某行业标准,也在一定范围内具有强制性和权威性,有关单位和个人也必须贯彻执行。例如《载货汽车燃料消耗量试验方法》(JB 3352—1983)是中华人民共和国机械工业部部标准;《汽车维护工艺规范》(JT/T 201—1995)、《汽车技术等级评定标准》(JT/T 198—1995)是中华人民共和国交通行业标准,属于推荐性标准。

(3) 地方标准

地方标准是省(直辖市、自治区)级、市地级、市县级制定并发布的标准,在地方范围内贯彻执行,也在一定范围内具有强制性和权威性,所属范围内的单位和个人必须贯彻执行。地方标准中的限值可能比上级标准中的限值要求还要严格。

(4) 企业标准

企业标准包括汽车制造厂推荐的标准、汽车运输企业和汽车维修企业内部制定的标准和检测设备制造厂推荐的参考性标准。

(5) 汽车制造厂推荐的标准

汽车制造厂推荐的标准是指汽车制造厂在汽车使用说明书中公布的汽车使用性能参数、结构参数、调整数据和使用极限等,从中选择一部分作为诊断参数标准来使用。该类标准是汽车制造厂根据设计要求、制造水平,为保证汽车的使用性能和技术状况而制定的。

**2. 诊断参数标准**

为了定量评价汽车及总成的技术状况,单有诊断参数是不够的,还必须建立诊断参数标准。诊断参数的标准是以技术、经济为出发点,表示汽车处于某种工作能力状态下所测的诊断参数界限值。汽车诊断参数标准，一般都应包括：诊断参数初始标准、诊断参数许用标准和诊断参数极限标准。

（1）初始值

初始值相当于无故障新车和大修车诊断参数值的大小，往往是最佳值，可作为新车和大修车的诊断标准。当诊断参数测量值处于初始值范围内时，表明诊断对象技术状况良好，无需维修便可继续运行。

（2）许用值

诊断参数测量值若在许用值范围内，表明诊断对象技术状况虽发生变化但尚属正常，无需修理，但应按时维护，即可继续运行。若超过此值，则可勉强许用，但应及时安排维修；否则，汽车带病行车，会导致故障率上升，可能行驶不到下一个诊断周期。

（3）极限值

诊断参数测量值超过极限值，说明诊断对象技术状况严重恶化，此时汽车的动力性、经济性和排气净化性大大降低，行驶安全性得不到保证，有关机件磨损严重，甚至可能发生机械事故，所以必须立即停驶和修理，以免造成更大损失。

3. 诊断周期

诊断周期是指汽车诊断的间隔期，以汽车行驶里程或使用时间表示。科学地确定诊断周期，对于经济、可靠地保障汽车技术状况具有重要的作用。最佳诊断周期是根据技术与经济相结合的原则进行的，它能保证车辆的完好率最高而维修的费用最少。

根据交通部《汽车运输业技术管理规定》，运输业汽车实行"定期检测、强制维护、视情修理"的制度。该规定要求车辆二级维护前应进行检测诊断和技术评定，根据结果，确定附加作业或修理项目，结合二级维护一并进行。此外，规定车辆修理应贯彻视情修理的原则，即根据车辆检测诊断和技术鉴定的结果，视情按不同作业范围和深度进行，既要防止拖延修理造成车况恶化，又要防止提前修理造成浪费。既然规定在二级维护前进行检测诊断，则二级维护周期或间隔里程就是我国目前的最佳诊断周期。

另外，根据中华人民共和国交通行业标准《汽车维护工艺规范》（JT/T 201—1995）规定，二级维护周期在 10 000～15 000 km 范围内依据各地条件不同选定。

## 任务思考

1. 汽车性能检测与故障诊断的内涵。
2. 汽车诊断标准的作用。
3. 汽车诊断参数的选择。
4. 汽车故障的检测方法有哪几种，各有什么优缺点？

# 任务二　汽车发动机（汽油机）故障诊断与排除

## 任务目标

本任务将培养学生熟悉常用发动机故障诊断设备的使用方法，掌握常见故障产生的原因及常见故障的诊断与排除方法。对汽车发动机故障的诊断与排除过程进行较全面的了解。

## 任务资讯

### 资讯一　汽车发动机异响的故障诊断与检测

技术状况良好的发动机，在以不同的转速运转时，虽然发出声响的频率、波长、声级和衰减系数不同，但都有一定的规律和范围，如果发动机在运转过程中，伴随有其他声响，如发出间歇或连续的金属敲击声、连续的金属摩擦声等，即表明发动机运转不正常，所伴随的声响为发动机异响。发动机声响异常往往是发动机某些故障的表现，若不及时排除，将会造成机件的加速磨损，甚至发生事故性的损坏。因此必须及时判断，采取必要的维修措施排除故障。

汽车停驶时发动机运转所发出的响声，来自发动机、离合器或变速器。若踩下离合器踏板响声消失，多为离合器、变速器所致，若响声仍有，则首先判断是来自发动机内部还是来自外部附件的响声。在发动机运转时可用长柄起子或听诊器触在可能发出响声的附件上来判断。还可在松掉发动机前端的传动带，停止空气压缩机、水泵、发电机、动力转向液力泵、风扇、空调压缩机等附件的工作对发动机运转状况进行判断，若异响消失，则为该附件产生异响所致。

#### 一、发动机产生异响的原因

发动机各系统和机构中的某些故障，均可导致不同异响的出现。例如发动机过热、气门间隙过大、曲轴或连杆轴承松旷、点火时间过早、机油严重不足、汽缸垫烧穿等。引起发动机异响的主要原因如下：

（1）爆震与早燃。
（2）机件磨损。
（3）机件装配、调整不当，配合间隙过大或过小。

(4）紧固件松脱。
(5）机件损坏、断裂变形、碰擦。
(6）机件工作温度过高或由此而引起熔化卡滞。
(7）润滑不良。
(8）回转件平衡遭破坏。
(9）使用材料、油料和配件的材质、型号、规格、品质不符要求。

## 二、发动机异响的特性

发动机异响常与发动机的转速、温度、负荷、缸位、工作循环等有关。如表2-1所示。

表2-1 发动机异响特性

| 发动机异响特性 | 车辆状况 | 产生原因 |
| --- | --- | --- |
| 异响与发动机转速 | 异响与发动机转速的关系 | 1. 连杆轴承松旷、轴承烧熔、尺寸不符而松动<br>2. 曲轴轴承松旷、轴承烧熔<br>3. 活塞销折断 |
| | 发动机急加速；维持高速运转；维持某转速，声响紊乱；急加速，发出短暂声响 | 1. 凸轮轴正时齿轮破裂，其固定螺栓松动<br>2. 活塞销衬套松旷<br>3. 凸轮轴轴向间隙过大或其衬套松旷 |
| | 在急速或低速时存在 | 1. 活塞与汽缸壁间隙过大<br>2. 活塞销装配过紧或连杆轴承装配过紧<br>3. 挺柱与其导孔间隙过大<br>4. 凸轮磨损<br>5. 启动爪松动影响皮带轮产生异响 |
| 异响与负荷 | 某缸断火，异响消失或减轻，表明该缸有故障 | 1. 活塞敲缸<br>2. 连杆轴承松旷<br>3. 活塞环漏气<br>4. 活塞销折断 |
| | 某缸断火，声响加重或原来无响，反而出现声响 | 1. 活塞销铜套松旷<br>2. 活塞裙部锥度过大，活塞间隙过小<br>3. 活塞销窜出<br>4. 连杆轴承盖固定螺栓过松或轴承合金烧熔<br>5. 飞轮固定螺栓过松 |
| 异响与温度 | 低温发响，升高后减小或消失 | 1. 活塞与缸壁间隙变大<br>2. 连杆或曲轴因主轴承间隙过大或机油压力低而润滑不良 |
| | 温度升高，有异响，降低后减小或消失 | 1. 过热引起的早燃<br>2. 活塞与缸壁间隙过小<br>3. 活塞变形<br>4. 活塞环各间隙过小 |

## 三、发动机异响的振动区域

发动机异响所引起的振动区域，一般离故障点所在位置越近，振动就越明显，振动位置的确定对于判断故障零件起着重要的作用，发动机异响的振动区域如图2-1所示。

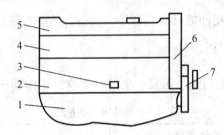

图2-1 发动机异响的振动区域
1—油底壳；2—汽缸体；3—机油尺；4—汽缸盖；5—汽缸盖罩壳；6—同步带防护罩；7—附件

汽缸体与油底壳之间，可使用螺丝刀或听诊器辅助听诊曲轴轴承响、连杆轴承响等故障。

而汽缸体与汽缸盖之间，可使用螺丝刀或听诊器辅助听诊活塞顶、气门座圈脱落响、汽缸上部凸肩响等故障。

对于汽缸盖与汽缸盖罩壳之间，可用螺丝刀或听诊器辅助诊断凸轮轴轴承响、液压挺杆响（或气门脚响）等；必要时，还可以拆下汽缸盖罩壳观察，有些车还可启动发动机观察，以进一步确诊。

发动机前端的附件部分，可用螺丝刀或听诊器辅助诊断发电机等附件及传动带的异响。

正时皮带防护罩部位，可听诊正时皮带张紧轮轴承异响。

## 四、发动机异响的确定

所谓异响的确定，是指从声响中找出异响；在众多混杂的发动机运转声响中，确定哪些是正常的声响，哪些是异响。异响中哪些尚允许存在，哪些不允许继续存在，是必须进行排除的，这是异响诊断过程中首先应当明确的。

异响的确定原则是：

（1）若声响在低速运转时显得轻微、单纯，在高速运转时虽显得轰鸣但却平稳均匀，在加速和减速时声响显得过度圆滑，则为正常声响。

（2）若声响中伴随着沉闷的"噎噎"声，清脆的"铛铛"声，短促的"嗒嗒"声，细微的"唰唰"声，尖锐强烈的"嘎嘎"声等声响，即表明发动机存在不正常的异响。

至于异响是否允许存在，可依据以下情况决断：

（1）声响仅在怠速运转时存在，转速提高后即自行消失，在整个使用过程中声响又无明显变化的，则属于危害不大的异响，允许暂时存在，待适当时机再行修理。

（2）声响在突然加速或突然减速时出现，而且在中、高速运转期间并不消失，同时又引起机体振抖，则属于不允许继续存在的异响，应立即查明原因，进行排除。

（3）如果声响是在运转中突然出现且又较猛烈，则不应继续运转或试听诊断，而应立即停机拆检。一般先拆油底壳观察，后拆汽缸盖。

（4）在诊断过程中，首先要区分发动机附件的异响、空气动力的异响、电磁异响，然后确定是否是早燃、爆燃，最后再诊断发动机内部机件异响，以避免乱拆乱卸。

## 五、发动机异响的确诊

所谓异响的确诊是指对异响进行特性分析，进而认定异响的部位、原因和程度。

在诊断过程中，应注意观察发动机温度的变化对异响的影响。逐渐改变发动机转速，观察异响的变化情况，将发动机稳定在异响最明显的时候，利用单缸断火法查明异响的缸位，并同时检查异响与工作循环的关系，同时还应注意机油加注口、机油压力、排气管等处伴随现象的变化。

## 资讯二　汽缸密封性的检测

发动机在长期的使用过程中，零件的磨损、烧蚀、翘曲等将使漏气量增加，密封性下降，从而导致发动机功率下降，油耗增加。因此为了保证发动机正常的工作状况，保证其动力性和经济性，必须进行发动机汽缸密封环的检测。通过测定汽缸压力、进气歧管真空度、汽缸漏气量进行分析。

汽缸密封性不好的原因有三个：一是活塞组和汽缸磨损严重；二是气门密封不好，三是活塞环断裂或被卡住。具体分析方法如下：

（1）当各汽缸压缩压力均低于规定值，且各汽缸压力差相差不大于规定值时，一般可认为是发动机汽缸磨损；为进一步判断，可采用注入机油再测汽缸压力的方法检查。

① 如果所测压力与原测量值相差不大，则判断为原来汽缸压力低是气门密封不好造成的。

② 如果所测压力比原来测量值明显升高，则可以判断原来汽缸压力低是活塞组磨损所造成的。

（2）当个别汽缸压缩压力明显偏低时，可能是该汽缸活塞环断裂或被卡住，如果用"注入机油再测法"检查，汽缸压力会有所提高，则汽缸压力低所造成的发动机动力不足，可用添加剂来改善；因气门密封不良和活塞环被卡死造成的动力不足，需维修后才能解决。

## 资讯三　汽车发动机冷却系统常见故障部位

汽车发动机冷却系统的技术状况对发动机的动力性、经济性及可靠性会产生直接的影响。冷却系统常见的故障有温度过高、温度过低等。冷却系统故障部位如图2-2所示。

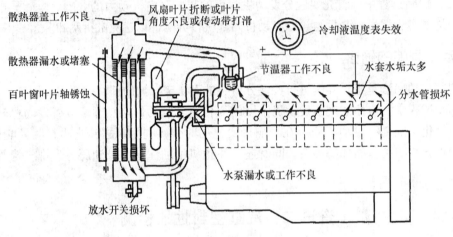

图2-2　冷却系统故障部位

## 资讯四　汽车发动机润滑系统

发动机润滑系统的技术状况直接影响发动机的工作性能和使用寿命，在使用过程中，润滑系统有时会产生机油消耗量过大，机油压力变化，机油品质变化等异常现象。

### 一、机油消耗量的检测

机油消耗量的检测，应按一定的行驶里程进行定期检测，在测试前，应使发动机预热到正常的工作温度，并且在每一次测定的条件相同。主要采用机油尺测定法和质量测定法。

1. 机油尺测定法

在测试前，应将汽车置于水平地面上，预热后停机，并按照汽车保养的规定进行换油和加入足量的润滑油，在机油尺上做出标志线，如图2-3所示，在规定的行驶里程内，停止运行，检测机油尺上机油的高

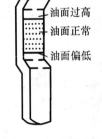

图2-3　机油尺检查

度，并在上述检测条件下加入适量的润滑油，使其高度达到标志线，这时加入的机油量则为机油消耗量。此种测试方法简单，但误差较大。

2. 质量测定法

质量测定法应首先预热发动机至正常温度，按测试条件打开油底壳的放油螺栓，放出油底壳内的机油，至机油由流变成滴时，拧紧油底壳的放油螺塞，记下放油量，然后将已知质量的机油加入油底壳至规定的液面，使汽车投入实际运行，汽车行驶若干里程后，需要测试机油消耗量时，只要按同样的测试条件和放油时间，放出油底壳内的机油，并称其质量就可以了。放入和放出的质量之差即为机油消耗量，这种方法费时、费力，但其测试精度比机油尺测定法高。

## 二、润滑系统压力检测

润滑系统压力检测主要是通过指示灯法和油压表测量法进行测试。

1. 指示灯法

机油压力的大小，可通过直接观察汽车仪表板上的机油压力信号指示灯或机油压力表，这两个是比较常用的方法。当闭合点火开关时，机油压力指示灯应亮，发动机启动后数秒内指示灯熄灭，若指示灯不灭，说明润滑系统压力不正常。

2. 油压表测量法

可在发动机主油道上安装一状态良好的油压表，启动发动机，测量发动机怠速和规定转速时间的机油压力是否符合要求。

机油压力不正常通常有两种情况，一种是机油压力过低，另一种是机油压力过高。

机油压力低的原因主要有以下几个方面：机油压力表不准；机油压力传感器性能不佳；机油黏度低；机油量不足；机油限压阀调整不当；有泄漏现象；曲轴主轴承、连杆轴承松旷；机油集滤器堵塞等原因。

机油压力过高的原因主要有以下几方面：机油压力表不准；机油黏度大；主油道、分油道内积垢多；轴承间隙小；限压阀调整不当等原因。

## 三、机油品质检测

1. 滤纸油斑法测试原理

用机油尺取一滴发动机内的机油滴在专用滤纸上，机油内的污染物在滤纸四周扩散2～3h后，滤纸上形成颜色深浅不同的晕环，如图2-4所示，包括中心沉淀区、扩散区、油环，中心沉淀区的色度表示油的污染程度，如果发动机磨损严重，这里便可偶然发现金属屑粒。中心沉淀区以外是油内细小、分散的悬浮物向外扩散的痕迹，越向外颜色越浅。向外扩散的宽度代表着机油残余清净分散性的好坏。把油样加热到200℃保持5 min，再滴一个油斑与未加热的油斑进行比较，更能说明油的清净分散剂性能。不含添加剂的机油即使污染很轻，也没有扩散区，如果油内有2%以上的水分，扩散将受到阻碍，从中可以看出油中水的含量。最外层是机油及油内可溶性氧化物的扩散环，颜色从淡黄到深褐，表示出油的氧化程度。

2. 测试方法

油斑中心区和扩散区的杂质浓度可用两区的透光度来评价。透光度大，则杂质浓度小；反之，则杂质浓度大。测试两区域透光度所采用的滤纸油斑检验光度计的原理框图，如图2-5所示。该仪器是通过检测油斑的透光度以评价机油分散性品质的，油内的杂质浓度与不透光度成正比。杂质浓度越高，透光度越差。

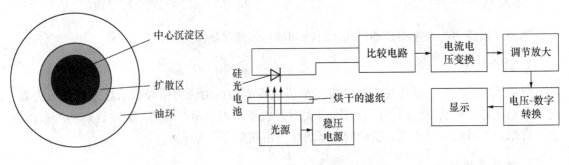

图 2-4　滤纸油斑示意图　　　　　图 2-5　滤纸油斑检验光度计原理框图

# 资讯五　电控发动机故障诊断方法

汽车发动机电控系统的结构复杂、电路特殊，不像机械结构那样直观，故障有潜伏性、交叉性、虚假性等，给故障诊断带来了相当大的难度。

现代汽车电脑控制系统是一个复杂的系统，对于其系统内的故障排除应遵循一定的检测、排除程序。确定故障类型的方法有：直观诊断法、模拟故障征兆诊断法、简单仪表诊断法、专用诊断仪器诊断法和随车故障自诊断系统诊断法。

直观诊断法就是通过人的感觉器官对汽车故障现象进行问、听、嗅、摸等，了解和掌握故障现象的特点，通过分析、判断得出结论的诊断方法。

## 一、环境模拟法

汽车电控系统有一些故障发生在特定环境中，如，电喷发动机冷车时无故障，暖车后故障症状出现；行驶中故障，停驶时诊断无故障；清洗后或雨天时出现不平稳、产生喘等现象。

这些现象是特定的外界环境，使发动机电子元器件对颠簸、发热、潮湿等因素非常敏感所致。对于环境因素所造成的故障，一般常用振动法、加热法、水淋法等进行测试。

1. 振动法

怀疑振动可能是引起故障的原因时，可采用振动法进行试验，以检测是否存在虚焊、松动、接触不良、导线断裂等故障，如图2-6所示。

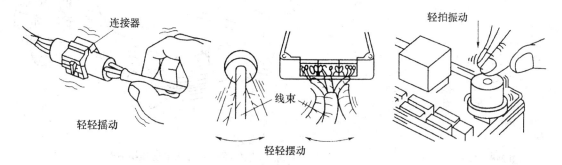

图2-6 振动法检测有无瞬时断路现象

（1）连接器：在几个方向上轻轻摇动连接器。
（2）线束：轻轻摆动线束、连接器的接头、线束安装支架及穿过开口的连接器体。
（3）零件和传感器：轻轻拍动装有传感器的零件，检查是否失灵。切不可用力拍打继电器，否则可能会使继电器开路。要特别注意的是连接器端子脏污、端子张开使接触或松动，如图2-7所示。

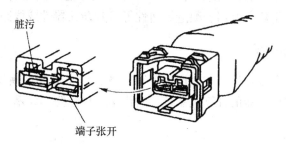

图2-7 连接器端子脏污、张开接触松动

2. 加热法

当故障只在热车时出现，可能是因为有关零件或传感器受热引起的。用电吹风或类似加热器加热可能引起故障的零部件或传感器，检查是否出现故障，如图2-8所示。

注意在加热时不可直接加热ECU中的元件，且加热温度不得高于60℃。

3. 水淋法

当故障在雨天或高湿度的环境下产生时,可用水淋在车辆上,检查是否发生故障,如图 2-9 所示。

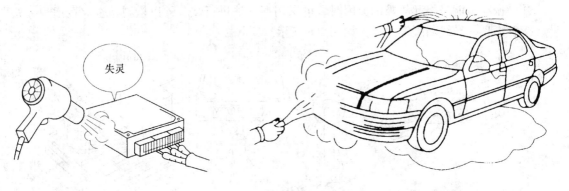

图 2-8 加热法模拟故障　　　　图 2-9 水淋法模拟故障

注意不能将水直接喷淋在发动机电控元件和电器元件上,而应喷淋在散热器前面,间接改变温度和湿度,防止水渗透到元件内部,尤其应该防止水渗漏到 ECU 内部。

## 二、简单仪表诊断法

简单仪表诊断方法,是利用以数字万用表和示波器为常用的通用仪表,对汽车电控系统故障进行诊断的方法。因为电控系统的各部件均有一定的电阻值范围,工作时输出电压信号范围和输出电压波形,用数字万用表测量导通性等可判断元器件或线路是否正常。

## 三、专用诊断仪器诊断法

汽车的电子化使汽车故障诊断方式产生变革,各种汽车专用诊断仪器应运而生。这些专用诊断仪器大多数带有处理器的计算机系统,对汽车电控故障的诊断十分有效。

## 四、自诊断系统诊断法

自诊断系统是利用汽车电控系统所提供的故障诊断功能对电控发动机、底盘故障进行诊断的方法,即使用自诊断系统调取发动机、底盘等电控系统的有关故障代码或数据流,并根据故障代码或数据的反映,找出故障所在的方法。

## 资讯六　点火系统检测

以皇冠 3.0 轿车 2JZ-GE 发动机点火系统为例,电路如图 2-10 所示。磁感应式曲轴位置传感器和凸轮轴位置传感器制作成一体,都安装在分电器内。该传感器分成上、下两部分,上部分产生 G 信号,下部分产生 Ne 信号,分别送入 ECU。凸轮轴位置传感器有两个信号线圈分别检测 1、6 缸上止点,当 1 缸上止点线圈先发出信号时,点火顺序为 1→5→3→6→2→4;当 6 缸上止点线圈先发出信号时,点火顺序为 6→2→4→1→5→3。当启动机带动发动机旋转时,分电器内双层线圈会产生交流脉冲信号。其中上层线圈所对应的信号齿为 24 个,曲轴转两圈(720°),分电器轴转一圈,它将产生 24 个完整的交流脉冲信号,此信号输送至 ECU 作为曲轴转角信号。下组线圈所对应的信号齿只有一个,但相对有两组线圈,分别为 $G_1$、$G_2$,用于检测 1、6 缸上止点。当信号齿经过 $G_1$ 线圈时,将产生一次完整的交流脉冲信号,此信号至 ECU,当为正半周时 ECU 将发出第一次 IGT 信号,点火模块内大功率晶体管导通,点火线圈初级线圈充磁。当为负半周时,IGT 信号高电位变为低电位,点火模块内晶体管截止,点火线圈次级线圈产生高压电。

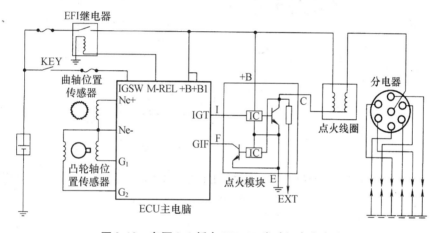

图 2-10 皇冠 3.0 轿车 2JZ-GE 发动机点火电路

点火线圈次级线圈高电压经高压线分火头→1 缸旁电极→1 缸高压线→1 缸火花塞点火。初级线圈自感电动势被 IGF 信号发生器识别捕捉产生电信号,IGF 信号发生器控制晶体管导通,IGF 信号电压由 5V 变为 0V,产生 IGF 信号,表示点火成功。ECU 根据 IGF 信号,将继续发出喷油指令。当 IGF 信号开路或接地时,ECU 将会切断喷油器接地回路,停止喷油,以防止排放污染。当第 1 缸点火信号产生后,ECU 将以 G,信号为基准记数,当记录 4 个 Ne 信号(相当于曲轴转 120°)后发出第 2 个 IGT 信号使第 5 缸点火,再记数 4 个 Ne 信号发出第 3 个 IGT 信号使第 3 缸点火,依此类推,完成 6 缸发动机(1→5→3→6→2→4)点火。

**1. 点火线圈的检测**

拔下点火线圈线束连接器,用数字万用表欧姆挡检测点火线圈各线圈的电阻值,其值应符合表 2-2 中的规定;如不符合,必须更换点火线圈。

表2-2 点火线圈电阻值

| 点火线圈绕组 | 检测条件 | 电阻值/Ω | 点火线圈绕组 | 检测条件 | 电阻值/Ω |
| --- | --- | --- | --- | --- | --- |
| 初级线圈 | 冷态 | 0.36～0.55 | 次级线圈 | 冷态 | 9 000～15 400 |
| | 热态 | 0.45～0.65 | | 热态 | 11 400～13 800 |

2. 点火控制器的检测

如图2-11所示为皇冠3.0轿车2JZ-GE发动机点火控制器电路图。启动发动机,用数字万用表电压挡或示波器检查点火控制器端子间的电压,其电压值应符合表2-2中的规定;如不符合,则必须更换点火控制器或ECU。

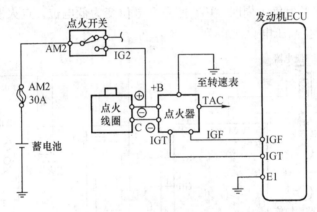

图2-11 皇冠3.0轿车2JZ-GE发动机点火控制器电路图

3. 点火系统其他部件的检测

(1) 点火高压线的检测

通过测量高压线的电阻值来判断高压线是否良好,其最大电阻值为25 kΩ。如电阻值不符合规定,应更换高压线。

(2) 火花塞的检测

用数字万用表欧姆挡测量火花塞绝缘电阻的方法来判断火花塞能否继续使用,其绝缘电阻值应大于10 MΩ。另外,也可连续5次将发动机转速迅速提高到4 000 r/min,然后熄火,拆下火花塞,检查其电极状况。若电极干燥,火花塞可用;若电极潮湿,则需要更换火花塞。

## 任务二 汽车发动机（汽油机）故障诊断与排除

## 任务训练

### 训练一 发动机异响仪器检测

发动机异响诊断仪的基本工作原理建立在以上关于异响特征研究的基础上。异响诊断常用仪器有两种类型：便携式异响诊断仪和带相位选择的示波器显示异响诊断仪。许多发动机综合检测仪具有发动机异响诊断的功能。便携式异响诊断仪由传感器、前置放大器、双 T 型选频网络、功率放大器和显示仪表 5 部分组成，其方案框图见图 2-12。

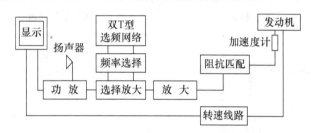

图 2-12 便携式异响诊断仪方案框图

为了诊断异响，必须把异响振动所产生的电压信号从各种不同噪声振动所产生的信号中分离出来。为此，压电加速度计输出信号经屏蔽导线连接到有高输入阻抗的前置放大器输入端，再经差动放大器放大后输入双 T 型选频网络。该网络实质上是一组具有不同中心频率的选频放大器，而且中心频率可用开关变换对应于经试验研究确定的发动机各主要异响的特征频率。选频放大器的功能是放大电压信号中与中心频率相一致的部分，削弱或滤去与中心频率不一致的成分。经过选频放大，异响特征频率电压信号强度加强，再经功率放大输送给扬声器或耳机，同时由电压表指示电压信号峰值，电压表又用做转速表。故障检测波形如图 2-13 所示。表 2-3 为东风 EQ6100 型发动机异响故障的检测部位。

表 2-3 东风 EQ6100 型发动机异响故障的检测部位

| 异响部位 | 特征频率<br>（Hz） | 发动机转速<br>（r·min$^{-1}$） | 温度 | 检测部位 | 辅助判断 |
| --- | --- | --- | --- | --- | --- |
| 曲轴轴承响 | 400 | 650 | 热车 | 汽缸体右下侧主油道对应的各主轴承处 | 直接测量 |
| 连杆 | 400 或 800 | 800 | 热车<br>冷车 | 汽缸体右侧排气管中心根部 | 断火对比或轻度急轰加速踏板 |
| 活塞销响 | 1 200 | 1 200 | 热车 | 汽缸体左侧固定螺栓处 | 断火对比 |
| 活塞敲缸响 | 1 200 | 1 200 | 冷车 | 汽缸体左侧火花塞孔下部 | 冷热车对比 |
| 气门响 | 2 800 | 2 800 | 热车 | 气门盖顶部 | 直接测量 |

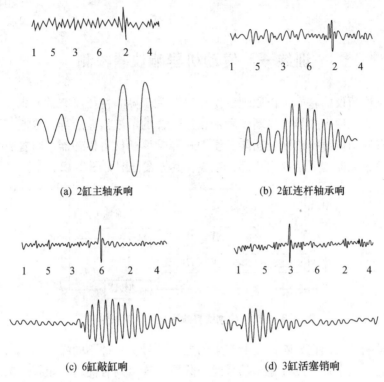

图 2-13 故障检测波形图

## 训练二  汽缸压力检测

### 一、检测标准

根据 GB/T 15746.2—1995《汽车修理质量检查评定标准发动机大修》的规定，大修竣工的发动机的汽缸压力应符合原设计规定，每缸压力与各缸平均压力差，汽油机不超过8%；柴油机不超过10%。GB 18565—2001《营运车辆综合性能要求和检验方法》规定：发动机各汽缸压力应不小于原设计规定值的85%。常见轿车发动机汽缸压力见表2-4。

表2-4  常见轿车发动机汽缸压力

| 车　　型 | 标准压力/kPa | 磨损极限压力/kPa | 各缸最大压力差/kPa |
| --- | --- | --- | --- |
| 桑塔纳 AJRL1.8 L | 1 000～1 350 | 750 | 300 |
| 奥迪100 1.8 L | 800～1 000 | 650 | 不大于300 |
| 富康 TU3 | 1 200 | — | 300 |
| 捷达 EA827 | 900～1 100 | 700 | 不大于300 |

汽缸压力表如图 2-14 所示。

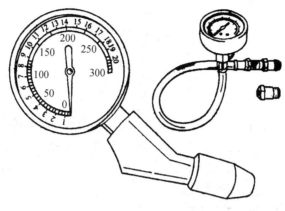

图 2-14　汽缸压力表

## 二、检测方法

测定的方法是，待发动机运转至正常工作温度后，拆下各缸喷油器并用汽缸压力表在启动转速下分别测定每个缸的压力，检测完成后装复喷油器。如实测值比规定值低 5% 或各缸的压力差达 5%～8% 时，即认为汽缸压力不足。然后，做汽缸漏气量和曲轴箱窜气量的试验，查明汽缸压力不足的原因。

## 训练三　进气歧管真空度检测

### 一、检测标准

根据 GB/T 15746.2—1995《汽车修理质量检查评定标准发动机大修》的规定，汽油发动机怠速时进气歧管真空度应在 57～70 kPa 范围内。发动机在怠速时，进气歧管真空度波动范围：6 缸汽油机不超过 3 kPa，4 缸汽油机不超过 5 kPa。进气管真空度随海拔升高而降低，海拔每上升 1 000 m 真空度将降低 10 kPa 左右，所以在检测真空度时应根据当地海拔修正检测标准。进气歧管真空度表如图 2-15 所示。

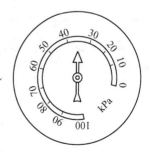

图 2-15　真空度表

### 二、检测方法

用橡胶管将真空度表连接在进气管或歧管上，启动发动机并加热至正常工作温度，然后稳定在怠速状态，因考虑到进气管真空度随海拔高度的增加而降低，当海拔每升高 0.5 km，真空度将下降 4~5 kPa，在测定真空度时，应根据测量地的海拔高度进行折算。

## 训练四　汽缸漏气量检测

### 一、测试方法

在发动机静止状态下，将被测汽缸的进、排气门置于压缩行程的上止点位置，以 0.8 MPa 的压力向该缸连续充气，利用汽缸漏气量测试仪测定其压力能否达到规定值。如果压力值低于 0.25 MPa，则视为汽缸漏气量超过标准。同时，将会听到进气管或排气管内及曲轴箱里有漏气声音，从而可确定该缸的漏气部位。

如检测出汽缸漏气量超标时，应进行曲轴箱窜气量的试验，以便确定引起漏气量超标的具体部位。曲轴箱窜气量测试仪，可分为压力式和容积式的两种，两者的测试条件、方法及步骤都是相同的。将测试仪安放在曲轴箱废气通气孔处，待发动机运转至正常工作温度、转速在 1 000 r/min 时，用压力式或容积式测试仪进行检测，其窜气量合格的标准分别为不大于 4 kPa 或 40 L。如果超过此标准即可确定是由于活塞环、活塞与汽缸壁过度磨损而造成的漏气降压；否则，即是因进、排气门封闭不严而导致的漏气降压。

### 二、用汽缸漏气量检测仪检测

汽缸的密封性可用检测汽缸漏气量的方法进行评价。通过检查汽缸漏气量判断汽缸密封性时，发动机不运转，活塞处在压缩终了上止点位置，从火花塞孔处通入一定压力的压缩空气变化情况，来检查整个汽缸组的密封性，它表征汽缸活塞摩擦副、汽缸衬垫、汽缸盖及汽缸的密封性。该方法仅适用于对汽油机的检测。

国产 QLY—1 型汽缸漏气量检测仪如图 2-16 所示。该仪器由调压阀、进气压力表、测量表、校正孔板、橡胶软管、快速接头和充气嘴等组成，此外还须配备外部气源、指示活塞位

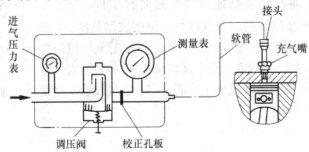

图 2-16　汽缸漏气量检测仪

置的指针和活塞定位盘。外部气源的压力相当于汽缸压缩压力，一般为 600~900 kPa。压缩空气按箭头方向进入汽缸漏气量检测仪，其压力由进气压力表显示。随后，它经由调压阀、校正孔板、橡胶软管、快速接头和充气嘴进入汽缸，汽缸内的压力变化情况由测量表显示。

## 训练五　汽车发动机冷却系统的外观检测

表 2-5 所示为常见故障现象及排除方法。

表 2-5　故障现象及排除方法

| 故障现象 | 产生原因 | 排除方法 |
| --- | --- | --- |
| 冷却液温度过高 | 冷却液量过少 | 补充冷却液 |
| | 节温器不能正常工作 | 换用新件 |
| | 散热器风扇不能正常工作 | 检查电路和风扇 |
| | 散热器芯部分堵塞 | 清洗水垢或更换 |
| | 温度表不准确 | 检修或更换 |
| | 散热器百叶窗关闭或开度不足 | 打开或调整 |
| | 缸盖、缸体水道内水垢太多 | 清洗 |
| 冷却液温度过低 | 节温器常开 | 更换 |
| | 冷却风扇常开 | 检修电路 |
| | 温度表不准确 | 检修并更换 |
| 冷却液消耗异常 | 外漏 | 检修或紧固 |
| | 缸盖裂纹 | 检修并更换 |
| | 缸体裂纹 | 检修并更换 |

主要是通过对散热器、水泵、水套、水管等部位进行观察是否漏水，检查散热器和水箱中冷却液的量是否足够，水泵传动带两则是否有磨损等。

## 训练六　汽车发动机冷却系的检测

### 一、冷却系统密封性的检测

主要目的是检查散热器、汽缸体、汽缸盖等部位是否密封良好。

测试前按车辆使用说明书的规定在冷却系统内加入足量的冷却液，使发动机在正常工作温度下,不使用连接器,直接将测试器装在散热器的冷却液注入口,在确定没有漏气的情况下拧紧,然后给冷却系统加压,将压力值达到规定值以上,一般为 120～150 kPa,检查冷却系统各部件及连接部位是否有渗漏现象。

## 二、水泵的检测

### 1. 就车检测

拧下散热器盖,然后启动发动机,检查散热器上水室进水口处的水流量是否正常,若出水量少,出水无力,说明冷却系统内有阻塞或水泵泵水量不足。

### 2. 离车检测

利用水泵泵水性能试验台进行检测,主要是检测水泵的水流量,试验时由试验台驱动装置带动水泵转动,例如,桑塔纳 2000 型轿车发动机水泵在规定转速 6 000 r/min 时,进口压力为 0.1 MPa,系统压力为 0.14 MPa,出口压力约为 0.16 MPa,若水泵泵水性能达不到要求,则说明可能存在水泵叶轮和壳体之间间隙过大,或是水泵泵轴弯曲、轴承松旷等问题,应进行修理。

## 训练七  发动机润滑系统故障的诊断与排除

发动机润滑系统的常见故障有机油压力过低、机油压力过高,机油消耗量过大等,其故障原因及排除方法如表 2-6 所示。

表 2-6  发动机润滑系统故障的诊断和排除方法

| 常见故障 | 故障产生原因 | 排除方法 |
| --- | --- | --- |
| 油压过低 | 机油量过少 | 补充新油 |
| | 机油黏度太低 | 换用新油 |
| | 机油变质或被燃油稀释 | 换用新油 |
| | 机油压力表不准 | 更换机油压力表 |
| | 机油压力表管线堵塞 | 清洗管线并调整 |
| | 润滑系统进入空气 | 检查维修 |
| | 系统供油道堵塞 | 清洗油道并调整 |
| | 机油泵不良 | 检查维修并调整 |
| | 机油滤清器堵塞 | 更换或清洗 |
| | 供油孔供油过多 | 检修 |
| 运转中油压下降 | 发动机长时间超负荷,过热 | 暂时停车,冷却发动机 |
| | 冒蓝烟 | 检修并调整 |
| | 润滑部位有烧机油现象 | 检修并调整 |

(续表)

| 常见故障 | 故障产生原因 | 排除方法 |
|---|---|---|
| 油压表振动过大 | 油量过少 | 补充机油 |
|  | 机油压力表及调节阀失灵 | 检修或更换 |
| 油压过高 | 机油黏度太大 | 换低黏度机油 |
|  | 滤清器堵塞 | 清洗或更换 |
|  | 机油压力表调节阀不灵敏 | 检修或更换 |
| 机油消耗量过大 | 油底壳漏油 | 检修 |
|  | 活塞环或汽缸磨损,间隙大 | 解体检修 |
|  | 机油黏度过低 | 换高黏度机油 |
|  | 油面过高 | 调整,保持油面 |
|  | 曲轴箱换气不良 | 检修并调整 |
|  | 机油压力太高,窜入燃烧室 | 调整机油泵油压 |

## 训练八　电控燃油喷射系统的自诊断系统应用

随着电子控制技术在汽车上的应用,20世纪70年代末出现第一代随车自诊断系统(OBD-Ⅰ),由于世界各大汽车制造公司采用的第一代随车自诊断系统自成体系,没有通用性,在汽车维修上造成很大的难度。20世纪90代出现了第二自诊断系统(OBD-Ⅱ),采用统一的诊断模式和统一的16端子诊断座(如图2-17所示),并采用统一含义的故障代码,这样只要一台汽车检测仪就可以对各种车辆进行检测和诊断,给维修人员极大的方便。但是由于汽车制造商对各自技术的保护,有些新车或特殊故障还需要专用检测仪,针对各国汽车发动机配置标准的差异,因此出现亚规OBD-Ⅱ、标准OBD-Ⅱ和美规OBD-Ⅱ。

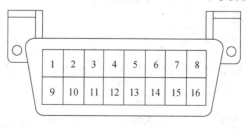

图2-17　OBD-Ⅱ16端子诊断座

## 一、故障代码常见的显示方式

### 1. 数字显示

目前在一些高档轿车上有较多的应用,在进行自诊断测试时,故障代码以数码的形式显示出来，如图 2-18 所示。

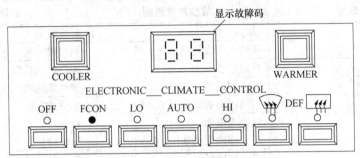

图 2-18 数字显示方式故障代码

**2. 脉冲电压显示**

大部发动机计算机控制自诊断系统均采用脉冲电压显示，以仪表板上故障指示灯闪烁显示故障代码。如图 2-19 所示。

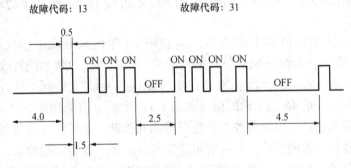

图 2-19 脉冲电压显示

**3. 发光二极管（LED）显示**

采用一个发光二极管显示时，显示方法与采用故障指示灯的显示方法相同，如图 2-20 所示。

图 2-20 采用一个 LED 显示故障代码

当采用两个发光二极管显示时，两只发光二极管选用的颜色为红色和绿色，红色发光二极管闪烁显示为十位数码，绿色发光二极管显示为个位数码。

当采用四个发光二极管显示时,组成二进制的编码,指示灯亮时,4个指示灯从左到右分别代表8、4、2、1,不亮的灯代表一位数值为0,每个故障代码为这4个指示灯指示情况的数值相加,如图2-21所示。

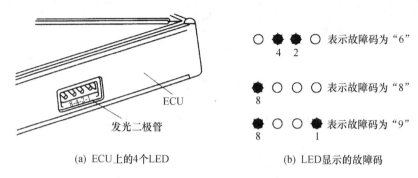

(a) ECU上的4个LED　　　　(b) LED显示的故障码

图2-21　4个LED的位置及故障代码显示

## 二、故障代码的读取

1. 人工读取和清除故障代码

第一代随车自诊断系统一般都采用人工读取故障代码,而第二代随车自诊断系统必须采用电脑解码仪读取故障代码,但有些车系仍保留了人工读取故障代码的方法。人工读取故障代码后,通过查阅维修手册获取故障代码的含义。

(1) 准备工作如下
① 拉紧驻车制动,变速器置于空挡。
② 用直观检查法对发动机控制系统进行全面检查。
③ 检查蓄电池电压,电压值应在11 V以上。
④ 启动发动机,怠速运转,使发动机达到正常工作温度。
⑤ 关闭所有电控系统和辅助设备。
⑥ 检测发动机故障指示灯是否正常。
(2) 丰田车系故障代码读取与清除
① 读取故障代码
a. 将点火开关置于ON,但不启动发动机。
b. 用跨接导线短接故障诊断插座中的 $TE_1$ 和 $E_1$ 端子或跨接16端子故障诊断插座中的5和6端子,如图2-22所示。

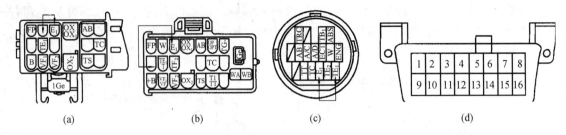

图 2-22  丰田车系故障诊断插座

c. 根据仪表板上的 CHECK 指示灯的闪烁规律读取故障代码（如图 2-23 所示）。

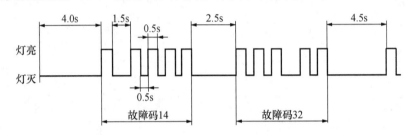

图 2-23  发动机故障指示灯显示故障代码方式

② 清除故障代码

a. 关闭点火开关，拆下跨接导线。

b. 拔下 EFI 熔断器 10 s 以上，如图 2-24 所示，或拆除蓄电池搭铁线 10 s 以上。

（3）红旗轿车故障代码读取与清除

① 读取故障代码

a. 打开点火开关，但不启动发动机。

b. 用备用熔断器将诊断座短接，如图 2-25 所示。此时仪表板上的发动机故障指示灯应闪烁。

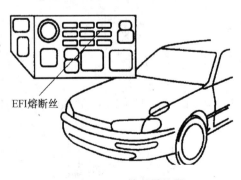

图 2-24  EFI 熔断器位置

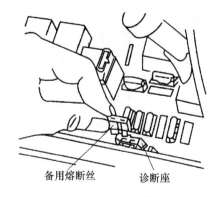

图 2-25  用备用熔断器短接诊断座

c. 随即拔下备用熔断器，3.2 s 后，若系统无故障，则发动机故障指示灯循环闪烁"18"代码，如图 2-26 所示。

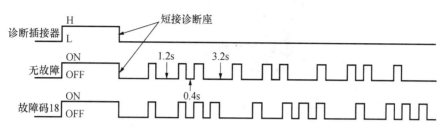

图 2-26　发动机故障指示灯显示故障代码方式

d. 若系统有故障代码，则发动机故障指示灯按故障发生的先后顺序闪烁故障代码，每个故障闪烁 3 次，如图 2-27 所示。

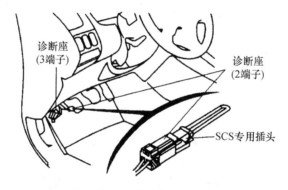

图 2-27　广州本田车诊断座

② 清除故障代码
a. 打开点火开关，不启动发动机。
b. 用备用熔断器短接诊断座 7 s。
（4）广州本田车故障代码读取与清除
① 读取故障代码
a. 用 SCS 专用插头或导线连接诊断座，如图 2-27 所示。
b. 打开点火开关，但不启动发动机。
c. 根据仪表板上的 CHECK 指示灯的闪烁规律读取故障代码，1～9 单码用短闪方式表示，如图 2-28（a）所示；双码的十位数用长闪方式表示，个位数用短闪方式表示，如图 2-28（b）所示。

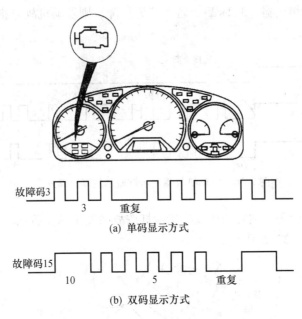

图 2-28　发动机故障指示灯显示故障代码方式

② 清除故障代码
a. 关闭点火开关,从诊断座上拆下 SCS 专用插头或导线。
b. 拔下倒车灯熔断器 10 s 以上。
(5) 日产系列轿车电控喷射系统故障代码的读取与清除方法
① 故障代码的闪烁。
② 使用自检系统的注意事项:
a. 用螺丝刀转动检查显示开关时,应仔细轻轻转动,不要用力过猛,以免损坏开关。
b. 在开始读取故障代码之前发动机应运转 2 min 以上。
c. 开始自检前,必须掌握操作步骤,防止故障代码被清除。
d. 应先读取故障代码,再拆下蓄电池连接线或控制单元连接器。
e. 排除故障后,要清除故障代码。
③ 故障代码的清除。将点火开关转到"ON"位置,将诊断显示开关顺时针拧到底,停 2 s 以上,再将诊断显示开关逆时针拧到底,停 2 s 以上,最后将点火开关转到"OFF"位置即可。
(6) 美国通用汽车电控喷射系统故障代码的读取与清除方法
① 通过仪表板故障指示灯读取故障代码。
美国通用汽车公司生产的各种轿车的故障诊断插座,一般都位于驾驶室仪表板的下面的

一个12孔插座。将故障诊断插座上的A、B两插孔用跨接线短接，打开点火开关，根据仪表上的故障指示灯（CHECK ENGINE）的闪烁规律读出故障代码。也可用电压表测量诊断插孔D的电压脉冲信号（动态检测），根据脉冲规律读出故障代码。

② 通过空调控制面板信息显示屏读取故障代码。

凯迪拉克车型故障代码由空调控制面板上的按键和信息显示屏指示，其操作程序如下：

a. 将巡航控制电源开关和点火开关置于"ON"位，并将空调控制面板上的"OFF"和"WARMER"按键同时按住，直到显示屏上的指示灯均亮，释放空调控制面板上的两个按键，即可进入故障自诊断系统。

b. 如果有历史故障代码存储在ECU的存储器中，在"Fuel Data Center"（燃油数据中心）信息显示屏上将先显示".E.E" 1s，然后开始显示历史故障代码，每个故障代码显示2s。

c. 如果ECU存有当前故障代码，在"Fuel Data Center"信息显示屏上将先显示".E.E" 1s后，开始显示当前故障代码，每个故障代码显示2s。

d. 故障代码全部显示以后，"Fuel Data Center"信息显示屏上将显示".7.0"的字样，故障代码显示结束。

e. 按"AUTO"键或关闭点火开关10s，即可退出故障诊断测试状态。

f. 故障代码的清除。先进入故障自诊断测试状态，待"Fuel Data Center"信息显示屏出现".7.0"字样时，同时按下空调控制面板上的"OFF"和"HI"两键，直到信息显示屏上出现"E.0.0"释放。当释放按键后，再次出现".7.0"时，关闭点火开关15s以上，故障代码即被清除。

2. 用电脑解码仪读取和清除故障代码

目前电脑解码仪有两大类：一类为通用型，如电眼睛、车博士、修车王、OTC、红盒子等。另一类为专用型，用于本公司生产的车系。如大众的V.A.G1552、通用公司的Tech-2、本田公司的PGM、雪铁龙公司ELIT等。

（1）V.A.G1552电脑解码仪

V.A.G1552电脑解码仪，如图2-29所示。用于大众生产的车辆，如捷达、桑塔纳、奥迪等。不但能读取各系统的故障代码，而且还具备对执行元件的诊断、部件基本设定、匹配及阅读测量运行数据，并具备清除故障代码等功能。

① 读取发动机控制系统故障代码

a. 关闭点火开关，打开位于换挡杆前端的诊断座盖板。

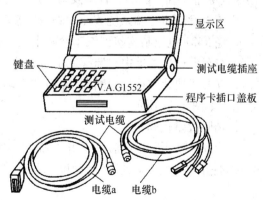

图2-29 V.A.G1552电脑解码仪

b. 将 V. A. G1552 电脑解码仪连接在诊断座上，如图 2-30 所示。

图 2-30 桑塔纳 2000GSi 轿车诊断插座位置

c. 打开点火开关或者发动机怠速运转。

d. 输入地址码。

按"Q"键确认，按"-"键显示屏逐一显示各个故障代码及故障原因。

② 清除故障代码

a. 输入功能码"05"，按"Q"键确认。显示屏显示：故障代码已被清除。

b. 输入功能码"06"，按"Q"键确认，结束测试。

(2) X431 电眼睛是 431ME 电眼睛的升级换代产品，是元征公司最新一代汽车诊断电脑，采用了触摸式的大屏幕 LCD，使得产品外形简洁，用触摸笔直接进行操作。可拆卸的微型打印机和可外接键盘的特点更能方便用户的操作，如图 2-31 所示，并采用了网上升级。X431 电眼睛对装备美洲、欧洲、日本及国产众多的电控系统具有诊断（解码）功能。

① 读取发动机控制系统故障代码，以桑塔纳 2000GSi 为例。

a. 将 X431 电眼睛连接到汽车诊断座上，如图 2-32 所示。

b. 在车系选择菜单中，选择"上海大众"，如图 2-33 所示。

c. 点击"快速数据流诊断"，点击"发动机电气系统"，点击"读取故障代码"，显示测试结果，如图 2-34 所示。

② 清除故障代码

a. 读取故障代码结束后，点击"确认"按钮返回功能菜单。

b. 点击"清除故障代码"，故障代码将被清除。

## 任务二　汽车发动机（汽油机）故障诊断与排除

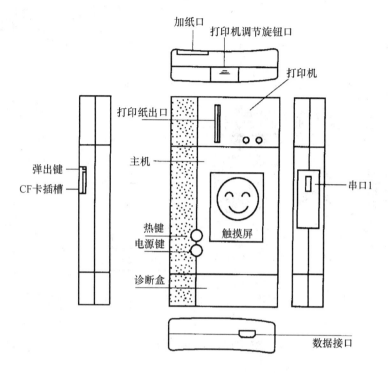

图 2-31　X431 电眼睛电脑解码仪

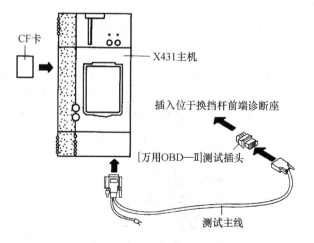

图 2-32　连接 X431 电眼睛解码仪

图 2-33　车系选择菜单　　　　图 2-34　显示的故障代码

## 三、电控汽油喷射发动机故障诊断的基本诊断步骤

（1）填写用户调查表。为了迅速地查找出故障发生点，首先要询问用户，了解故障基本情况、自然条件，了解故障的发生过程以及检修历史等；然后详细填写维修车辆登记表与诊断测试结果一起作为查找故障点的依据，同时也可作为检修后验收、结账参考依据。

（2）外观初步检查。电控燃油喷射系统的故障大多数是小故障，如线路短路或断路或人为的装错以及一些传感器、执行器的规定值的失调。

所有进气胶管均不能有破裂。检查各种卡箍紧固是否适度。检查各种真空管是否有破裂、扭结、插错。插错真空管会造成发动机怠速不稳，甚至发动机无规律地出现工作不良。喷油器应安装正确，密封圈完好。密封圈上部安装或密封不良会导致漏油，会造成严重事故；下部密封不良会导致漏气，使发动机真空度下降，运行不良，还会使进气压力传感器信号增加，喷油量增加，从而致使混合气变浓等。

（3）故障再现。在填写维修车辆登记表后，按照车主所叙述的故障现象，在车速、负荷及道路条件达到产生故障的条件下驾驶汽车，尽力使故障现象再度出现。从故障表现的形式上，结合外观仔细检查结果，对该车故障有一个初步的诊断。

（4）启动发动机故障自诊断系统，读取故障代码，并结合该车故障诊断有关资料查找故障的原因，故障诊断基本流程与步骤如图 2-35 所示。

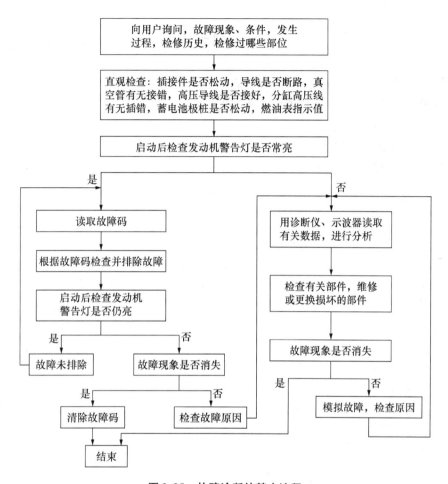

图 2-35　故障诊断的基本流程

① 读取故障代码。查阅该车故障代码表，掌握故障代码的确切含义，确定故障的产生部位。

② 如无故障代码输出（显示正常码）或没有故障代码含义注释表，那么可根据故障现象，确定故障的产生部位。

（5）结合该车型的故障诊断、检修表，按所示故障部位顺序进行检查。用发动机故障检测仪对发动机进行故障诊断，查找故障源。对已确诊的故障点进行调整测试、维修；排除故障后，清除故障代码，并进行道路试车验证故障是否排除。

## 任务思考

1. 如何判断汽车发动机各汽缸动力性是否一致？
2. 如何辨别发动机异响，常用方法有哪些？
3. 空气流量计如何检测？
4. 如何进行燃油压力的检测？
5. 如何进行点火线圈的检测？

# 任务三　柴油发动机故障诊断与排除

## 任务目标

学会柴油发动机故障诊断和检测方法,并在项目训练中能熟练检测仪器和设备的使用方法,在对柴油机常见故障成因的分析中,掌握柴油机常见故障的诊断和排除方法。

目前柴油机因其具有良好的经济性和动力性,在汽车上应用的数量已经越来越多。柴油机与汽油机相比,最大的不同点是所用燃料的不同。柴油机燃油供给系统的技术状况对于混合气的形成及燃烧过程的组织具有重要作用,是对发动机的动力性和经济性影响最大的因素。这样的工作特点,使柴油机与汽油机的结构,以及在使用中常见的故障均有较大差别。

柴油机燃油供给系统主要由油箱、滤清器、输油泵、喷油泵、调速器、喷油器等组成。常见的燃油供给系统有两种不同的形式,如图 3-1、图 3-2 所示。

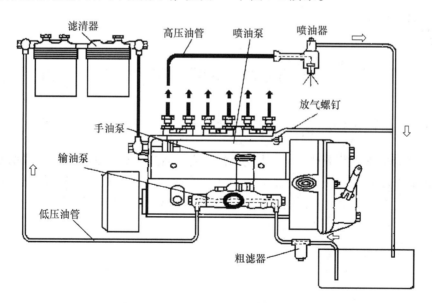

图 3-1　柱塞式喷油泵燃油供给系统

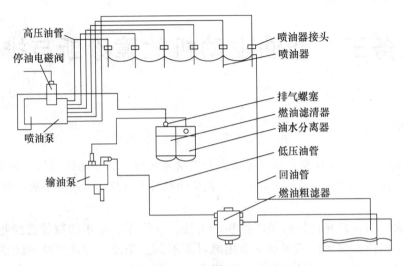

图 3-2 分配式喷油泵燃油供给系统

柴油机燃料供给系发生故障时将对发动机的动力性、经济性和工作可靠性产生直接影响，常见故障有：发动机不能启动或启动困难；发动机动力不足；发动机怠速不稳；发动机工作粗暴及发动机超速等。

# 任务资讯

## 资讯一 柴油发动机常见故障的诊断与检测

### 一、启动发动机有发动征兆，但不能发动

发动机启动时排气管冒烟，但不能发动，或启动后又熄火。故障的现象说明柴油已经进入燃烧室，但不具备压燃条件，不能够燃烧或完全燃烧。根据故障现象可以分为两种情况，一是排气管冒白烟（发动机若在低温启动时排气管排出白烟，但在温度升高后排烟正常，这是正常现象）；一是排气管冒黑烟。

1. 排气管冒白烟

（1）故障现象

柴油发动机启动时排气管排出白烟，启动困难，虽有启动迹象但不能发动，或启动后又熄火。

(2) 故障原因

出现这种故障现象一般有两种情况：一是汽缸中进了水或柴油中有水，燃烧后排气管排出大量水汽白烟；二是因为混合气形成条件差，汽缸内温度较低，燃油不能很好地形成混合气燃烧便排出去，一般呈白色烟雾。

由汽缸进水引发的故障原因主要有：

① 柴油中含有水分。

② 汽缸垫被冲坏或汽缸盖螺栓未按标准力矩扭紧。

③ 汽缸体或汽缸盖存在裂纹。

由燃油燃烧不良引发的故障原因主要有：

① 低温启动预热装置失效，发动机温度过低。

② 喷油泵喷油正时不准确，一般情况是喷油过迟，也可能是喷油过早。因为这时混合气形成的条件差，加之汽缸温度较低，燃油不能很好地形成混合气而燃烧，而呈灰白色烟雾排出。

③ 空气供给量或供油量不足。尤其在发动机启动时，由于汽缸内的温度低，燃油蒸发条件差，若供油量不足，会降低燃油的燃烧速率，使发动机不能启动，或启动之后不久又熄火。这时，难于燃烧的柴油便与空气混合形成灰白色烟雾排出。当空气不足时，由于缺氧使相当数量的柴油未能燃烧便排出去，故也呈现灰白色烟雾。

④ 供油量过多，汽缸温度低。

⑤ 喷油器雾化不良，汽缸温度低。

⑥ 喷油器针阀被卡在开启位置。

⑦ 汽缸压缩压力不足，使柴油达不到自燃所要求的温度。

(3) 故障诊断与排除

如果排出白烟用手接近排气管消声器出口处，发现手上留有水珠，说明有水进入燃烧室。首先拔出油尺，观察下曲轴箱机油油面是否升高，机油中是否有水（机油颜色发白说明机油被水乳化），并在启动发动机时观察水箱上部有无气泡冒出，或水箱返水。若机油有水和水箱上部在启动发动机时有大量气泡冒出，应检查汽缸垫有无烧穿漏水、汽缸盖螺栓有无松动、汽缸盖、汽缸体有无破裂漏水等。否则，应检查柴油中是否有水，可将油箱及柴油滤清器放污塞打开，放出水和沉淀物。

发动机启动困难，排气管冒白烟，经诊断汽缸内没有进水，重点应考虑燃油燃烧条件不足等原因。诊断步骤如下：

① 检查启动预热装置是否损坏。

② 检查进气通道是否堵塞。

③ 检查和调整喷油正时。

④ 检查喷油器喷油雾化是否不良。

⑤ 检查汽缸压力是否过低。
⑥ 检查喷油泵供油是否过多或过少。

2. 排气管冒黑烟

（1）故障现象

启动发动机，排气管大量冒黑烟，柴油机不能发动。

（2）故障原因

出现这种故障现象说明燃油已经进入燃烧室，但由于工作条件的原因，未能充分燃烧，燃油被碳化由排气管排出。产生这种现象的原因主要有：

① 空气滤清器或进气道堵塞，造成进气不良。
② 喷油泵连接失准或调整不当，使供油时间过早。
③ 喷油泵供油量过多。
④ 喷油泵各缸供油量不均匀度太大。
⑤ 喷油器喷雾质量不佳或滴漏。
⑥ 柴油质量不佳。
⑦ 汽缸压力过低。

（3）故障诊断与排除

① 首先检查进气通道是否畅通，拆下空气滤清器，观察排气烟色。若排黑烟情况好转，故障系空气滤清器脏污严重造成的；
② 检查供油时间是否过早，若过早应调整；
③ 在发动机运转时，可逐缸断油试验。当某缸断油时，发动机转速降低，黑烟明显减少，敲击声变弱或消失，说明该缸供油量过多。若发动机转速变化小而黑烟消失，说明该缸喷油器喷雾质量差。找出有故障的单缸后，拆检喷油器。必要时，可换装新喷油器进行对比，若用新喷油器时故障消失，说明原喷油器有故障。
④ 用上述方法仍不能排除故障时，对于喷油泵柱塞挺杆具有调整螺钉的，应检查各缸喷油是否一致，必要时进行调整。
⑤ 检查喷油泵供油量过大和供油不均匀度是否符合标准时，应在试验台上进行。
⑥ 若以上各项均无问题，应对有故障的单缸测试压缩压力，以判断是否有汽缸、活塞、活塞环等磨损漏气或气门密封不良现象。

## 二、柴油机不能启动或启动困难的诊断与检测

柴油机不能够启动或启动困难的故障现象为：启动机能够正常工作，而发动机无发动征兆或有发动征兆但不能够启动。无发动征兆是指发动机无启动迹象，排气管无烟冒出；发动机有发动征兆是指发动机有启动迹象，排气管冒烟，但不能够启动。

## 任务三　柴油发动机故障诊断与排除

启动柴油机时，若启动系统工作正常，发动机使用柴油牌号正确，发动机转数达到启动要求，但发动机仍无启动迹象，排气管不冒烟。

1. 低压油路故障诊断

（1）故障现象

松开喷油泵放气螺塞，按动输油泵上的手动泵，若放气螺塞处无油流出，说明燃油没有进入喷油泵；若放气螺塞处流出泡沫状柴油，说明燃油夹带空气进入喷油泵，而且长时间按动手动油泵不能排净空气。

（2）故障原因

① 油箱内无油或油量不足。
② 油箱开关未打开或油箱盖上的空气孔被堵塞。
③ 油箱内的上油管被堵塞或从上部折断。
④ 油箱至输油泵间的油管被堵塞。
⑤ 油箱至输油泵间有漏气部位。
⑥ 输油泵的滤网被堵塞。
⑦ 输油泵的溢流阀不密封或卡滞。
⑧ 油箱内的输油管破裂或松动。
⑨ 柴油滤清器的滤心被堵塞。

（3）故障诊断与排除。

若松开喷油泵放气螺钉，扳动手油泵放气螺钉处无油流出，说明油箱中无油或油路堵塞。首先检查油箱中存油是否足够、油箱开关是否打开，油箱盖空气孔是否堵塞。若良好，可扳动手油泵试验。若拉手油泵拉钮时，明显感到有吸力，松手后又自行回位，说明油箱至输油泵的油路堵塞；若拉出手油泵拉钮时感觉正常，但压下去比较费力，说明输油泵至喷油泵的油路堵塞，可检查柴油滤清器是否堵塞。如果上下拉动手油泵拉钮时，均无正常的泵油阻力，说明手油泵失效，应检查手油泵进出油阀是否关闭不严等。在寒冷地区严寒季节，柴油牌号选用不当或油中有水，容易造成凝结或结冰而堵塞油管。

若松开喷油泵放气螺钉，扳动手油泵，放气螺钉处流出泡沫状柴油，而且长时扳动手油泵也是如此，说明油箱至输油泵之间的管路漏气，供油系中渗进空气发生了气阻。首先检查油管有无破裂，如无破损，应检查输油泵至油箱一段油管接头是否松动或油箱内上油管上部是否断裂等。

2. 高压油路故障诊断

（1）故障现象

喷油泵与发动机连接可靠，高压油路连接正常，高压油管无破裂松动现象。松开喷油泵放气螺塞，按动输油泵上的手动泵，若放气螺塞出油正常，但各缸喷油器无油喷出。

(2) 故障原因

诊断高压油路故障时,应首先确定故障出自喷油泵还是喷油器。可在发动机转动时,用手触试各缸高压油管。若感到有喷油"脉动",说明故障不在喷油泵而在喷油器;若无"脉动"或"脉动"甚弱,说明故障在喷油泵。

由喷油泵引发的故障原因主要有:

① 油门拉杆处于不供油位置。
② 油量调节叉或扇形齿轮固定螺钉松动或脱落,使柱塞滞留在不供油位置上。
③ 柱塞与套筒偶件配合间隙过大。
④ 供油齿条卡滞,使柱塞不能转动或转动量过小。
⑤ 出油阀密封不良、粘滞或其弹簧折断。

由喷油器引发的故障原因主要有:

① 针阀因积炭或烧结而不能开启;
② 针阀喷油孔被堵塞;
③ 压力弹簧调整不当;

(3) 故障诊断与排除

① 检查高压油管有无漏油,并旋松各缸高压油管接头以排除空气。
② 检查齿条式调节机构的扇形小齿轮的固定螺钉是否松动。
③ 若上述均正常,可在发动机转动时,用手触试各缸高压油管。若有喷油脉动,说明故障不在喷油泵而在喷油器,应对喷油器进行检查;若无喷油脉动或脉动强度甚弱,说明故障在喷油泵,应拆检喷油泵。

## 三、柴油机动力不足

柴油机动力不足主要是达不到其额定功率和最高转速。其故障现象有柴油机运转均匀区转速提不高,排烟少;柴油机运转不均匀,排白烟;柴油机运转不均匀,排黑烟;柴油机"游车"。

1. 柴油机运转均匀,但转速不高

(1) 故障现象

① 运转均匀,排烟量少,且无力。
② 急加速时,转速不能迅速提高,且排黑烟。

(2) 故障原因

① 调速杆系调整不当。
② 喷油泵油量调节齿杆达不到最大供油位置。
③ 喷油泵扇形小齿轮松动。

④ 喷油泵出油阀密封不良。
⑤ 喷油泵柱塞磨损过量、粘滞或弹簧折断。
⑥ 喷油泵滚轮或凸轮磨损过量。
⑦ 喷油器供油品质不良，供油量不足。
⑧ 输油泵供油不足。
⑨ 汽缸压力不足。

(3) 故障诊断与排除

① 拧松放气螺钉，若放气螺钉处有很多气泡排出，说明燃油系统中有空气。应检查输油泵进油管接头到油箱之间管路及各接头是否有漏气现象。若有漏气，应进行修复。

② 将加速踏板踩到底，检查供油调速杆是否能达最大供油位置，若不能，应进行调整。

③ 检查油管是否有凹陷节流现象，若有，应更换。检查输油泵滤网、燃油滤清器是否堵塞。

④ 拆下输油泵后检测其工作性能。若油泵性能达不到技术要求应更换。

⑤ 将限压阀拆下，在其弹簧后端面垫上一块垫片之后装复，启动发动机。若动力有所好转则故障为限压阀弹簧过软，初级油压偏低。

⑥ 用压力表检测高压油泵出油压力，若出油压力不足，则故障为出油阀密封不良、柱塞、滚轮或凸轮磨损严重，应对高压油泵进行检修、调试。

⑦ 检查调速器弹簧弹力是否符合标准，若不符合标准，应拆下喷油泵检修调速器，并重新调试喷油泵。

⑧ 检查供油角提前装置是否缺油，各运动件运动是否灵活，弹簧是否变形。若有，应进行维修或更换。

⑨ 若以上检查均正常，应检测汽缸压力，若汽缸压力过低，应检修发动机。

2. 柴油机运转不均匀，排白烟

(1) 故障现象

① 发动机无力。
② 运转不均匀且排出灰白色烟雾或白烟。
③ 刚启动排白烟，温度升高后排黑烟。

(2) 故障原因

① 喷油时间过迟。
② 汽缸进水。
③ 汽缸压力过低。
④ 柴油内含有水分。

(3) 故障诊断与排除

① 若柴油机无力，排灰白色烟雾，应检查联轴节固定螺钉是否松动、喷油时间是否过迟。

② 用干净玻璃片挡住排气管口几秒后取出观察玻璃片上是否有水珠。若有水珠，说明汽缸中进水。

③ 若发动机动力不足且冷却液温度过高，拆下水箱盖，启动发动机怠速运转，观察水箱内水箱盖处气泡涌出情况。若发动机在运行过程中有很多气泡不断涌到水箱盖处并排出。说明发动机个别汽缸的汽缸垫已被冲坏。

④ 逐缸进行人工断油试验，当某缸高压断油时发动机转速没有明显变化，表明该缸为故障缸。拆下故障缸的喷油器，如果喷油器上有水珠，说明此汽缸渗水，应更换汽缸垫。

⑤ 若水箱盖处无水泡涌出或起泡量很少，则故障出自柴油中有水。

⑥ 若启动时排白烟，温度升高后排黑烟，表明汽缸压力不足。

3. 柴油机运转不均匀，排黑烟

(1) 故障现象

① 发动机运转不均匀。

② 排气管排黑烟。

③ 加速无力并伴有敲击声。

(2) 故障原因

① 空气滤清器堵塞。

② 喷油泵出油阀磨损或弹簧折断。

③ 喷油泵个别柱塞粘住或扇形齿松动。

④ 喷油泵个别凸轮或挺杆滚轮磨损过量。

⑤ 喷油泵挺杆调整螺钉调整不当或松动。

⑥ 喷油器工作不良。

⑦ 增压器工作不良。

⑧ 汽缸压缩压力过低。

(3) 故障诊断与排除

① 拆掉空气滤清器后，发动机烟色正常或黑烟量明显减少，表明滤清器堵塞，应加以清洁或更换。

② 检查涡轮增压器进、排气口是否有漏气现象，若有应及时进行检修。检查进入涡轮增压器的空气流量是否正常。若涡轮增压器转速慢，进气不足，应检修或更换增压器。

③ 用逐缸断油法诊断。某缸断油后，若发动机转速明显降低、黑烟量少、敲击声减弱或消失，表明该缸供油过多。若发动机转速变化小而黑烟消失，表明该缸喷油器雾化品质差；

若无变化，表明该缸不工作。

④ 检查故障缸的喷油泵柱塞副是否工作良好，扇形齿轮固定螺钉是否松动，柱塞弹簧是否断裂等。若均正常，应拆检喷油器。

⑤ 若上述各项均正常，应检测故障缸的汽缸压力是否过低。

4. 柴油机"游车"

（1）故障现象

① 发动机运转中，出现转速忽高忽低周期性的变化。

② 转速提不高，加速无力。

（2）故障原因

① 调速器故障。

② 调速器内部润滑油过脏或过少。

③ 油量调节齿杆卡滞。

④ 油量调节齿杆与扇形齿轮齿隙过大（或柱塞调节臂与油量调节拨叉配合间隙过大）。

⑤ 喷油泵凸轮轴轴向间隙过大。

⑥ 油量调节齿杆（或拨叉）的拉杆销子松旷。

（3）故障诊断与排除

① 检查供油齿杆的松紧度，若不能前后自如移动或移动范围较小，应将齿杆与调速器连接处拆离作进一步检查。这时若齿杆移动灵活，表明故障在调速器；若仍只能在小范围内移动，表明有个别柱塞移动有阻滞、咬住、弹簧折断的现象，应逐个检查排除。

② 若齿杆移动灵活，应检查调速器内润滑油有无过脏或过少，各连接处是否松旷、变形，飞块收张是否一致。若有，应进行维修。

③ 检查喷油泵凸轮轴轴向间隙是否过大，若间隙过大，应进行维修。

④ 若以上检查均正常，应进一步检查是否因挺杆上升或下降时的不正常摆动而造成"游车"。

## 四、发动机怠速不稳

1. 故障现象

柴油发动机不论是在冷机或热机条件下，怠速转速都不稳定。机体严重抖动，转速时高时低，甚至不能维持正常运转而熄火。

2. 故障原因

（1）怠速转速太低。

（2）燃油系统中有空气。

(3) 喷油泵工作不正常。
(4) 喷油不正时。
(5) 喷油器堵塞或工作不正常。
(6) 发动机支撑座胶垫松动、断裂。

3. 故障诊断与排除

(1) 检查发动机支撑座胶垫是否断裂、松动而引起发动机抖动。有则加以紧固或更换。

(2) 启动发动机并观察发动机转速表。若转速表指示的转速值较低并伴有机体抖动现象，应检查急速限位螺钉是否松动失调。若不是，稍加油使发动机转速提升到规定急速转速，若发动机能稳定均匀运转无抖动现象，说明故障为急速调整不当。

(3) 发动机急速运转时，观察高压油管接头处是否有燃油泄漏现象。若有泄漏，则该缸工作不良导致急速不稳，应修复或更换高压油管。

(4) 发动机急速运转时，松开放气螺钉观察出油情况。如果有很多气泡自放气螺钉孔冒出，说明燃油中有空气。检查输油泵至油箱之间各接头是否有漏气现象，有则进行排除。

(5) 若急速仍然不稳，可在急速时用手分别触摸各缸高压油管，感觉各缸喷油脉冲强弱。如果个别汽缸喷油脉冲很弱，应进一步对该缸做人工断油。若断油时发动机转速无多大变化，说明该缸工作不良，应将该缸喷油器拆下校验。

(6) 急加速时，若发动机有明显的金属敲击声，说明喷油时刻可能过早；若发动机转速迟滞一下后才缓慢提高，说明喷油过迟。喷油不正时，均应重新调整。

(7) 若以上检查均正常，则检测发动机各缸的汽缸压力，各缸的压力差不应大于规定值。

## 五、柴油机工作粗暴

柴油机工作粗暴是指在工作时，汽缸内混合气的温度和压力急剧升高，致使燃烧室壁、活塞、曲轴等机件产生强烈振动，并通过汽缸壁传出强烈的震音。

1. 故障现象

(1) 发动机发出有节奏的金属敲击声，急加速时响声增大，排气管冒黑烟。
(2) 汽缸内发出低沉不清晰敲击声；
(3) 敲击声没有节奏并排黑烟；

2. 原因

(1) 喷油泵喷油时间失准；
(2) 喷油器雾化不良；
(3) 进气通道或空气滤清器堵塞；

(4) 各缸喷油不均；

(5) 喷油器滴油；

(6) 选用的柴油牌号不当；

(7) 发动机支架螺栓松动、支架断裂、胶垫老化、破损脱落。

3. 故障诊断与排除

当柴油机产生类似敲缸声时，应首先确定是着火敲击还是机件敲击。

（1）急减速试验，着火敲击声暂无，随后又出现；而机件敲击声将连续发响。在异响的同时观察排烟，着火敲击的同时排气管排黑烟或灰白烟；机件敲击时排气管不排烟或排蓝烟。

（2）如果响声均匀，说明各缸工作情况差不多。其故障原因与喷油正时、进气情况、柴油性能等方面有关。

急加速试验，若响声尖锐，排气管冒黑烟，通常是喷油时间过早，应调迟。若加速困难、声调低沉，排气管冒白烟，是喷油时间过迟，应调早。若调整喷油正时的效果不明显，则应检查空气滤清器是否堵塞、进气通道是否畅通。若进气通道畅通，仍有响声，便应考虑柴油牌号选择的是否适当。

（3）如果响声不均匀，说明各缸工作情况不一致。可用单缸断油的方法找出工作不良的汽缸。若怀疑某喷油器工作不良，可用一标准喷油器或与它缸调用喷油器，倘若这时声响消失（或转移它缸）则表明故障就在喷油器。若怀疑某缸供油量过大，可用减油法试验，减油之后响声和排烟应消失。若减油之后故障减弱并不消失，只有断油才完全消失，则说明故障原因在喷油时间过早。

## 六、发动机超速

柴油机的转速失去控制，疾转不止的现象称为超速（俗称"飞车"）。若汽车运行中出现"飞车"现象，应立即紧急制动直至发动机熄火。若汽车静止，发动机空转时出现飞车现象，应立即采取断油或断气等措施使发动机在最短的时间内熄火，否则会造成严重的事故。

1. 故障现象

柴油机在汽车运行中或自身空转中，尤其是全负荷或超负荷运转突然卸荷后，转速自动升高超过额定转速而失去控制。

2. 故障原因

引起超速的主要原因有两个方面：一是喷油泵调速器本身的故障，使其丧失了正常的调速特性；另一方面是柴油机在运转过程中有额外的柴油或机油进入燃烧室掺入燃烧。

（1）喷油泵、调速器的故障

① 加速踏板拉杆或喷油泵供油调节齿杆卡滞，使其在额定供油位置上回不来；

② 油量调节齿杆和调速器拉杆脱节；
③ 柱塞的油量调节齿圈固定螺钉松动使柱塞失去控制；
④ 调速器的高速限制螺钉或最大供油量调整螺钉调整不当；
⑤ 调速器内润滑油过多或机油太脏、黏度过大，使飞球甩不开；
⑥ 调速器因飞球组件犯卡、锈污、松旷或解体等原因失去效能或效能不佳等。
（2）燃烧室进入额外燃料，其来源有以下几种
① 汽缸窜油，使润滑油进入燃烧室燃烧；
② 惯性油浴式空气滤清器存油过多被吸入燃烧室；
③ 带增压器的柴油机，由于增压器油封损坏，机油进入燃烧室燃烧等。

3. 故障诊断与排除方法

"飞车"的故障在就车使用的发动机上一般很少见，但喷油泵调速器调整不当或装机使用时出现这样和那样问题而盲目调整调速器的重要部位（加有铅封的调整螺钉），则"飞车"故障时有发生。无论是正在行驶的汽车还是停驶的汽车，一旦出现"飞车"，首先要采取紧急措施设法立即熄火，避免事故发生。

（1）紧急措施

若汽车在运行中，千万不要脱挡或踩下离合器，应紧急制动直至发动机熄火；若汽车静止发动机空转时，则立即采用断油或断气的方法使发动机熄火。
① 迅速将加速踏板收回到停车位置，拉出灭火拉钮；
② 有减压装置的，迅速将减速手柄拉到减压位置；
③ 进、排气管道带阀的可将阀门关闭，如果没有阀门的可拆下空气滤清器，堵住进气道；
④ 供油拉杆或齿杆外露的喷油泵，可迅速将拉杆推向停油位置；
⑤ 松开各缸高压油管或低压油路的油管接头以停止供油；
⑥ 及时挂入高速挡，踩下制动踏板，缓抬离合器，使发动机熄火。

（2）诊断

① 发动机熄火后，反复踩动加速踏板或搬动喷油泵操纵臂，从喷油泵外部或拆下侧盖从内部检视供油拉杆（或齿杆）的轴向活动情况。若供油拉杆（或齿杆）不能轴向活动，故障系供油拉杆（或齿杆）在其承孔内因缺油、锈蚀等原因犯卡而不能回位造成的；
② 打开调速器上盖，检查调速器飞球组件与供油拉杆（或齿杆）的连接是否脱开、调速器内机油是否加的太多或机油黏度太大、调速器飞球组件是否犯卡、锈滞、松旷或散架。
③ 拆下喷油泵调速器总成，在试验台上进行检修与调试合格后再装机。
④ 若供油系良好，应检查汽缸有无额外进入燃油或机油。例如：空气滤清器或增压器的机油能否漏入汽缸；汽缸密封性如何，是否窜机油等。

发动机熄火后，必须找出造成超速事故的原因所在，并做彻底排除后，方允许再次启动

发动机，否则发动机启动后，又将出现超速"飞车"现象。

## 资讯二　电控共轨柴油机电控系统故障诊断与检测

要想顺利地分析和判断共轨电控喷射系统的故障，就必须熟练地掌握共轨电控系统的组成及工作原理。只有这样，才能通过诊断设备读取故障代码、数据流，再配合波形检测，数字万用表的电参数检测，结合构造原理的推理分析，才会在排除故障中逐渐提高维修水平和积累诊断技巧。下面就分析电控系统常见故障及其主要原因。

1. 发动机难启动

引起发动机不易启动的机械原因前已述及，属于共轨电控系统的主要故障有：
（1）发动机预热系统不良，不对发动机进行预热，使柴油机启动时温度低，柴油雾化质量差。
（2）柴油机电控单元电源电压低，或电源线路接触不良，各传感器输出信号值有偏差，造成启动时喷油量低，喷油提前角修正错误等。
（3）共轨压力不足，应检查压力传感器和高速电磁阀，以及调压电磁阀，线路是否正常。
（4）高压共轨系统喷油器控制腔进油节流孔不畅，使喷油压力降低，雾化不良。
（5）共轨高压油泵中带负荷油量调整电磁阀的油泵由于信号线故障，使控制阀常开不闭，油泵不泵油或泵油量不足，油压过低。
（6）共轨与喷油间的限流阀因油路不良或卡滞在常闭位置，喷油器无高压油供应。
（7）喷油提前错误，检查正时装配记号，检查各传感器信号。
（8）共轨中的单向阀密封不严，停机时泄压，每次启动均需补压后才能正常启动着车。

2. 共轨发动机运转不稳

柴油机运转不稳是多发故障。引起发动机运转不稳的机械原因前已述及，下面是引起发动机运转不稳的电控系统的主要原因：
（1）个别汽缸喷油器电磁阀因线路或电磁阀本身故障，不能正确控制电磁阀动作，使该缸不喷油。
（2）个别汽缸安装在喷油器及共轨间的限流阀卡滞或漏油，使该缸喷油不良或不喷油。
（3）喷油提前角不当。
（4）个别汽缸线路连接有断路、搭铁或接触不良等故障。
（5）带进气增压式共轨发动机进气增压系统工作不良。
（6）进气压力传感器信号不良。
（7）废气再循环控制阀卡在常开的位置，造成发动机怠速工作不稳，大负荷时动力

### 3. 发动机动力不足

由于电控系统不良造成发动机动力不足的主要原因有：

（1）共轨油压过低，使各缸喷油量减小。

（2）装有空气流量传感器的发动机，空气流量传感器信号不良。

（3）进气支管压力传感器信号不良。

（4）带有针阀升程传感器的喷油器信号不正确。

（5）油门位置传感器信号不准确，使喷油量不足。

（6）由于转速传感器、油温传感器及油门位置传感器等信号不良，使喷油始点信号延迟，发动机点火晚，常易伴随发动机温度过高。

（7）进气增压压力控制电磁阀故障。

（8）油泵泵油量控制电磁阀失效或堵塞，使燃油泵供油量不足。

（9）电控单元本身有故障。

### 4. 柴油机冒黑烟

（1）多段喷油控制系统不良。

（2）温度传感器信号不正常，喷油量修正不当，使喷油量增加。

（3）进气压力传感器信号电压高于实际进气对应的电压信号值。

（4）空气流量传感器信号不正常，使喷油量与进入空气失去平衡，混合气过浓。

（5）带低转速中负荷供油量调整电磁阀失效，油量调整功能丢失，喷油量过多。

（6）废气再循环电路与车身搭铁短路。

（7）发动机转速信号、凸轮轴位置信号不良，使电控单元计算喷油量错误，喷油量过多。

（8）共轨油泵压力调节电磁阀调节失控，共轨油压过高，导致混合气过浓。

（9）喷油器喷油控制电磁阀控制失效，或电控单元控制系统由于故障，使个别喷油器喷油失控。

（10）在高压共轨系统中，喷油器控制电磁阀控制错误或控制电磁阀的控制回路与车身搭铁短路，使控制腔压力过低，喷油器开启时间过长或常开，造成喷油量过大而冒黑烟。

综上所述，由于电控系统不良引起的故障很复杂，很多故障不是单一原因引起的，所以判断电控系统的故障除了要在掌握构造原理的基础上，通过诊断仪器提供的故障代码、数据流和波形，再结合推断分析，最后再用数字表检测确认故障产生的部位。

## 任务训练

### 训练一  柴油机燃油供给系的检测

柴油机燃油供给系主要由柴油箱、柴油滤清器、输油泵、喷油泵、调速器、喷油器等组成。以下分别介绍喷油器、输油泵、A型喷油泵、喷油正时的检测方法。

#### 一、喷油器的检测

喷油器的针阀偶件磨损，主要发生在密封锥面、轴针与喷孔、针阀雾化锥体及导向面等几个部位。

1. 喷油器针阀偶件的磨损

针阀密封锥面磨损后，一些燃油会在未达到针阀开启压力之前就从密封锥面漏出，造成漏油、滴油，从而导致高温燃气易窜入针阀体内，使燃油在导向面上结胶，将导致针阀卡死；轴针与喷孔磨损后，燃油通过时的流速降低，影响喷雾锥角，造成雾化不良；针阀导向面磨损使喷油量减少，供油时间迟滞。

2. 喷油器的检验与调试

喷油器的检验与调试一般是在喷油器的试验器上进行的。为保证试验的准确性，喷油器的试验器的油箱内应加注经过滤清的柴油，并放净空气。同时应保证试验器本身具有良好的密封性。

（1）密封性检验。将喷油器装在试验台上，缓慢均匀地用手柄压油，同时旋进喷油器的调压螺钉，经调整使喷油器在规定压力下喷油。停止压油后，观察压力表指针，记下油压自20 MPa降至18 MPa所经历的时间，此时间应不少于9 s，如图3-3所示。

（2）喷油压力的检验和调整。将喷油器装在试验器上，缓慢均匀地用手柄压油，当喷油器刚开始喷油时，压力表所指示的最高压力即为喷油压力。若喷油压力不符合规定，应进行调整。旋入喷油器调压螺钉会使喷油压力增高，旋出时喷油压力降低。同一台发动机各缸喷油器的喷油压力应一致，其误差不应大于0.25 MPa。

（3）喷雾质量的检验。在试验时，以60～70次/min的频率压动手柄，使喷油器喷油，喷出的燃油应呈雾状，没有明显可见的油滴和油流以及浓稀不均的现象；断油应干脆，喷射时应伴有清脆的响声；喷射前后不允许有滴油现象。经多次喷油后，喷口附近应是干的或稍有湿润。

（4）喷雾锥角的检验。喷油器喷出燃油的雾化锥角不应偏斜，其锥角角度和形状应符合标准要求。

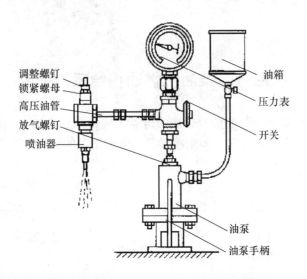

图 3-3 在试验器上检查调整喷油器的示意图

(5) 喷油器的通过能力检验。在喷油器试验台上,将各个喷油器用同一根高压油管逐个接到预先调整好的喷油泵的同一个分泵上,在标定转速下测量每分钟的喷油量。各个喷油器的喷油量相差不得超过平均值的 5%。

## 二、输油泵的检测

(1) 输油泵主要零件的磨损与检查。

① 出油阀的磨损。出油阀的磨损主要是阀门与阀座配合面的磨损。检查的方法是用嘴吸气或吹气。对于进油阀可从进油口方向吸气,吸气时应感觉不到有漏气。

② 活塞与输油泵体的磨损。这样的磨损使活塞与输油泵体孔的配合间隙增大。活塞与泵体孔的标准配合间隙为 0.015~0.038 mm,当此间隙达到 0.06 mm 时应对其进行修理。

(2) 输油泵的试验。输油泵的工作性能试验主要有密封性试验、吸油能力试验、供油能力试验等。

① 密封性试验。旋紧手动油泵的手柄并堵住出油口,将输油泵浸入清洁的煤油或柴油中。从进油口接入 147~196 kPa 压力的压缩空气,若在泵体与推杆之间的缝隙处有气泡漏出,则用量筒收集气泡,若在 1 min 内的收集量在 50 mL 以内,说明此间隙正常,密封良好。

② 吸油能力试验。将输油泵装在喷油泵上,旋紧手动油泵手柄。在进油口接头上安装一根内径为 8 mm、长度为 2 m 左右的塑料管,使输油泵进油口高于油箱油面 1 m。然后用手以 2~3 次/s 的速度往复拉压柱塞,记录燃油输送到出油口时间,此时间应小于 1 min,否则应检

修。试验应在管路密封的情况下进行，手动泵油时所排出的油液不应有泡沫。

③ 供油量试验。当转速为 750 r/min，输油压力为 206 kPa 时，输油泵应能连续供油，且供油量不低于 250 ml/min。当喷油泵转速为 600 r/min 时，从开始吸油到供油压力升到 180 kPa 所需的时间不应超过 30 s。

（3）EQD6102 型柴油机的输油泵性能试验如图 3-4 所示。

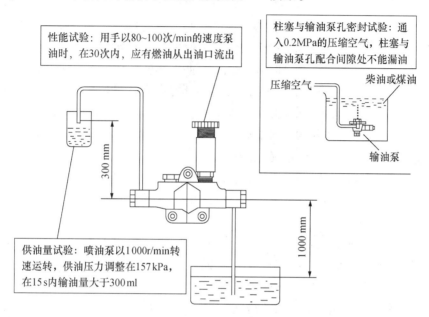

图 3-4　EQD6102 型柴油机输油泵性能试验示意图

## 三、喷油泵的检测

1. 喷油泵检测调整的主要项目

（1）供油不均匀度检查。喷油泵各缸供油不均匀度较大时，将导致柴油机各缸工作不均衡，影响发动机动力性和经济性，还使发动机转速不稳。

（2）额定供油量检查。喷油泵额定供油量和供油不均匀度的检查与调整是在喷油泵试验台上进行的。

（3）供油间隔角的检查。喷油泵各缸供油间隔角的均匀性，将决定柴油机各缸供油提前角的一致性。

A 型喷油泵供油间隔角的检查方法：

在一缸出油阀管接头上安装一个内径为 2～3 mm 的透明（玻璃）的定时管，如图 3-5 所示。油门处于全开位置，转动喷油泵凸轮，注意观察定时管内液面。当液面微一闪动，立即

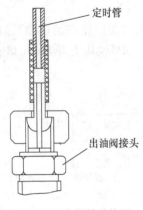

图 3-5 定时管结构图

停止转动油泵凸轮,这就是第一缸柱塞供油开始角,记录此时刻度盘的读数;然后用同样方法,依次检查并记录 1、5、3、6、2、4 缸柱塞的供油起始角。前后两缸的刻度读数差,即为这两缸的供油间隔角。

2. 喷油泵偶件的检测方法

(1) 柱塞偶件的检验。密封性能检验方法:将喷油泵中的出油阀取出,将阀座与出油阀衬垫仍留在里面,旋上出油阀座,将喷油泵试验台上的高压油管接在出油阀座上,并排净内部的空气。将柱塞调整到最大供油量的中间行程位置。用喷油泵试验台上的手柄泵油至 20 MPa 时停止泵油,测量油压下降至 10 MPa 时所经历的时间。对于柱塞偶件,要求此时间不应少于 18 s。各个柱塞偶件的密封性指标相差应不大于最大数值的 15%。

也可用滑动性能试验对柱塞偶件的磨损程度进行简单的检查。检测方法:将柱塞、套筒洗净后装成一体,并使其倾斜 60 度角,然后将柱塞拉出 35~40 mm,柱塞应能在本身重力作用下沿套筒缓缓下滑到原位。

密封性试验的另一种方法是:用一只手握住套筒,并用手指堵住套筒端面的出油孔和进油孔,另一只手拉出柱塞时,应感到有明显的吸力,放开柱塞时,柱塞应能迅速而自动地回至原位。将柱塞转到几个不同的位置反复试验几次均应符合要求。

(2) 出油阀偶件的检验。密封锥面应光泽明亮、完整连续,若锥面出现接触不均或接触宽度超过 0.5 mm 时,应对其进行研磨修理或将其做报废处理。

密封性试验:出油阀偶件的密封性试验可采用简单的专用夹具。将出油阀偶件装入专用夹具中,并将专用夹具连同出油阀偶件一起接在喷油器试验器的高压油管上。拧松调节螺钉使出油阀落在阀座上,以检验密封锥面的密封性。其试验标准为,油压从 25 MPa 降至 10 MPa 所经历的时间不应小于 60 s。然后旋进调节螺钉,使出油阀顶起 0.30~0.50 mm,以检验减压环带与导向孔之间的密封性。其试验标准为,油压从 25 MPa 降至 10 MPa 所经历的时间不应小于 2 s。

也可用简易的方法检验出油阀偶件的密封性。用拇指和中指轻轻夹住出油阀座,食指按住出油阀,用嘴吸出油阀下平面的孔,若能吸住则说明锥面是密封的。然后用手指抵住出油阀座下孔,当减压环带进入阀座导向孔时,轻轻按下出油阀,若感觉到空气压缩力,松手时出油阀能弹上来,则表明减压环带的密封性是良好的。同一喷油泵的出油阀偶件的密封性应基本一致。

滑动性能试验:将在柴油中浸泡后的出油阀偶件,沿轴线垂直方向抽出阀体约 1/3,然后松开,阀体应能靠本身的重力下落到阀座的支撑面上。

## 四、供油正时的检测

供油正时,是指喷油泵正确的供油时间,一般用供油提前角表示。供油提前角,是指喷油泵1缸柱塞开始供油时,该缸活塞距压缩终了上止点的曲轴转角。

供油提前角的大小,对柴油机的工作过程影响很大。当供油提前角过大时,汽缸内的速燃期在压缩终了上止点以前发生,亦即汽缸内爆发压力的峰值在活塞到达上止点以前出现,这将造成功率下降、工作粗暴、油耗增加、着火敲击声严重、急速不良、加速不良及启动困难等现象。当供油提前角过小时,汽缸内的速燃期在压缩终了上止点以后较远发生,使爆发压力的峰值降低,同样造成功率下降、油耗增加、加速不良等现象,且会引起发动机过热。在柴油机使用过程中,如发觉供油正时有问题或喷油泵拆下检修重新装回发动机时,均需检测并校正供油正时。

1. 用经验法检测并校正供油正时

(1) 用手摇把摇转柴油机曲轴,使1缸活塞处于压缩行程中,当固定标记对准飞轮或曲轴传动带轮上的供油提前角记号或规定角度时,停止摇转。

(2) 检查喷油泵联轴器从动盘上刻线记号是否与泵壳前端面上的刻线记号对正,如图3-6所示。若两刻线记号正好对正,说明喷油泵1缸柱塞开始供油时间是准确的;若联轴器从动盘刻线记号还未到达泵壳前端面上的刻线记号,说明1缸柱塞开始供油时间晚;反之,若联轴器从动盘上的刻线记号已超过泵壳前端面上的刻线记号,说明1缸柱塞开始供油时间早。若喷油泵1缸柱塞开始供油时间过早或过晚,应松开联轴器固定螺钉,在上述一对刻线记号对正的情况下紧固。

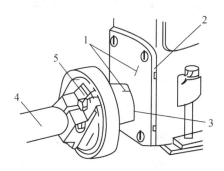

图3-6 喷油泵1缸开始供油记号

1—1缸开始供油记号;2—泵壳上的轴承盖;3—联轴器从动盘;4—驱动轴;5—联轴器主动盘

(3) 进行路试检验与调整。当供油时间过早或过晚时,只要停车松开喷油泵联轴器,使喷油泵凸轮轴,逆转动方向或顺转动方向转动少许,反复调试几次就可使供油正时变得准确。

## 2. 用闪光法检测供油正时

用闪光法制成的供油正时仪,其油压传感器串接在 1 缸高压油管与喷油器之间或外卡在高压油管上,如图 3-7 所示,可使油压变为电信号,并触发频率闪光灯——定时灯。定时灯每闪光 1 次表示 1 缸供油 1 次,因此闪光与 1 缸供油同步。当用定时灯对准柴油机 1 缸压缩终了上止点标记,并按实际供油时间闪光时,可以看到运转中的柴油机在闪光的照耀下,其转动部分(飞轮或曲轴传动带轮)上的供油提前角记号或规定角度还未到达固定标记,即 1 缸活塞还未到达上止点。此时,若调整定时灯上的电位器,使闪光逐渐延迟至转动部分上的供油提前角标记或规定角度正好对准固定标记时,那么延迟闪光的时间就是供油提前的时间,经过变换将其显示到指示装置上,便可读出要测的供油提前角。

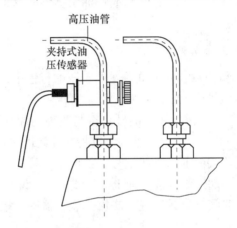

图 3-7  柴油机外卡式油压传感器

## 3. 用缸压法检测供油正时

用缸压法制成的供油正时仪与用缸压法制成的点火正时仪基本相同,不同的是前者使用的是油压传感器。

用缸压法检测柴油机供油正时,需拆下被测缸的喷油器,在其孔内安装上缸压传感器。拆下的喷油器仍应连接在原来的高压油管上,并在两者之间串接上油压传感器。对于有些型号的柴油机,缸压传感器也可以装在预热塞孔或空气启动活门处。检测中,缸压传感器可采集到被测缸的压缩压力信号,其最大压力点就是活塞压缩终了上止点;油压传感器还可采集到供油开始信号,两者之间的曲轴转角即为供油提前角。

## 训练二 柴油机喷油压力的检测

在发动机不解体的情况下,可以通过发动机分析仪、汽车示波器等仪器来进行喷油压力的检测。按照使用仪器的品牌、型号的不同操作的具体步骤也略有不同,检测时要按照使用说明书的要求进行操作。

1. 检测步骤(以元征 EA-3000 为例)

(1) 分析仪配备有喷油压力传感器,在测试前,需进行正确安装;
(2) 在菜单中,用鼠标双击"柴油机喷油压力";
(3) 进入柴油机喷油压力检测画面。柴油机喷油压力波形如图 3-8 所示;
(4) 进入柴油机喷油压力检测界面后,必须按 F3 热键,对被测缸的缸号进行设定;
(5) 一切准备就绪后,按 F2 检测按钮,可对所测缸的喷油压力波形进行检测;
(6) 柴油喷油压力稳定后,按 F5 键,对检测有效数据进行存储;
(7) 按[F4]键对当前所测喷油压力波形存储,以备回放波形进行喷油过程分析;
(8) 按[F6]键对被测柴油机喷油压力图形打印;
(9) 按[F1]键返回上级菜单。

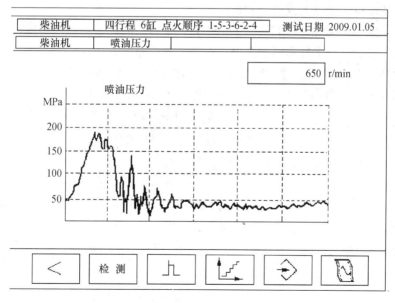

图 3-8 柴油机喷油压力波形

2. 压力波形分析

柴油机供油系工作性能的好坏，在很大程度上取决于喷油泵及喷油器的工作质量。而喷油泵和喷油器的工作质量，可通过高压油管中的压力变化及针阀升程情况反映出来。因此，用示波器观测高压油管中的压力波形与喷油泵凸轮轴转角的对应关系，观测喷油器针阀升程与凸轮轴转角及高压油管中压力的对应关系，就可以判断柴油机供油系的工作是否良好。利用专用示波器和发动机综合分析仪中的示波功能，均能在不解体条件下，观测各缸高压油管中的压力波形和喷油器针阀升程波形。

（1）主要观测项目

利用示波器或发动机分析仪中的示波功能可观测到柴油机供油系以下主要项目：

① 观测压力波形。可观测到各缸高压油管中压力变化的波形，这些波形能以多缸平列波、多缸并列波、多缸重叠波、单缸选缸波和全周期单缸波的形式出现。

② 观测针阀升程波形。可观测到喷油器针阀升程与喷油泵凸轮轴转角的对应关系和针阀升程与高压油管中压力变化的对应关系。

③ 检测瞬态压力。可测出高压油管内的最高压力、残余压力、针阀开启压力和针阀关闭压力。

④ 供油均匀性判断。通过比较各缸高压油管中压力波形的面积，可观测到各缸供油量的一致性，并能找出供油量过大或过小的缸。

⑤ 观测异常喷射。根据针阀升程波形和压力波形，可观测到停喷、间隔喷射、二次喷射、喷前滴漏、针阀开启卡死和喷油泵出油阀关闭不严等故障。

⑥ 检测供油正时和喷油正时。利用闪光法或缸压法，再配合被测缸高压油管中的压力波形和针阀升程波形，可测得1缸或某缸的供油提前角和喷油提前角。

⑦ 检测供油间隔。通过观测屏幕上各缸并列线对应的凸轮轴角度，可检测到各缸供油间隔的大小。

（2）波形分析

如图3-9所示，在柴油机有负荷情况下实测的某缸高压油管内压力$p$和针阀升程$S$随凸轮轴转角的变化曲线，图中还可看出针阀升程$S$与压力$p$的对应关系。图中，$p_r$、$p_0$、$p_b$和$p_{max}$均为高压油管内的压力。其中$p_r$为残余压力，$p_0$为针阀开启压力，$p_b$为针阀关闭压力，为最大压力。在横坐标方向上，整个曲线可划分为三个阶段。其中，Ⅰ为喷油延迟阶段。若调高针阀开启压力，高压油管渗漏，出油阀偶件或喷油器针阀偶件不密封造成残余压力$p_r$下降，随意增加高压油管的长度或增加高压

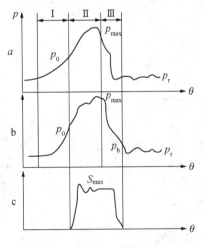

图3-9 压力曲线和针阀升程曲线

油系统的总容积（如漏装减容体）等，都会使这个阶段延长。Ⅱ为主喷油阶段。该阶段的长短主要与柴油机负荷有关，对于柱塞式喷油泵来说，即与柱塞的供油行程长短有关。供油行程越大，该阶段越长。Ⅲ为自由膨胀阶段。若高压油管内最大压力 $p_{max}$ 不足，可使该阶段缩短，反之使该阶段延长。

从图3-9中可以看出，第Ⅰ、Ⅱ阶段为喷油泵的实际供油阶段，第Ⅱ、Ⅲ阶段为喷油器的实际喷油阶段。在循环供油量一定的情况下，若Ⅰ阶段延长和Ⅲ阶段缩短，则喷油器针阀升程所占凸轮轴转角减小，使喷油量减少。反之，若Ⅰ阶段缩短和Ⅲ阶段延长，则使喷油量增大。因此，曲线上三个阶段的长短，对该缸工作的好坏是有影响的。多缸发动机各缸对应的Ⅰ、Ⅱ、Ⅲ阶段如果不一致，则对发动机工作性能的影响更大。所以，必须将各缸的压力波形同时取出来，以多种形式进行对比观测。

高压油管内的压力波形，可用全周期单缸波、多缸平列波、多缸并列波和多缸重叠波四种形式进行观测，如图3-10所示。

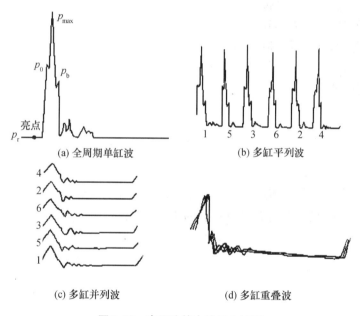

图3-10 高压油管内的压力波形

① 全周期单缸波。即单独将某一缸高压油管中的压力随喷油泵凸轮轴转过360°时的变化情况显示出来的波形，如图3-10（a）所示。波形上有一个人工移动的亮点，指针式表头可以指示出亮点所在位置的瞬态压力。因此，移动亮点可测出某缸高压油管中残余压力 $p_r$、针阀开启压力 $p_0$、针阀关闭压力 $p_b$ 和最大压力 $p_{max}$ 等。

② 多缸平列波。即以各缸高压油管内的残余压力 $p_r$ 为基线，将各缸波形按着火次序从左向右首尾相连的一种排列形式，如图3-10（b）所示。利用该波形可观测到各缸 $p_0$、$p_b$ 和

$p_{max}$ 点在高度上是否一致，因而可用于比较各缸 $p_0$、$p_b$ 和 $p_{ma}$ 值的一致性。

③ 多缸并列波。即将各缸波形按着火次序自下而上单独放置并将其首部对齐的一种排列形式，如图 3-10（c）所示；必要时可将某缸波形单独选出观测，即为单缸选缸波，通过观测各缸波形三阶段面积的大小，即可用于比较各缸供油量、喷油量的一致性。

④ 多缸重叠波。即将各缸波形之首对齐并重叠在一起的一种排列形式，如图 3-10（d）所示。利用该波形可观测到各缸波形在高度、长度和面积上的一致程度，可用于比较各缸 $p_r$、$p_0$、$p_b$、$p_{max}$、供油量和喷油量的一致性。

3. 故障喷油压力波形的加载分析

喷油压力波是柴油机的负荷调节方式，因此要正确分析供油压力波，就必须使发动机在有负荷的工况下运行。对于整车调试只能在底盘测功机上进行。为了使采集的信号能准确地反映喷油器的工作状态，夹持式传感器应装卡在喷油器进口端。

（1）用特征点来判断故障状态

① 喷油器开启前的压力上升；
② 喷油器开启时刻与压力值；
③ 喷油器开启后的压力变化特性；
④ 喷油延迟时期；
⑤ 喷油器关闭时刻与压力变化；
⑥ 压力反射波幅值；
⑦ 两次喷射。

（2）波形分析

① 喷油器积炭，图 3-11 所示的虚线为故障波，实线为正常波，相比之下故障波因喷油器积炭而减小了通道截面，使喷油器开启后的压力上升出现尖峰，喷油持续时间加长。

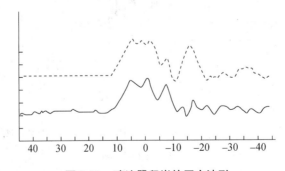

图 3-11　喷油器积炭的压力波形

② 喷油器针阀卡死，故障曲线上无开启和关闭信号，如图 3-12 所示，压力建立不起来，这是喷油器最大也最易于检测的故障。

③ 喷油器滴漏，所形成的波形如图 3-13 所示，曲线压力上升平缓，喷油延迟期缩短，无明显的喷油器针阀关闭时刻，钩状的光滑曲线是典型的滴漏现象所造成的。

④ 喷油压力过低，所形成的波形如图 3-14 所示，喷油压力在针阀开启和关闭时都较低，且喷油持续时间过长，这时需调整针阀压力。

⑤ 针阀开启压力过高，所形成的波形如图 3-15 所示，剩余压力升高，开始喷油时刻推迟，反射波幅加大，其结果是喷油率下降，喷油压力峰值的增高可能损坏喷油泵。

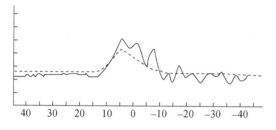

图 3-12　喷油器针阀卡死的压力波形　　　　图 3-13　喷油器滴漏的压力波形

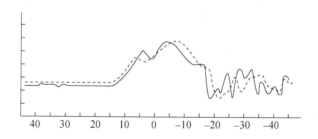

图 3-14　针阀开启压力过低的压力波形

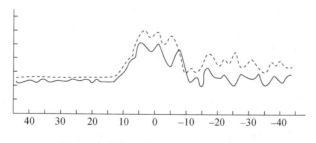

图 3-15　针阀开启压力过高的压力波形

4. 故障供油压力波的加载分析

如果将夹持式传感器移至喷油泵出口端，可采集到反映喷油泵性能的压力波信息。

（1）出油阀密封不良，所形成的波形如图 3-16 所示，故障曲线在针阀关闭后剩余压力下降，并造成压力的上升和下降曲线变化平坦，因为剩余压力降低而显得与压力峰值之间的差值变大，如图 3-16 所示。

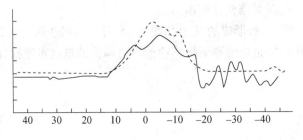

图 3-16　出油阀密封不良的压力波形

（2）出油阀磨损，造成高压油管内剩余压力上升，如图 3-17 所示，喷油持续时间加长，同时出现两次喷射，这时常伴有排气冒烟现象。

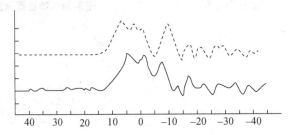

图 3-17　出油阀磨损的压力波形图

（3）高压油泵柱塞磨损，压力波曲线如图 3-18 所示，喷油开始时刻推迟，喷油压力峰值和喷油持续期明显下降。

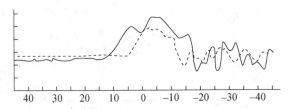

图 3-18　高压油泵柱塞磨损的压力波形

## 训练三　共轨喷射发动机主要故障诊断

共轨电控柴油发动机的主要故障同其他柴油发动机一样，也是由柴油机本身的机械部分和电控系统两部分的故障组成。因此，电控柴油机的故障与诊断排除，较传统机械控制式柴油机要复杂得多。

电控共轨式柴油发动机的故障可能来自机械部分，也可能来自电控部分，而且故障的表现形式也没有一套统一的规律。因此，要想提高对电控柴油机故障的排除技巧，首先要全面掌握电控高压共轨系统的构造、工作原理；其次要在实践中逐渐积累经验，久而久之，维修技术就会有很大的进步。

因为电控共轨柴油发动机的故障可来自多方面，而且表现形式也千奇百怪，不可能面面俱到，一并涵盖。这里仅从大的套路上，简述常见故障的诊断技巧，以供读者借此举一反三。

1. 电控共轨柴油发动机机械部分故障诊断

（1）电控共轨柴油发动机启动困难

造成电控共轨柴油发动机启动困难的主要原因有如下几点。

① 油箱内无燃油，或低压油路堵塞。检查油箱内是否有油，检查油箱内低压油泵或油箱外的低压油泵是否转动。如果正常，应从低压燃油进入高压油泵的入口处，向低压油泵的出口处，逐一松开接头，观察在低压油泵旋转泵油时，低压燃油是否从松开的接头处流出。如果在相邻的接头中，出现前一接头流油通畅，后一接头不出油或出油不畅，则两相邻接头间的管路或滤清器有堵塞。

② 装配时配气正时错误。检查配气正时安装是否正确，除检查配气正时的安装记号是否正确外，还可以通过进排气门摇臂的动作情况判断配气正时是否正确。

通过进排气门摇臂的动作情况判断配气正时是否正确时，应该首先将气门室盖打开，然后按发动机的旋转方向转动发动机，观察任意缸的进排气门摇臂的动作情况。当该缸排气门压下又抬起时，说明排气门正在逐渐关闭，活塞正在向上止点推进，当发动机旋转至使排气门摇臂刚刚不再压排气门，而进气门摇臂刚刚开始下压进气门时，此时活塞正处在排气门刚关闭而进气门刚要打开的临界点上，活塞应正处于上止点位置。为检查活塞是否在上止点，可卸下该缸喷油器，插入大螺丝刀，然后慢慢先顺时针再逆时针微转发动机，此时在轻微转动发动机时，螺丝刀均有下降的感觉，说明发动机配气正时正确。如果气门摇臂按上述动作后，活塞不在上止点，则配气正时错误，应该重新按正时记号装配。

③ 低压油路中有空气。柴油机低压油路极易混有空气，有空气混入会造成发动机不易启动，或者轻微的混有空气会造成发动机缺缸断火。检查的办法是将低压燃油与高压油泵的进油孔之间接头松开，在油泵工作时，看是否有气泡产生。如有气泡产生，应检查低压油路各

油管接头是否漏气，检查油泵是否有问题。

④ 低压燃油泵工作不良检查。低压油路供油不良时，应首先检查油泵是否旋转，即点火开关处于启动状态时，油泵应产生转动声音。如果油泵不转，应先检查油泵的工作电源是否正常，如果无工作电源，则应查找原因。如油泵运转，应检查油泵的供油量是否正常。

⑤ 油质不佳时应核对柴油标号，要符合汽车的要求使用标准，并且一定要注意柴油中是否有水。

⑥ 汽缸因磨损过甚，压缩压力不足。用缸压表检查各缸压力，检查时可切断各缸燃油供给。如缸压不足，可逐缸倒入少量机油，短时间增加密封性能，藉此看是否可以启动着车。

⑦ 启动转速不足。柴油机启动转速不足的主要原因来自于蓄电池电压不足，启动线路接触不良，启动机启动力矩不足，启动线路搭铁不良等几个方面。

电控柴油发动机电源线路搭铁确切是很重要的。不确切能引起启动困难、发动机出现间歇性故障。如果排除故障攻而不下，可能搭铁不良，应彻底清理接触点，确保搭铁良好。

⑧ 喷油器不良。共轨系统的喷油器不喷油、雾化不良等均可造成发动机启动困难。造成雾化不良的原因主要是喷油器因有积炭堵塞，或喷油器自身损坏等。

2. 电控共轨柴油机着火不稳

所谓着火不稳是指发动机着火不均匀，引起发动机抖动，排气不均匀，有"突突"声。这种故障在汽车上是多见的。

着火不稳可以划分为只是怠速不稳和发动机在任何工况下均不稳两种情况。首先要分清故障是属于哪一种，对维修工作有极大的帮助。方法很简单，将油门踏下，在除怠速外的其他各种工况下，发动机均工作平稳，只是怠速不稳，则可判断此故障为怠速不稳故障，应从只影响怠速不稳的原因查起。如果将油门踏下躲开怠速位置，发动机在各种油门开度下均工作不良，则证明此故障和怠速控制无关。应检查影响发动机在各种转速下均不稳的原因。

影响发动机在各种转速下均不稳的主要原因有：

（1）各缸喷油器喷油不均，有积炭堵塞、柱塞磨损不一致，针阀磨损不一致等。

（2）个别缸气门密封不严，特别是进气门如有个别汽缸密封不严，压缩和做功时，该缸向回反气影响各缸进气，会造成发动机在各种工况下均不能平稳工作。

（3）个别汽缸磨损严重，各缸压缩压力不一致，使各缸做功行程的爆发力不一致。

3. 电控共轨柴油机动力不足

影响发动机动力不足的主要原因有：

（1）柴油质量不佳检查柴油标号，检查柴油是否有水。

（2）发动机汽缸及活塞环磨损严重，汽缸形成大量的下排气，功率损失大。

（3）高压喷油系统柱塞磨损严重，喷油雾化不良。

（4）进气不良。如带进气增压的发动机增压器有问题。带进气谐振装置的发动机，进气谐振系统不良，空气滤清器有轻微堵塞。

（5）燃油滤清器堵塞，低压油供应不足。

（6）排气管有轻微堵塞。

**4. 发动机冒白烟**

发动机冒白烟一般排出的是水雾或者未燃烧的燃油蒸气。

（1）汽缸内因汽缸与水道相通，如果汽缸密封不良，向汽缸内窜水，或柴油机含水量大，在汽缸高温作用下呈白色水蒸气排出。

（2）没有完全燃烧的燃油蒸气。一是发动机水温太低，喷入的燃油雾化质量差，燃烧温度低，柴油油雾排出；二是喷油器喷油质量差，燃油不能完全燃烧，未燃的燃油成灰白色从排气管内排出。

**5. 排气管冒黑烟**

排气管冒黑烟的主要原因有：

（1）空气滤清器堵塞，使进气不足，混合气过浓，发动机冒黑烟。

（2）喷油器喷油过量，以及针阀密封不严，使多余的燃油进入汽缸，造成混合气过浓。

**6. 排气管冒蓝烟**

发动机冒蓝烟是机油参与燃烧造成的，机油可以从以下渠道进入燃烧室。

（1）顶置式气门机构，气门油封不良，机油通过气门杆漏入汽缸。

（2）润滑油加注过多，窜入汽缸。

（3）活塞环磨损严重，或活塞环对口，或活塞环面装反。

（4）湿式空气滤清器内的机油加注过多，随空气一起吸入汽缸。

**7. 发动机有杂音**

发动机内部有杂音的主要原因有：

（1）气门摇臂与气门之间的敲击声。这种敲击声在气门室盖处听最清楚。气门敲击声是一种轻微的"咔咔"声，声音不清脆，随发动机转速提高，声音也越来越密集。

（2）连杆瓦响。连杆瓦的响声是一种较大的"嗒嗒"的敲击声，特别是在收油与加油的临界点处，响声突变并加重。

（3）主轴瓦敲击声。主轴瓦也是一种随发动机转速变化产生疏密变化的一种"嗒嗒"敲击声，但这种声音比连杆瓦的敲击声更加沉重短促。

（4）活塞销响。活塞销的响声比较清晰，声音比较清脆，且在加减油的瞬间听的更加清楚，而且敲击声有突变的感觉。

（5）敲缸声。敲缸是指活塞敲击汽缸壁发出的响声，特别是突然加减油时，声音也会有明显的变化，也是一种"嗒嗒"的响声，但在汽缸侧面听的更加清楚。

（6）爆震声。在发动机所有敲击声中，最容易判别的就是爆震声，这种声音类似于啤酒瓶子相互撞击的声音，特别是突然加大油门时，更会产生较清脆的敲击声。

判断敲击声来自何处，应掌握这些特点，只要在实践中注意锻炼，久而久之，便可以准确地判别出来。

## 任务思考

1. 柴油机不能启动的原因有哪些，如何进行排除？
2. 输油泵检测的具体方法有哪些？
3. 如何诊断并排除柴油机工作粗暴的故障现象？
4. 试述喷油压力波形的分析方法。
5. 试述电控共轨柴油发动机启动困难故障的诊断与排除。

# 任务四　汽车底盘故障诊断与排除

## 任务目标

通过本项目的学习,使学生掌握汽车底盘故障诊断的常用方法,并在训练项目中,能熟练掌握检测仪器和设备的使用方法。

## 任务资讯

### 资讯一　离合器故障诊断与排除

离合器结构与组成如图 4-1 所示。

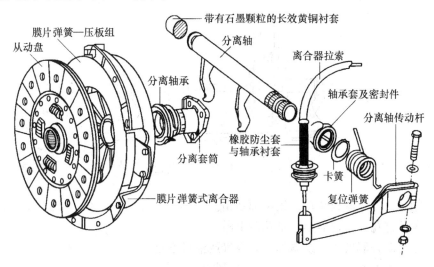

图 4-1　轿车离合器结构

汽车在使用过程中,经常需要踩下和松开离合器踏板,使离合器分离与结合,因此离合器的技术状况会随着汽车的行驶里程的增加而变坏,严重时会造成离合器分离不彻底、打滑、起步发抖和异响等故障,使离合器不能正常工作。为保证发动机与传动装置平稳接合与分离,应及时对离合器进行故障诊断与排除。

1. 离合器分离不彻底

（1）故障现象

离合器分离不彻底是指离合器踏板踩到底时，离合器处于半接合状态，其从动盘没有完全与主动盘分离的现象，主要表现在发动机怠速运转时，踩下离合器踏板换挡困难甚至挂低挡时，离合器踏板尚未完全放松，而汽车就开始起步或发动机熄火的现象。

（2）故障原因

离合器分离彻底的根本原因是离合器踏板踩到底时，其压盘离开从动盘的移动量过小，或离合器主从动件变形导致从动盘摩擦片有所接触不能分离，具体原因如下：

① 离合器踏板自由行程过大。

② 分离杠杆弯曲变形，支座松动，支座轴销脱出，使分离杠杆内端高度难以调整。

③ 分离杠杆调整不当，其内端不在同一平面内或内端面高度太低。

④ 双片离合器中间压盘限位螺钉调整不当，个别分离弹簧疲劳，强度不足或折断，中间压盘在传动销上或在离合器驱动窗口内轴向移动不灵活。

⑤ 从动盘钢片翘曲，摩擦片破裂或铆钉松动，用专用设备检查从动盘端面跳动情况，如图 4-2 所示。

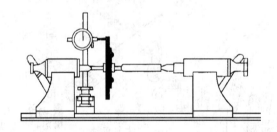

图 4-2　从动盘端面跳动的检查

⑥ 新换的摩擦片太厚或从动盘正反面装错。

⑦ 从动盘花键孔与变速器第一轴花键卡滞。

⑧ 液压传动离合器液压系统漏油、有空气或油量不足。

（3）故障诊断与排除

① 检查离合器踏板自由行程，如图 4-3 所示。

② 若自由行程符合要求，应拆下离合器壳底盖，检查分离杠杆内端高低是否一致，如图 4-4 所示。若不一致，应对调整螺钉或支架松动进行处理。

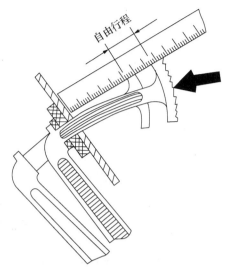 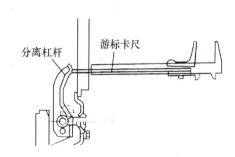

图 4-3　检查离合器自由行程　　　　图 4-4　测量分离杠杆高度

③ 对于双片式离合器，应检查限位螺钉与中间压盘的间隙，如图 4-5 所示，若不符合规定值，应进行调整。

④ 对于膜片式离合器，应检查膜片弹簧内端是否过软、磨损过多或折断，如图 4-6 所示，若过软或有折断，应进行更换。

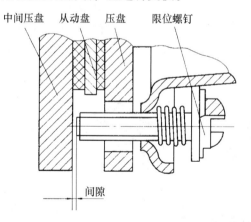 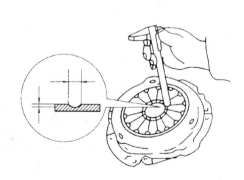

图 4-5　中间压盘限位螺钉的调整　　　　图 4-6　检查膜片弹簧内端

⑤ 若属于新换摩擦片过厚，可在离合器盖与飞轮之间增加适当厚度的垫片加以调整，但各垫片厚度及内、外径应一致。

⑥ 经上述检查调整后仍然无效，应将离合器拆下，检查从动盘是否装反。从动盘的安装

方向，如图 4-7 所示。若装反，应重新组装。

⑦ 检查从动盘在变速器输入轴花键齿上移动是否灵活。检查从动盘有无铆钉松脱和翘曲变形，如图 4-8 所示。若不符合，应进行更换。

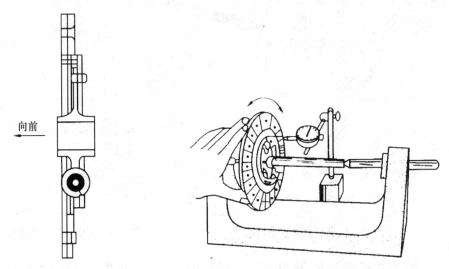

图 4-7 检查从动盘安装方向　　　　图 4-8 检查从动盘变形量

⑧ 若经上述检查调整仍然无效，应分解检查离合器总成，分别检查压紧弹簧（或膜片弹簧）、离合器压盘和发动机飞轮表面以及其他有关零件，视情况进行修理或更换。

⑨ 对于液压操纵式离合器，离合器总成经检查调整后仍分离不彻底，应检查操纵系统有无漏油现象，并对液压操纵系统进行排除空气，如图 4-9 所示。

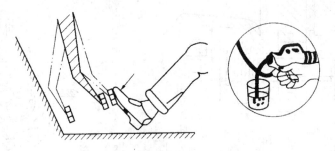

图 4-9 排除离合器操纵系统中的空气

2. 离合器发抖

（1）故障现象

按正常的操作使汽车起步时，离合器不能平稳接合，并使汽车发生抖动和晃动。

（2）故障原因

① 离合器分离轴承与导管之间锈蚀或有油污，使分离轴承移动困难。
② 分离杠杆（或膜片弹簧）内端不在同一平面上。
③ 离合器从动盘破裂、变形、有油污或铆钉外露。
④ 从动盘花键孔与变速器输入轴花键齿之间磨损松旷，从动盘摇摆。
⑤ 压盘弹簧弹力不均，个别弹簧变软或折断。
⑥ 膜片式离合器膜片弹簧弹力不均。
⑦ 扭转减振器弹簧弹力下降或失效。
⑧ 飞轮或压盘端面翘曲不平或磨损起槽。
⑨ 离合器盖与飞轮连接的螺钉松动。
⑩ 变速器与飞轮壳固定螺钉（或螺栓）松动，或发动机支撑固定螺栓松动。

（3）故障诊断与排除

① 检查变速器与飞轮壳体的固定螺钉（或螺栓）以及发动机支撑的固定螺栓是否松动。如有松动应加以紧固。

② 连续踏、抬离合器踏板，如图4-10所示。检查分离轴承移动是否灵活，若发涩，表明分离轴承与导管间锈蚀或有油污，应进行清洁。

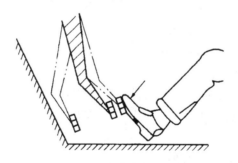

图4-10 踏抬离合器踏板

③ 若分离轴承移动灵活，应拆下离合器壳底盖，检查离合器盖与飞轮的连接螺钉是否松动。如有松动，应加以紧固。

④ 若故障仍未排除，应检查分离杠杆（或膜片弹簧）内端高低是否一致，如不一致，应进行调整。

⑤ 经上述检查调整后如果仍然发抖，应将离合器拆下，检查离合器从动盘摩擦片是否有破裂、变形、沾有油污和铆钉外露以及从动盘花键孔与变速器输入轴花键齿的配合情况，如图4-11所示，视情况进行修理或更换。

⑥ 若离合器从动盘良好，则应分解离合器，分别检查压盘弹簧（或膜片弹簧）和扭转减振器弹簧的弹力、飞轮表面和压盘表面是否翘曲变形，如不符合要求，应进行修理或更换。

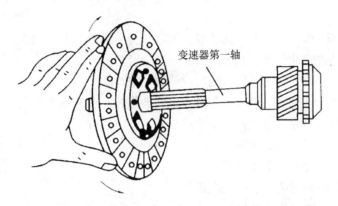

图 4-11 检查从动盘花键孔与变速器第一轴花键齿的配合间隙

3. 离合器异响

（1）故障现象

发功机运转时，踏下离合器踏板有不正常响声，放松踏板异响消失，或者无论踏下或放松离合器踏板，均有不正常响声发出。

（2）故障原因

① 离合器操纵机构连接部位松动。

② 分离拨叉或传动部分有卡滞现象。

③ 离合器踏板无自由行程。

④ 离合器分离轴承润滑不良、脏污、磨损松旷或烧毁卡滞。

⑤ 从协盘摩擦衬片破裂、铆钉松动或从动盘花键齿磨损松旷、花键毂铆钉松动、钢片破裂。

⑥ 变速器第一轴前轴承或衬套磨损松旷。

（3）故障诊断与排除

① 检查离合器操纵机构各连接部位的紧固件有无松动。如有松动，应进行紧固。

② 如无松动，连续踏、抬离合器踏板。

检查分离拨叉和传动部分有无卡滞现象。如有卡滞现象，应进行排除。

③ 检查离合器踏板的自由行程，如无自由行程，应按要求进行调整。

④ 若自由行程符合要求，应将离合器拆下，检查分离轴承的技术状况，如图4-12所示。如转动不灵活或磨损松旷，应进行修理或更换。

⑤ 如分离轴承完好，应分解离合器检查状况，若摩擦衬片破裂、铆钉松动或花键毂铆钉松动、花键齿磨损松旷、钢片破裂，应重新铆合或更换从动盘。

⑥ 若从动盘完好，应分解离合器总成，检查压盘弹簧、减振弹簧、传动片等有无折断，

图 4-12　检查离合器分离轴承

如有折断，应进行更换。

⑦ 检查变速器第一轴前轴承或衬套是否磨损松旷，视情况加以更换。

## 资讯二　变速器故障诊断与检测

变速器是汽车传动系中的主要变速机构，它的作用主要有扩大发动机传至驱动轮的扭矩、转速的变化范围，以适应不同使用条件的要求；在发动机旋转方向不变的前提下，实现汽车倒向行驶；利用空挡，切断动力传递，便于发动机启动、怠速或换挡。

随着汽车行驶里程的增加，变速器在工作负荷的作用下，变速器零件的磨损和变形亦会不断加大，导致相互间配合关系变坏而出现故障，变速器常见故障有跳挡、乱挡、异响、漏油等。

1. 变速器跳挡

（1）故障现象

汽车在某一挡位行驶时，变速杆自动跳回空挡，同时发动机转速升高但车速减慢，动力不能按要求传递给驱动车轮，在中、高速行驶时，如果负荷突然变化或车辆剧烈振动，则容易产生跳挡。

（2）故障原因

① 变速器与离合器壳的固定螺钉（或螺栓）松动。

② 变速器拨叉轴自锁装置失效。

③ 变速杆下端变形或球头松动。

④ 变速器换挡拨叉弯曲变形、严重磨损或紧固螺钉松动，致使齿轮换挡不到位。

⑤ 锁销式惯性同步器的锁销松动、散架或定位弹簧弹力减弱，锁环式同步器的锁环齿或锁环内锥面螺纹槽磨损过大。

⑥ 变速器齿轮、齿套磨损过量，沿齿长方向磨成锥形。
⑦ 变速器第二轴花键齿与滑动齿轮或接合套花键齿槽磨损松旷。
⑧ 轴承磨损过大、松旷，使齿轮不能正确啮合而上下摆动。
⑨ 变速器中间轴轴向间隙过大。
⑩ 远距离操纵的变速操纵机构调整不当。

(3) 故障诊断与排除

① 检查远距离操纵的变速操纵杆系是否松旷或严重磨损，如有松动或失调，则应进行修理或调整。

② 检查变速器与离合器壳的固定螺钉（或螺栓）是否松动，如松动，就加以紧固。

③ 若固定螺钉（或螺栓）不松动，则应拆下变速器盖，检查齿轮轮齿、齿套是否磨损成锥形，并检视滑动齿轮和第二轴花键的配合情况，如图4-13所示。如有严重磨损、变形或松动，则应修复或更换。

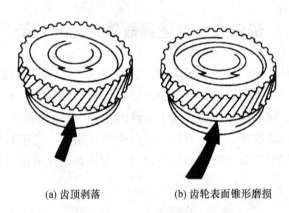

(a) 齿顶剥落　　　(b) 齿轮表面锥形磨损

图4-13　检查变速器齿轮磨损情况

④ 上述检查正常，再检查变速杆、拨叉是否磨损、变形，拨叉紧固螺钉是否松动，如图4-14所示。如有严重磨损、变形或松动，则应修复或更换。

⑤ 经检查，拨叉和变速杆正常，则应检查拨叉轴自锁装置，其凹槽和自锁钢球是否磨损严重，弹簧有无变形、折断或疲劳变软，如图4-15所示，如凹槽和钢球磨损严重，弹簧不合要求，则应进行更换。

⑥ 若上述检查均正常，应将变速器拆下解体，检查轴承是否严重磨损、松旷，如图4-16所示，若磨损严重或断齿，则应更换。

# 任务四  汽车底盘故障诊断与排除

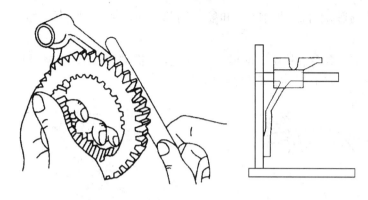

(a) 检查拨叉和拨叉槽间隙    (b) 检查拨叉是否变形

图 4-14  检查变速器拨叉

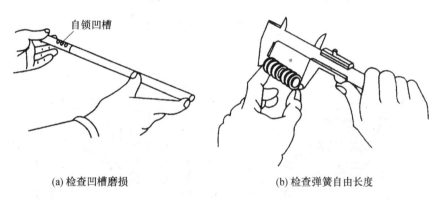

(a) 检查凹槽磨损    (b) 检查弹簧自由长度

图 4-15  检查变速器自锁装置

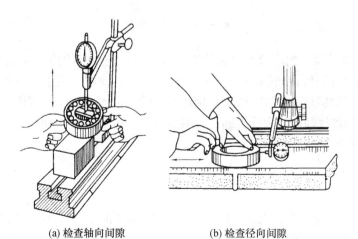

(a) 检查轴向间隙    (b) 检查径向间隙

图 4-16  检查轴承的轴向和径向间隙

⑦ 检查齿轮与轴配合的轴向间隙和径向间隙,如图 4-17 所示,若磨损严重或断齿应更换。

⑧ 若齿轮与轴的配合不松旷,应检查同步器是否松动、散架,衬套和锥环是否磨损、破碎,如图 4-18 所示。如有损坏,应更换同步器。

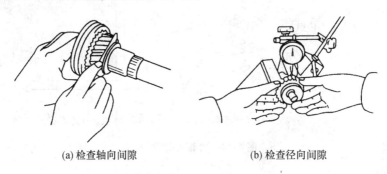

(a) 检查轴向间隙　　　　(b) 检查径向间隙

图 4-17　齿轮与轴配合的轴向和径向间隙测量

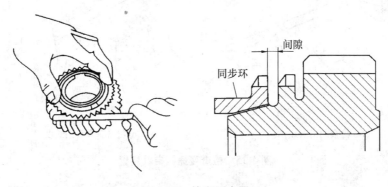

图 4-18　检查同步器

⑨ 若仍未发现故障,则应检查变速器第一轴与发动机曲轴的同轴度是否超限,检查时,旋松变速固定螺钉(或螺栓),挂上直接挡,松开驻车制动器,用手摇柄摇转发动机,观察变速器与离合器壳的接触面是否一致。若接触面间隙一边大一边小,则说明变速器第一轴与曲轴不同轴,如同轴度超限,则应拆卸检查轴承座和变速器第一轴轴承的磨损情况,若磨损过大,视情况加以修复或更换。

2. 变速器乱挡

(1) 故障现象

① 离合器技术状况正常,汽车起步挂挡或行驶中换挡时,变速器不能挂入所需挡位,或虽能挂入所需挡位,但不能退回空挡。

② 挂入的挡位与应该挂入的挡位不相符,汽车不能正常行驶。

(2) 故障原因

① 变速操纵机构互锁装置损坏失效，不起作用。

② 变速杆变形，变速杆球头磨损过大，限位销松旷或折断。

③ 变速叉与变速叉轴固定螺钉松动或松脱。

④ 拨叉导块凹槽和变速杆下端的工作面磨损严重，使变速杆从两个导块之间滑出。

⑤ 第二轴前端滚针轴承烧结，使第一轴和第二轴连成一体。

⑥ 变速器同步器损坏，同步器锁环卡在锥面上。

(3) 故障诊断与排除

① 摆动变速杆，若变速杆能成圈转动或摆动幅度较大，表明其球头限位销磨短或脱落、或球面严重磨损，如图 4-19 所示，应进行修理或更换。

② 若变速器同时能挂入两个挡，第二轴卡住不转，说明互锁销、球磨损过大而失去互锁作用，应拆下变速器盖，检查和修理变速器互锁装置，如图 4-20 所示。

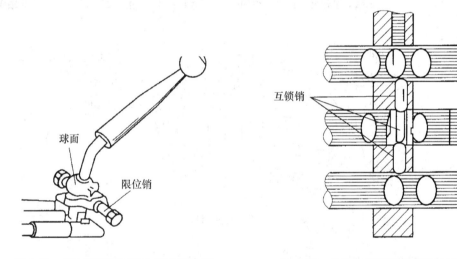

图 4-19 检查变速杆球面与球头限位销　　图 4-20 检查互锁销凹槽的磨损量

③ 如果变速器不能挂入所需要的挡位，挂挡后不能退回空挡，应拆下变速杆，检查变速杆下端弧形工作面和拨叉导块凹槽磨损是否过大，如图 4-21 所示。若磨损过大，应进行修理。

④ 若只有直接挡和空挡能行驶，而其他挡均不能行驶，则应拆下变速器检查第二轴前端滚针轴承是否烧结，如图 4-22 所示。如已烧结，应更换滚针轴承，并对支撑的轴颈和轴孔作相应的修整。

⑤ 若只有挂直接挡才能行驶，其他挡均不能正常行驶，说明变速器中间轴前端常啮合齿轮的半圆键被切断，应更换新件。

⑥ 拆检变速器同步器，如图 4-23 所示。必要时更换同步器磨损严重的零部件。

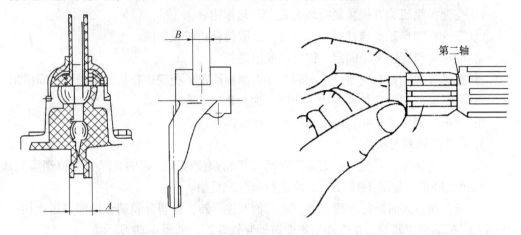

图 4-21　检查变速杆下端弧形工作面与拨叉导块凹槽配合间隙　　图 4-22　检查第二轴前轴承

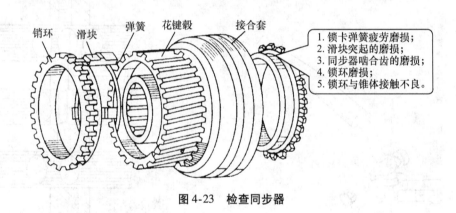

图 4-23　检查同步器

3. 变速器异响

（1）故障现象

变速器异响是指变速器内发生不正常的响声，主要是轴承磨损松旷和齿轮间不正常啮合而引起的噪声。变速器异响，大致在空挡位置或挂上某一挡位行驶的两种情况下发生，若在各挡都有连续响声，一般为轴承损坏；若某挡位有连续、较尖细的响声，为该挡齿轮响声；若挂上某挡时有断续、沉闷的冲击声，则为该挡个别齿轮折断；停车时踩下离合器踏板不响，松开离合器踏板时发响，为常啮合齿轮响，应根据响声特点，着重检查相应部位。

（2）故障原因

① 变速器缺油或油质变坏，齿轮油的规格不符合要求或油中有杂物。

② 轴承磨损松旷或损坏。

③ 齿轮加工精度或热处理工艺不当等造成齿轮偏磨或齿轮发生变化，齿轮啮合间隙过小或齿轮磨损过度，啮合间隙过大。

④ 齿轮齿面金属剥落，轮齿断裂或修理后装配错位。

⑤ 花键孔与花键槽磨损严重，配合松旷。

⑥ 输入轴、输出轴扭曲变形。

⑦ 同步器弹簧失效、锁块脱落、同步器磨损、失圆。

⑧ 变速杆下端面与拨叉导块凹槽之间磨损松旷，自锁装置的凹槽、钢球磨损过大或自锁弹簧疲劳、折断。

⑨ 变速器第一轴、第二轴或拨叉弯曲变形，变速叉变形或变速叉固定螺钉松动。

⑩ 变速器安装定位不准，装配松动或操纵机构连接部位松动。

（3）故障诊断与排除

① 若汽车以任何挡位、任何车速行驶，变速器均有金属摩擦声，用手摸变速器外壳有烫手的感觉，则应检查齿轮油的油面高度、油液颜色，若油面偏低或油液变质，应按要求补充或更换。

② 发动机怠速运转时，若变速器空挡有异响，而踏下离合器踏板后响声消失，则应拆解变速器，检查第一轴后轴承和啮合齿轮，如图 4-24 所示。对严重磨损或损坏的零部件，应进行修理或更换。

③ 若汽车在起步或在换挡过程踏离合器踏板的瞬间，变速发出强烈的金属摩擦声，而在离合器完全接合后响声消失，应检查变速器第一轴前轴承是否磨损松旷或损坏，如图 4-25 所示。如磨损松旷或损坏，应进行更换。

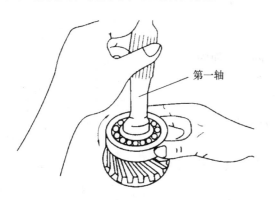

图 4-24　检查第一轴后轴承

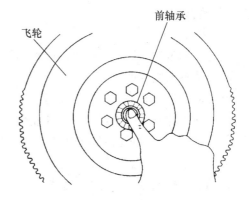

图 4-25　检查变速第一轴前轴承

④ 若空挡滑行时无异响，当挂入某一挡位起步，或在某一挡位变速或匀速行驶时产生异响，应检查该挡位齿轮或花键的啮合是否磨损松旷甚至损坏，或存在啮合间隙过小的情况，必要时进行修理或更换。

⑤ 若变速大多在低速挡行驶时有异响，但高速挡行驶时声响减弱或消失，空挡滑行时可听到"哗哗"的异响声，应检查变速器第二轴后轴承的松旷程度，如过于松旷或损坏，应进行更换。

⑥ 若用直接挡行驶时无异响，而其他挡均有异响，应检查变速中间轴轴承第二轴前端轴承，如磨损松旷或损坏，应进行更换。

⑦ 汽车行驶在不平路面时，变速杆摆动且出现无节奏的响声，用手扳住变速杆手柄时响声消失，应检查变速叉是否变形或固定螺钉是否松动，变速叉、拨叉导块凹槽或变速杆下端工作面是否磨损严重，如磨损过大，应修复或更换。

⑧ 若在挂挡或换挡时，发出"嘎嘎"声并伴有换挡困难的现象，应检查同步器锥环是否磨损严重，如有松动或磨损过大，应修复或更换。

⑨ 变速器在各挡位行驶均有异响，且加速时声响更为明显，则应分解变速器，检查变速器壳体、轴、齿轮、花键和轴承等是否严重磨损或变形，必要时进行修理或更换。

## 资讯三　万向传动装置故障检测与排除

1. 传动轴发抖或前驱动轴振动

（1）故障现象

若为传动轴振动，则当汽车行驶达到一定速度时，车身出现严重振动，车门、转向盘等强烈振响。若为前驱动轴振动，当汽车加速行驶或高速行驶时会出现前驱动轴振动，严重时车身亦出现振响。

（2）故障原因

① 传动轴装配错误，两端万向节叉不处在同一平面内。

② 传动轴弯曲变形。

③ 传动轴轴管凹陷或平衡片脱落。

④ 中间支撑轴承或支架橡胶垫环隔套磨损松旷。

⑤ 十字轴滚针轴承磨损松旷或破裂。

⑥ 传动轴伸缩节的花键齿与花键槽磨损，配合松旷。

⑦ 前驱动轴内侧等速万向节磨损松旷。

（3）故障诊断与排除

① 汽车行驶时产生周期性声响和振动，车速越快声响和振抖越大，应检查装配标记是否对正，以保证传动轴两端万向节叉处于同一平面内，如图4-26所示。如没有对正，应重新装配。

② 若装配标记正确，应检查平衡片是否脱落，传动轴轴管是否凹陷。如平衡片脱落或轴

管凹陷，应进行修理。

③ 进一步诊断，应拉紧驻车制动器，用两手握住传动轴轴管来回转动。若有晃动感，应检查各连接螺栓是否松动。若松动，应进行紧固。再检查传动轴花键配合是否松旷，如图 4-27 所示。如松旷，应修理或更换。

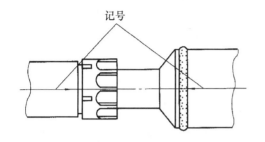

图 4-26　传动轴装配记号

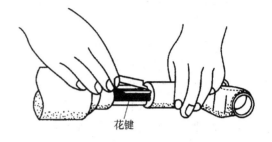

图 4-27　检查传动轴花键配合

④ 若以上检查完好，应拆下传动轴，检查传动轴是否弯曲变形。如弯曲变形，应进行校正。

⑤ 检查十字轴轴颈和滚针轴承是否磨损松旷、滚针碎裂。不符合要求，应进行修理或更换。

⑥ 若汽车行驶时呈连续振响，应在发动机熄火后，用手握住中间传动轴，径向晃动，如图 4-28 所示。检查传动轴花键配合间隙，检查中间支撑支架固定螺栓是否松动，轴承是否磨损松旷，橡胶垫环隔套是否径向间隙过大。如不符合要求，应进行修理或更换。

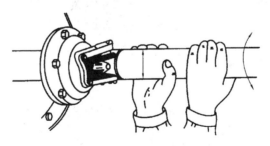

图 4-28　检查中间支撑是否松旷

⑦ 经以上检查完好，应拆下中间传动轴检查，如有弯曲变形，应予校正。

⑧ 若为前桥驱动的，应拆检前驱动轴内侧等速万向节的滚道表面和钢球是否严重磨损、卡滞。如过度磨损或卡滞，应更换内侧等速万向节。

2. 传动轴或前驱动轴异响

（1）故障现象

汽车起步或行驶过程中，有撞击声出现，且在车速变化时响声更加明显，即为传动轴异响，在加速、减速和转弯时前驱动桥出现不正常的响声，则为前驱动轴异响。

（2）故障原因

① 传动轴装配错误，两端的万向节叉不处在同一平面内。

② 万向节十字轴装配过紧。

③ 传动装置各连接部位及中间支撑架固定螺栓松动。

④ 中间支撑轴承、十字轴滚针轴承润滑不良，磨损松旷或损坏。

⑤ 传动轴花键齿与滑动叉花键槽磨损松旷，或变速器第二轴花键齿与凸缘花键槽磨损松旷。

⑥ 中间支撑轴承与中间传动轴轴颈配合松旷。

⑦ 前桥驱动的前驱动轴外侧等速万向节或内侧等速万向节严重磨损或损坏。

（3）故障诊断与排除

① 检查传动轴两端的万向节叉是否处在同一平面内，如图4-29所示。若安装错误，应重新装配。

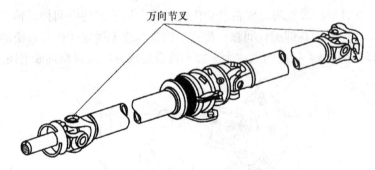

图4-29 传动轴万向节叉安装方向

② 检查万向传动装置各连接处是否松动，如图4-30示。若松动，应进行紧固。

③ 若连接状况良好，则拉紧驻车制动器，用两手握住传动轴轴管来回转动。如果感到阻力很大，应检查十字轴装配是否过紧或缺油，必要时进行调整或修理。如果扭转传动轴感到松旷，应检查轴承是否缺油或磨损严重而损坏、伸缩节花键齿与槽是否磨损过大，必要时对万向节进行润滑、修理或更换。

④ 检查中间支撑轴承与中间传动轴轴颈的配合。若松旷，应进行修理或更换轴承。检查中间支撑的安装是否不正确，使中间支撑轴承位置偏斜，或轴承盖螺栓松紧度不当。若有，则应加以调整。

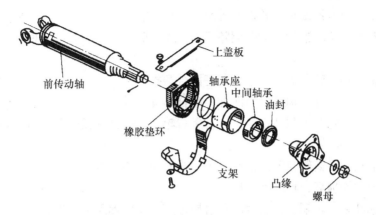

图 4-30　检查支撑轴承与传动轴轴颈配合

⑤ 经上述检查后，仍有异响，应拆下传动轴，检查传动轴是否弯曲变形。如有变形，则应进行修理。

⑥ 前桥驱动的汽车，如果转弯时前驱动轴出现异响或者在加速、减速和转弯时前驱动轴均出现金属撞击声，则应分别拆检外侧等速万向节或内侧等速万向节是否磨损严重甚至损坏。若磨损松旷或损坏，则应进行更换。

## 资讯四　后驱动桥故障检测与排除

驱动桥主要由主减速器、差速器、半轴及驱动桥壳组成。驱动桥的作用是将万向传动装置传来的扭矩改变方向后传给驱动车轮，并起到降速增扭的作用，同时允许左右驱动轮以不同转速旋转。

后驱动桥常见的故障有异响、过热和漏油等。

1. 后驱动桥异响

（1）故障现象

① 汽车在起步、转弯或突然改变车速行驶时，驱动桥有异响。
② 行驶时后驱动桥有异响，而空挡滑行时异响减弱或消失。
③ 挂挡行驶和空挡滑行时后驱动桥均有异响。
④ 在上、下坡时后驱动桥均有异响。
⑤ 后车轮运转有噪声或沉重的异响。

（2）故障原因

① 后驱动桥主减速器的圆锥齿轮和圆柱齿轮、差速器的行星齿轮和半轴齿轮等磨损过大，齿面损伤或轮齿折断。

② 后驱动桥主减速器轴承、差速器轴承磨损松旷。
③ 主减速器主、从动锥齿轮啮合调整不当，齿面磨损严重，轮齿折断、变形或啮合印痕不符合要求。
④ 后驱动桥半轴齿轮花键槽与半轴花键配合磨损松旷。
⑤ 差速器行星齿轮与半轴齿轮不匹配，啮合不良。
⑥ 差速器行星齿轮轴轴颈磨损严重，行星齿轮支撑垫圈磨损过薄，行星齿轮与差速器行星齿轮轴卡滞或装配不当。
⑦ 主减速器从动锥齿轮与差速器壳紧固螺栓松动，差速器轴承盖紧固螺钉松动。
⑧ 后轮轮毂轴承损坏，轴承外圈松动。
⑨ 车轮轮辋破裂，轮辋上轮胎螺栓孔磨损过大，使轮辋固定不牢。
⑩ 后桥壳内润滑不良。

（3）故障诊断与排除

① 若汽车直线行驶时无异响，而转弯时后驱动桥出现异响，应检查差速器两端轴承是否松旷，必要时加以调整。若不松旷，应将差速器拆下，分解检查行星齿轮、半轴齿轮、行星齿轮轴是否磨损松旷或行星齿轮是否啮合不良，如图4-31所示。若不符合要求，应进行修理或更换。

② 挂挡行驶时后驱动桥有异响，而空挡滑行时异响减轻或消失，应将主减速器拆下，分解检查后驱动桥主、从动锥齿轮的轮齿是否损伤折断，啮合间隙是否过大，啮合痕迹是否符合要求，如图4-32所示。若有损伤或不符合要求，应更换或进行调整。

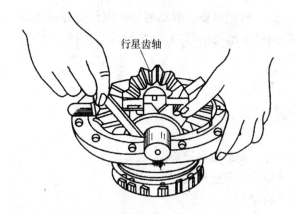

图4-31 检查差速器行星齿轮　　　　图4-32 检查主、从动锥齿轮啮合间隙

③ 汽车无论挂挡行驶或空挡滑行，后驱动桥均有异响，应检查润滑油量是否充足，必要时按要求加足。若润滑油量充足，应将主减速器和差速器拆下，检查主、从动锥齿轮的啮合间隙和差速器轴承。若不符合要求，则应调整齿轮啮合间隙和轴承松紧度，必要时更换轴承。

④ 汽车在上、下坡时后驱动桥均有异响,应将减速器拆下,检查主、从动锥齿轮的啮合间隙和啮合印痕是否恰当。若不符合要求,则应进行调整。

2. 后驱动桥过热

(1) 故障现象

在汽车行驶一定路程后,用手触摸减速器壳,有无法忍受的烫手感觉,即为后驱动桥过热。

(2) 故障原因

① 主减速器主、从动锥齿轮啮合间隙调整过小。
② 后驱动桥差速器轴承或主动锥齿轮轴承预紧度调整过大,使轴承装配过紧。
③ 后驱动桥缺油,油质变差或型号规格不符合要求。

(3) 故障诊断与排除

① 当车辆行驶一定路程后,用手触摸后驱动桥壳,若普遍过热,则应检查桥壳内润滑油量是否符合规定。若不足,应予添加补足。
② 如果油量足够,应观察润滑油品质。若润滑油有变色、变稀等情况,则应更换型号规格合适的新油。
③ 若油质良好,应将主减速器拆下,检查主、从动锥齿轮的啮合间隙是否正常。若啮合间隙过小,则应进行调整。
④ 用手触摸后驱动桥各轴承部位,若有烫手感觉,说明轴承装配太紧,应重新调整。调整轴承预紧力的同时,也要调整齿圈和主动小齿轮的侧隙,可通过改变垫片厚度或转动端轴承调整螺母来调整预紧力和侧隙。如果差速器在轴承外端带有调整螺母,则转动调整螺母以获得规定的侧隙。

3. 后驱动桥漏油

(1) 故障现象

① 润滑油从后驱动桥主减速器和半轴油封或其他衬垫处向外渗漏。
② 后驱动桥有漏油痕迹。

(2) 故障原因

① 主减速器内润滑油加注过多,运转中大量润滑油被齿轮搅动,使壳体内压力增高,导致润滑油从主减速器各密封垫处渗出。
② 放油螺塞松动。
③ 壳体有裂纹,润滑油从裂缝渗出。
④ 油封老化、变质、磨损松旷或装配不当,导致油封封油不良而渗漏。
⑤ 与油封配合的主动锥齿轮轴轴颈磨损或表面起沟槽。
⑥ 衬垫损坏或紧固螺栓松动,导致接合面不严密而渗漏。

⑦ 后驱动桥通气塞堵塞，壳体内外空气流通不畅造成内部油压升高，润滑油从密封垫处渗漏。

（3）故障诊断与排除

① 清洁后驱动桥与主减速器壳体外表，检查是否有裂纹。若有裂纹，则应进行更换。
② 检查后驱动桥通气塞是否被堵塞。如有堵塞，则应予清洗并疏通桥壳上的通气孔。
③ 检查放油螺塞是否松动或滑扣。松动的加以紧固，滑扣的进行修复或更换。
④ 检查后驱动桥内的润滑油量。若油量过多，则应按规定减少润滑油。
⑤ 检查主减速器主动锥齿轮轴或后驱动桥主动轴伸出部位是否漏油。若漏油，应拆检油封。若油封损坏，则应进行更换。
⑥ 半轴油封处漏油，应检查油封是否安装歪斜或损坏。若安装歪斜，则应重新安装油封。若损坏，则应进行更换。
⑦ 后驱动桥结合面漏油，应检查连接螺栓或螺母是否松动，衬垫是否损坏，结合面是否不平。若衬垫损坏，则应进行更换。若接合面不平，则应进行修理。

## 资讯五　转向系统故障诊断与排除

汽车在行驶过程中，需要经常改变其行驶方向。汽车转向系统就是改变或保持汽车行驶方向的装置。现代汽车转向系统按其动力不同分为机械转向系统与动力转向系统两大类。

转向系统常见故障主要有：转向沉重、行驶跑偏、转向轮摆动和动力转向系统故障等。

1. 转向沉重

（1）故障现象

汽车转向时，转动方向盘感到沉重费力，无回正感，甚至打不动。

（2）故障原因

主要原因是各部间隙过小、配合过紧、润滑不良或助力装置失效。

① 转向器内缺油或油过脏。
② 转向螺杆两端轴承过紧或轴承损坏。
③ 转向器啮合间隙过小。
④ 转向器、转向节主销、轴承衬套部位缺油或过紧。
⑤ 横、直拉杆球头销部位缺油或过紧。
⑥ 转向节止推轴承缺油、损坏或过紧。
⑦ 前稳定杆变形。
⑧ 转向轴弯曲。
⑨ 前轮轮毂轴承过紧。

⑩ 前轮定位失准，主销后倾角过大，主销内倾角过大，前轮前束调整不当。
⑪ 转向桥、车架弯曲变形。
⑫ 钢板弹簧挠度和尺寸不符合规定。
⑬ 轮胎气压不足。

（3）故障诊断与排除

① 支起汽车前桥，转动转向盘。若转向盘转向灵活。应检查轮胎气压是否低，前轮定位是否符合要求，前轮轮毂轴承是否过紧，前钢板弹簧是否良好，前轴、车架是否变形。必要时应进行修理或更换。

② 支起前桥后转动转向盘仍然沉重，则拆下转向垂臂。再转动转向盘。若感到转动灵活，表明故障在转向传动机构，应检查各球头销装配是否过紧，主销与衬套配合是否适当，润滑是否良好。转向节止推轴承是否缺油损坏，横直拉杆是否弯曲变形。若有损坏或不符合要求，则应进行修理或更换。

③ 若拆下转向垂臂后，转动转向盘仍然沉重，则故障在转向器。应检查转向器是否缺油或转向轴是否弯曲。若缺油，则应按规定添加润滑油；若不缺油，则应拆检转向器。

2. 行驶跑偏

（1）故障现象

汽车行驶时，稍松转向盘，汽车就会自动偏向另一边，必须用力握住转向盘，才能保证车辆的直线行驶。

（2）故障原因

① 两前轮气压不一致，或新换轮胎外径不一致，或两前轮新旧程度悬殊。
② 前悬架两侧减振弹簧弹力不等或减振器工作性能存在较大差异。
③ 一侧前轮制动器制动间隙过小，导致制动拖滞或轮毂轴承过紧。
④ 两侧主销后倾角或车轮外倾角不相等，前轮不符合要求。
⑤ 一侧钢板弹簧错位或折断。
⑥ 转向节臂、转向臂、横拉杆、直拉杆变形。
⑦ 转向桥或车架变形，两侧轴距不等。
⑧ 转向轮某一侧的前稳定杆下摆臂变形。

（3）故障诊断与排除

① 检查左、右轮胎新旧程度、外径尺寸及气压是否一致。保证两转向轮外径尺寸相同，并按规定加以充气。

② 气压一致，可用手触摸跑偏一边的制动鼓和轮毂轴承是否过热。若过热，则说明制动拖滞或轴承过紧，调整制动间隙或轮毂轴承。

③ 若不过热，则应检查转向节臂、转向臂、横拉杆、直拉杆、前稳定杆和前摆臂是否变

形,钢板弹簧是否折断或弹力不均,必要时应进行矫正或更换。

④ 检查前束是否符合要求,两前轮主销后倾角、前轮外倾角是否相同,若不符合要求,则应进行修理。

⑤ 若以上检查均正常,则应检查左、右轴距是否相等,转向桥和车架是否变形。如不符合要求,则应进行修理。

3. 转向轮摆动

(1) 故障现象

汽车在某转速范围内行驶时,转向轮摇摆或转向盘抖动。

(2) 故障原因

① 转向器螺杆(蜗杆)两端轴承严重磨损,间隙过大。

② 横、直拉杆球头销及球头座磨损,使球关节松旷。

③ 转向摇臂与摇臂轴的紧固螺栓、螺母松动。

④ 前轮轮毂轴承磨损松旷、固定螺母松动。

⑤ 前轮前束过大,车轮外倾角、主销后倾角过小。

⑥ 前轴弯曲,车架、前轮轮辋变形。

⑦ 前轮外胎由于修补或装用翻新胎失去平衡。

⑧ 减振器失效,前钢板弹簧刚度不一致。

(3) 故障诊断与排除

① 一人转动转向盘,另一人在车下观察转向器和传动机构。若转向盘转动了一定角度,而转向摇臂并不转动,则故障在转向器;若转向摇臂转动了一定角度而前轮并不偏转,则故障在转向传动机构。

② 若故障在转向器,应拆下转向器,检查螺杆与指销(螺母齿条与齿扇)啮合间隙是否过大。若过大,应予调整。

③ 如果故障在转向传动机构,应将横、直拉杆拆下,检查横、直拉杆球头销和球头碗是否磨损严重,弹簧是否折断,螺塞是否调整过松。必要时应重新调整或换件。

④ 若转向盘自由转动量符合要求,再用千斤顶将前轮架起,用橇棒往上撬轮胎。若有松旷,则为前轮轮毂轴承松旷或转向节主销与衬套间隙过大,应进行调整或修理,若轴承损坏则应更换。

⑤ 确认前轮无松旷量,应检查前轮前束是否符合要求。若不符合要求,则应重新调整。

⑥ 若前轮前束符合规定,则应检查钢板弹簧U形螺栓、转向器固定螺栓是否松动。若松动,则应按规定力矩拧紧。

⑦ 若上述检查无松动,应检查前钢板弹簧刚度和减振器是否失效。若刚度不符合要求或减振器已失效,则应进行更换。

⑧ 若仍存在摆振现象，则应对转向轮进行平衡检测和校正。

⑨ 经上述检查调整仍无效时，应卸下前轴和车架，检查是否弯曲变形。若变形，则应进行校正或更换。

4. 转向不灵敏

（1）故障现象

左、右转动转向盘时，有明显的间隙感觉；需用较大幅度转动方向盘才能控制汽车的行驶方向。

（2）故障原因

① 转向器主动齿轮与齿条（主、从副）啮合间隙过大、轴承松旷，横拉杆及各连接杆件松旷。

② 轮毂轴承调整不当或磨损松旷。

（3）故障诊断与排除

① 转动转向盘，转向器齿条不能立即随之运动，表明齿条与主动齿条啮合间隙过大。

② 若齿条运动而横拉杆不动，则应更换缓冲衬套，并检查连接情况。

③ 横拉杆运动而转向臂不动，则应对横拉杆外端球头销进行检修与调整。

④ 若转向臂能随之灵活摆动，则可晃动前轮检查轮毂轴承是否松旷。

⑤ 对其他类型的转向系统，还应检查和调整转向器的轴承预紧度、啮合间隙，调整、紧固各连接杆件球头销等。

5. 动力转向系统工作不良

动力转向系统以发动机动力和驾驶员施加很小的操纵力作为转向系统的动力。它在机械转向系统的基础上，增加了转向储油罐、转向油泵、转向控制阀（分配阀）和动力缸等。下面只介绍电控液压动力转向系统的组成、原理及故障诊断。

一汽奥迪轿车动力转向系统的组成如图 4-33 所示。奥迪轿车转向油泵采用叶片泵，它由发动机曲轴通过皮带轮驱动，将油液从储油罐泵入分配阀，以提供转向所需的动力源（高压油）。汽车不转向时，分配阀保持开启状态，转向动力缸活塞两边的压力腔和回油管相通，叶片泵处于空转状态。汽车转向时，扭力杆通过分配阀关闭动力缸活塞左边（或右边）的压力腔，使活塞两端的压力发生改变，产生压力差，推动活塞向右（或向左）运动，以增加驾驶员操纵转向车轮的力量。

动力转向系统除传统转向系统由机械机构所产生的常见故障以外，常见的故障形式有转向盘沉重、漏油及异响等。故障部位如图 4-34 所示。

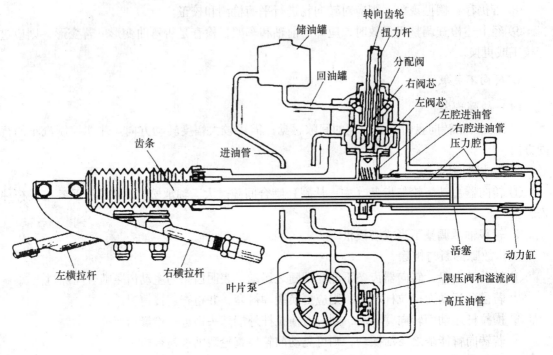

图 4-33　奥迪轿车动力转向系统的组成示意图

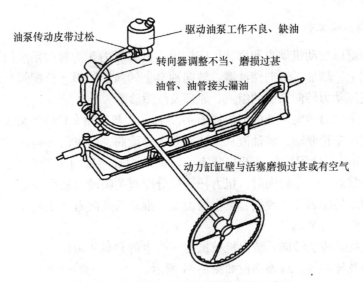

图 4-34　动力转向系统常见故障部位示意图

(1) 故障现象

① 车辆行驶中,发动机在各种转速下均无转向助力作用,转动转向盘感到费力。

② 转向突然沉重。

③ 左、右转向力不等。

④ 转向时有噪音。

(2) 故障原因

① 油泵传动皮带松弛,传动皮带打滑。

② 储油罐内液面过低或油液脏污。

③ 液压系统内混入空气。

④ 油泵有故障。

⑤ 滤清器堵阻、供油管路接头松动。

⑥ 安全阀漏油、弹簧过软或调整不当。

⑦ 液压泵内部机件磨损。

(3) 故障诊断与排除

在液力式动力转向系统的故障诊断过程中,在排除了机械机构的故障原因后,应主要对液力系统进行检查,查明动力转向系统工作不良的原因,主要步骤为:

① 检查油泵传动皮带是否松弛。若过松,则应进行调整。

② 工作油温检查:发动机怠速运转,左、右转动转向盘数次,检查液力系统工作油温能否达到标准值。

③ 检查储油罐内液面是否过低。若过低,则应按要求添加油液。

④ 检查储油罐内的油液是否混浊、脏污,有无泡沫。若发现有泡沫,则检查各接头和集流管紧固螺钉是否松动使空气渗入。在排除漏油、漏气部位故障后,再排除油液中的空气。若油液过于脏污混浊,则应更换油液和油封。

⑤ 转向齿轮的油压检查。测得油压过低时,转向器有内泄漏现象,则应检修转向器。

## 资讯六 汽车电控悬架故障诊断与排除

汽车电控悬架系统常见故障主要有高度控制功能不起作用、悬架刚度和阻尼系数控制失效、汽车有高度调节,但是车高不均匀等。

1. 高度控制功能不起作用

(1) 故障现象

汽车在行驶、驻车或汽车总质量发生变化时,车高变化不大或没有变化甚至产生相反的变化。

(2) 故障原因

① 悬架控制 ECU 与高度传感器之间电线束和插接头开路或短路。

② 高度传感器损坏。

③ 悬架控制 ECU 与 NO.1 控制继电器之间电线束和插接头开路或短路。

④ NO.1 控制继电器损坏。

⑤ 悬架控制 ECU 有故障。

(3) 故障诊断与排除

进行故障自诊断，如果故障代码为 11，12，13 或 14，可按以下步骤进行检测：

① 接通点火开关，检测高度传感器的插接头的插脚 1 与车身搭铁之间的电压，测得结果应为电源电压。否则，应检查或修理 NO.2 控制继电器与高度传感器之间的线束或插接头。电路如图 4-35 所示。

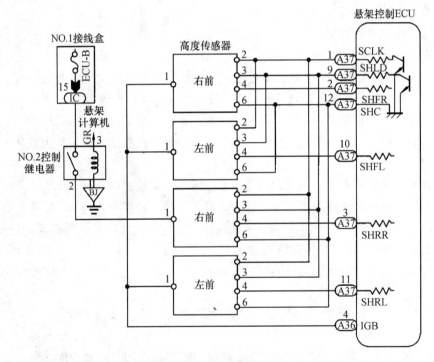

图 4-35　高度传感器与悬架控制 ECU 连接电路

② 检查线束的导通性。检查悬架控制 ECU 与高度传感器之间的电线束和插接头。若不良，则应修理或更换线束或插接头。

③ 换件比较。装用一个好的高度传感器，如果故障消失，则是传感器不良，应予更换。如果故障仍然存在，则可以更换悬架控制 ECU 再试。

## 2. 悬架刚度和阻尼系数控制失效

（1）故障现象

汽车在行驶时，悬架刚度和阻尼系数不随着行驶状况、路况、汽车姿态变化而调节。

（2）故障原因

① 悬架控制 ECU 与悬架控制器之间电线束和插接头开路或短路。

② 悬架控制器损坏。

③ 空气悬架熔断器烧断。

④ 加热熔断器烧断。

⑤ 悬架控制。ECU 与发动机主继电器之间线束和插接头开路或短路。

⑥ 发动机主继电器损坏。

⑦ 悬架控制 ECU 有故障。

（3）故障诊断与排除

如果故障代码为 21，22，可按以下步骤进行检测：

① 检查悬架控制器的操作情况。接通点火开关，将 LRC 开关分别按到"运动"侧和"正常"侧，检查悬架控制器的操作。

② 如果悬架控制器操作不良，检测悬架控制器的电阻值。电路如图 4-36 所示。

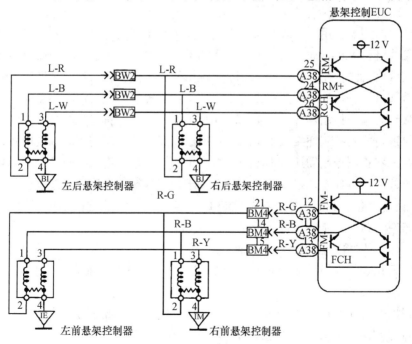

图 4-36　悬架控制器与悬架控制 ECU 连接电路

③ 测量悬架控制器插接头插脚之间的电阻，插脚 1 和插脚 2 之间以及插脚 3 与插脚 4 之间的电阻为 3～6 Ω；插脚 2 与插脚 4 之间的电阻为 2.3～4.3 kΩ。

④ 在悬架控制器插接头和插脚之间接入蓄电池，检查悬架控制器的操作，这种检查应在短时间内（1 s 之内）完成。如果不良，则更换控制器。

⑤ 检查线束的导通性。检查悬架控制 ECU 与控制器、控制器与车身搭铁之间的电线束和插接头。如果不良，则应修理或更换电线束或插接头。

3. 汽车高度调节不均匀

（1）故障现象

汽车在行驶、驻车、乘员和行李质量发生变化时，车辆高度控制虽有变化，但是前后左右高低变化不均匀。

（2）故障原因

① 悬架控制 ECU 与控制阀之间电线束和插接头开路或短路。

② 控制阀损坏。

③ 悬架控制 ECU 有故障。

（3）故障诊断与排除

进行故障自诊断。如果故障代码为 31，33，34 或 35，可按以下步骤进行检测：

① 检查车高变化情况：

拆下行李箱右侧盖，用欧姆表测量控制插接头各端子间的电阻值，其标准如下：

- 用跨接线将检测控制插接头中 1，3，7 端子相互短接，左前汽车高度应上升。
- 用跨接线将检测控制插接头中 1，4，7 端子相互短接，右后汽车高度应上升。
- 用跨接线将检测控制插接头中 1，5，7 端子相互短接，左后汽车高度应上升。
- 用跨接线将检测控制插接头中 1，2，6 端子相互短接，右前汽车高度应降低。
- 用跨接线将检测控制插接头中 1，3，6 端子相互短接，左前汽车高度应降低。
- 用跨接线将检测控制插接头中 1，4，6 端子相互短接，右后汽车高度应降低。
- 用跨接线将检测控制插接头中 1，5，6 端子相互短接，左后汽车高度应降低。

② 如果上述检查正常，则检查悬架控制 ECU 与控制插接头之间的电线束和插接头是否有开路处。若有开路处，则应修理或更换。

③ 如果正常，则检查控制阀和排气阀。

- 用数字万用表的欧姆挡测量 NO.1 控制阀插脚 1 与插脚 3，插脚 2 与插脚 3 之间的电阻应为 9～15 Ω。
- 用欧姆挡位测量 NO.2 控制阀插脚 1 与插脚 4，插脚 2 与插脚 4 之间的电阻应为 9～15 Ω。
- 测量排气阀插脚 1 与插脚 2 之间的电阻应为 9～15 Ω。
- 直接给各控制阀、排气阀加上 12 V 蓄电池电压，各电磁阀应有"咔嗒"的工作声。

若检查结果不正常，应更换高度控制阀及排气阀；若正常，应检查高度控制器或排气阀至检测插接头之间的配线和连接线。

## 资讯七　汽车巡航控制系统故障诊断与排除

汽车巡航控制系统是利用电子技术对汽车行驶速度进行调节，实现以预先设定速度行驶的电子控制装置。

现以日本丰田雷克萨斯 LS400 型轿车为例进行巡航控制系统的故障诊断与排除。图 4-37 所示即为雷克萨斯 LS400 型轿车巡航控制系统电路及其连接器，连接器（10 针和 12 针）的端子名称可参见表 4-1。

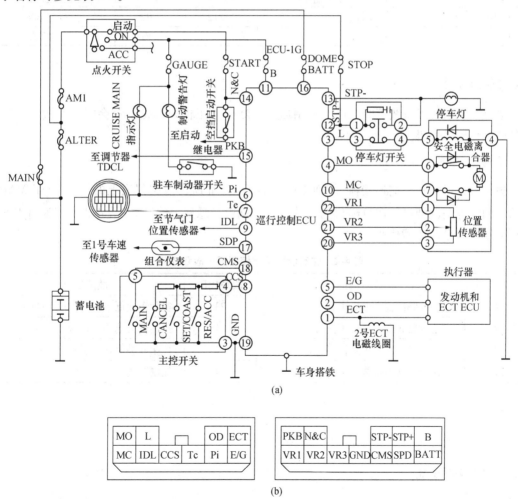

图 4-37　雷克萨斯 LS400 型轿车巡航控制系统电路及其连接器

表 4-1  雷克萨斯 LS400 型轿车连接器端子名称

| 编 号 | 代 码 | 端子名称 | 编 号 | 代 码 | 端子名称 |
| --- | --- | --- | --- | --- | --- |
| 1/10 | ECT | 发动机和 ECT ECU | 2/12 | STP+ | 停车灯开关 |
| 2/10 | OD | 发动机和 ECT ECU | 3/12 | SIP- | 停车灯开关 |
| 3/10 | L | 安全电磁离合器 | 4/12 | N&C | 空挡启动开关 |
| 4/10 | MO | 执行器电机 | 5/12 | PKB | 驻车制动开关 |
| 5/10 | E/G | 发动机和 ECT ECU | 6/12 | BATT | 备用电源 |
| 6/10 | Pi | 巡航指示灯 | 7/12 | SPD | 车速传感器 |
| 7/10 | Tc | TDCL | 8/12 | CMS | 主开关 |
| 8/10 | CCS | 控制开关 | 9/12 | GND | 搭铁 |
| 9/10 | IDL | 节气门位置传感器 | 10/12 | VR3 | 位置传感器 |
| 10/10 | MC | 执行器电机 | 11/12 | VR2 | 位置传感器 |
| 1/12 | B | 电源 | 12/12 | VR1 | 位置传感器 |

## 一、故障代码

巡航控制系统出现故障时，电子控制器除中断巡航工作外，指示灯会闪烁 5 次，控制器会自动储存故障代码。

1. 读取故障代码

短接故障代码，检测连接器（TDCL）的端子 $T_C$ 和 $E_1$，根据仪表上的"CRUISE MAIN"指示灯的闪烁情况即可读取故障代码（读取方法同电控悬架自诊断）。表 4-2 所列为雷克萨斯轿车巡航控制系统故障代码。

表 4-2  雷克萨斯巡航控制系统故障代码

| 故障代码 | 故障部位 | 故障代码 | 故障部位 |
| --- | --- | --- | --- |
| 11 | 电机电路或安全电磁离合器电路 | 23 | 实际车速低于设定车速 16 km/h |
| 12 | 安全电磁离合器电路不正常 | 31 | 控制开关电路不正常 |
| 13 | 电机电路或位置传感器不正常 | 32 | 控制开关电路不正常 |
| 21 | 车速传感器不正常 | 34 | 控制开关电路不正常 |

2. 清除故障代码

关闭点火开关或拆下 DOME 熔断器 10 s 以上。

## 二、常见故障诊断

汽车巡航控制系统常见故障主要有巡航控制操作不能调整、系统间歇性工作、巡航控制系统不工作等。

1. 巡航控制操作不能调整

（1）故障现象

巡航控制速度超出设置要求，或系统工作不稳定，设定的车速有较大的波动，或时升时降。

（2）故障原因

① 安全电磁离合器故障。

② 伺服电动机故障。

③ 位置传感器故障。

④ 车速传感器失效。

⑤ 巡航控制 ECU 工作不正常。

（3）故障诊断与排除

进行故障自诊断，当读出故障代码为 11，12 时，可按以下步骤进行检测：

① 检查安全电磁离合器电路，检查巡航控制 ECU 配线侧连接器端子 3 与车身搭铁之间的导通情况。电路如图 4-38 所示，测量值应约为 38 Ω，不正常则检查电磁离合器。

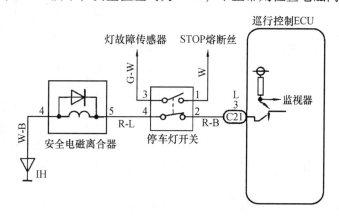

图 4-38 安全电磁离合器与巡航控制 ECU 的连接

② 检查电磁离合器，如图 4-39（a）所示，用数字万用表欧姆挡检测电磁离合器端子 4 和 5 之间的电阻，正常值应约为 38 Ω。或者进行动态检查，如图 4-39（b）所示，其正常情况是：没有通电前，扳动离合器杆应能转动；当端子 5 接电源正极，端子 4 接电源负极（搭铁），离合器杆应能锁住，不能任意扳动。若正常，则检查停车灯开关，否则更换电磁离合器。

传感器的中间滑动端（VR2）与电子控制器搭铁间（VR3）的电压，电路如图 4-40 所示，控制臂使节气门开度最大时，电压应为 4.2 V；控制臂使节气门开度最小时，电压约 1.1 V；控制臂转动时，电压变化应连续平稳。若不正常，应检查节气门位置传感器。

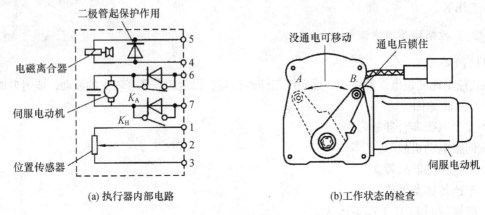

图 4-39 安全电磁离合器的检查

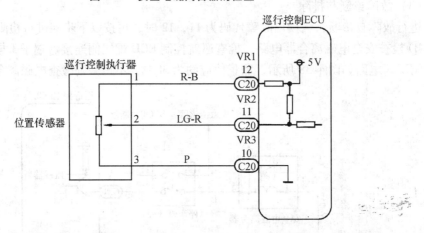

图 4-40 节气门位置传感器与巡航控制 ECU 连接电路

③ 检查停车灯开关。踩下制动踏板时,连接器端子 1 和 3 之间应能导通(阻值小),而抬起制动踏板时,端子 2 和 4 之间应导通。若正常,则检查和修理巡航控制 ECU 与停车灯开关、停车灯开关与电磁离合器、电磁离合器与车身搭铁之间的配线和连接器。否则,更换停车灯开关。

④ 在离合器杆在两极限位置 A 与 B 范围内运动时,检查伺服电动机电路。

⑤ 保持安全电磁离合器处于通电状态。若正常,则检查巡航控制 ECU 与伺服电动机之间的配线和连接器。若不正常,则更换伺服电动机。

2. 系统间歇性工作

(1) 故障现象

巡航控制在某些时候无法设置。

（2）故障原因

① 巡航控制开关故障。

② 巡航执行器故障。

③ 车速传感器故障。

（3）故障诊断与排除

① 进行故障自诊断。如果故障代码为 31，32 或 34 时，可按以下步骤进行检测：

a. 对各控制开关的信号进行检查时，分别接通"SET/COAST"，"RES/ACC"和"CAN-CEL"开关，同时观察仪表板上巡航控制指示灯的闪烁，其正常闪烁形式如表4-3所示。

b. 通过测试控制开关电阻检测其技术状况。控制开关内有3个不同阻值的电阻。检测时，拆下转向盘中心衬垫，脱开控制开关连接器，在控制开关接通时，用数字万用表测量连接器端子3和4之间的电阻值，电路如图4-41所示。开关正常时，电阻值见表4-4所示。若不正常，应更换控制开关。

表4-3 指示灯的正常闪烁形式

| 开关接通状态 | 指示灯的闪烁形式 | 备 注 |
| --- | --- | --- |
| CANCEL（取消）开关 | 亮灭 | 当每一开关接通时，指示灯应如表内方式闪烁，表开关与电控单元联系正常 |
| SET/COAST（设定）开关 | 亮灭 | |
| RES/ACC（恢复）开关 | 亮灭 | |

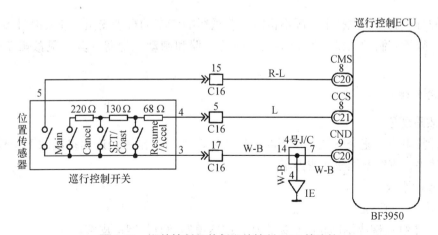

图4-41 巡航控制开关与巡航控制 ECU 的连接

表 4-4 控制开关电阻检查

| 开关位置 | 电阻值 | 备 注 |
| --- | --- | --- |
| 各开关均断开 | — | 各个开关分别接通时,测量端子 3 和 4 电阻值,阻值如表内数据时,开关为良好,否则说明开关电路有故障。 |
| RES/ACC(恢复)通 | 约 70 Ω | |
| SET/COAST(设定)通 | 约 200 Ω | |
| CANCEL(取消)通 | 约 420 Ω | |

c. 检查巡航控制 ECU 与控制开关之间的配线和连接器是否开路或短路。若有短路或开路,应修理或更换配线或连接器。

② 故障代码为 11、12、13 时,分别对巡航控制执行器电磁离合器、伺服电动机和位置传感器进行检测(详细检测方法见常见故障 1——巡航控制操作不能调整)。

③ 故障代码为 21 时,对车速传感器及电路进行检查(详细检测方法见常见故障 1——巡航控制操作不能调整)。

# 资讯八 制动系统故障诊断与排除

汽车的制动系是保障汽车行车安全,充分发挥汽车速度,提高汽车运用效率和运输生产率的必备装备。随着汽车速度的不断提高和对安全性要求的增强,对汽车制动性能的要求也愈来愈严格。

汽车的制动系包括行车制动系统、驻车制动系统和辅助制动系统。为了保证汽车能在安全的条件下具有高速行驶能力,制动系一般应具有良好的制动性能和制动稳定性,且制动不跑偏、不侧滑,制动可靠。此处主要介绍气压制动系、液压制动系和驻车制动系统的故障诊断与排除。

汽车的行车制动装置技术状况不良时,严重影响汽车的行驶安全,应及时排除。液压制动装置常见故障有制动失效、制动不良、制动跑偏和制动拖滞等。其常见故障部位,如图 4-42 所示。

1. 制动失效

(1) 故障现象

汽车行驶中当迅速踏下制动踏板时,感觉制动器不起作用;连续多次踩下制动踏板时,仍无制动效果,汽车不能减速或停车。

(2) 故障原因

① 制动液严重不足。

② 制动主缸皮碗或制动轮缸皮碗损坏,或紧急制动时将制动皮碗踏翻。

③ 主缸活塞与缸壁或轮缸活塞与缸壁磨损过量,松旷漏油,活塞复位弹簧过软或折断。

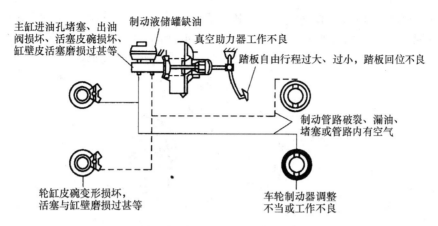

图 4-42　液压制动系常见故障部位

④ 制动管路内混入空气有气阻。
⑤ 制动管路堵塞或制动管路渗漏。
⑥ 车轮制动器磨损严重，制动间隙过大或摩擦片有油污，铆钉外露。
⑦ 制动踏板自由行程过大。
⑧ 某机械连接部位脱开，踏制动踏板时，主缸活塞不移动。

（3）故障诊断与排除

① 踏几次制动踏板，若制动踏板能踏到底且无反力，如图 4-43 所示，则检查制动主缸是否缺少制动液。若缺少，则应按规定添加，要求制动液距液罐口 15～20 mm，通气孔畅通。

② 若不缺，检查管路和接头有无破漏或堵塞，如图 4-44 所示。若有，则应进行修理或更换。

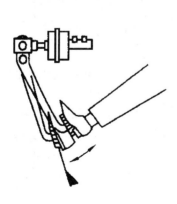

图 4-43　连续踩制动踏板

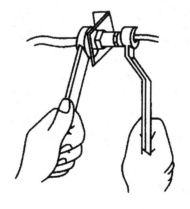

图 4-44　检查油管接头

③ 检查制动系统内是否有空气，若踩制动踏板有弹性感，表示液压制动系统有空气或制动液气化。应将混入的空气排除，排气方法如图 4-45 所示。当使用了质量不高的制动液时，易产生气化，应更换符合要求、质量好的制动液。加注制动液方式如图 4-46 所示。

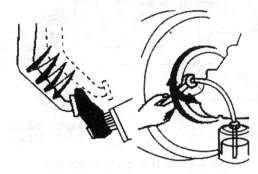

图 4-45 排除制动系统内空气

④ 检查各机械连接部位有无脱开。若有，应修复。
⑤ 若连接部位无松动，应对主缸皮碗进行检修，或调整主缸活塞的推杆行程，如图 4-47 所示。

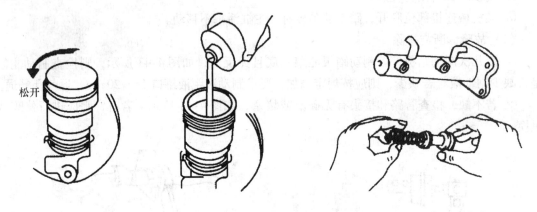

图 4-46 加注制动液　　　　　图 4-47 检查主缸活塞的推杆行程

⑥ 若上述检查情况良好，应检查制动间隙是否过大，必要时拆检车轮制动器。检查制动蹄片磨损情况，摩擦片是否有油污或铆钉外露，制动轮缸是否磨损严重、制动蹄与支撑销是否严重卡滞等。

2. 制动不良

（1）故障现象
① 制动时，汽车不能立即减速或停车，制动减速度小，制动距离长。

② 踏下第一脚制动踏板时，制动不灵，连续踏下踏板，制动力逐渐增高，但仍感不足，制动效果不佳。

（2）故障原因

① 制动踏板自由行程过大。

② 制动管路和制动轮缸内有空气或产生气阻。

③ 制动管路有渗漏或堵阻。

④ 制动主缸、制动轮缸皮碗变形损坏，活塞与缸壁磨损严重。

⑤ 制动主缸出油阀损坏，补偿孔、通气孔被堵塞。

⑥ 车轮制动器磨损严重，制动间隙过大，制动时摩擦片与制动鼓之间接触不良。

⑦ 车轮制动器摩擦片表面硬化、油污或铆钉外露。

⑧ 制动鼓失圆、起沟槽、鼓壁过薄或制动盘变形、摩擦面起沟槽。

（3）故障诊断与排除

① 连续踏下制动踏板，制动踏板位置能逐渐升高，再往下踏感到有弹性，可能是制动系内混有空气或有气阻。若混有空气，则应对制动系统进行排气。若产生气阻，则应更换质量高、符合要求的制动液。

② 一脚制动不灵，连续踏下制动踏板时，踏板位置逐渐升高且制动效果良好，表明自由行程过大或摩擦片与制动鼓间隙过大，应进行调整，如图 4-48 所示。

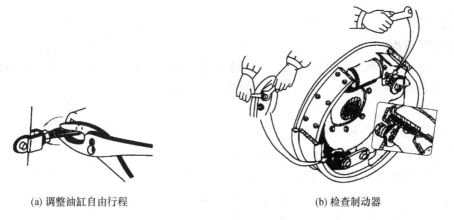

(a) 调整油缸自由行程　　　　　　(b) 检查制动器

图 4-48　调整油缸自由行程与检查制动器

③ 连续踏下制动踏板，踏板位置能逐渐升高，升高后继续用脚踏紧，此时若感到踏板有下沉的感觉，表明制动系中有漏油之处或制动主缸出油阀关闭不严。应检查油管、油管接头和主缸。

④ 若踩下制动踏板时需用力大，而且感觉很硬，应检查真空助力器。如图 4-49 所示，运转发动机，当真空表压力达到 66.65 kPa 时，停转发动机，发动机停转后，测量 15 s 内真空

表压力降低的数值。判定值：降低数值在 3.33 kPa 以下，说明真空助力器有真空泄露处，应进一步检修或更换。

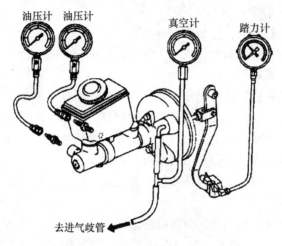

图 4-49　检查真空助力器

⑤ 当踏下踏板时，制动踏板高度符合要求，也不软弱不下沉，但制动效果不好，应检修车轮制动器。

3. 制动跑偏

（1）故障现象

汽车制动时，车辆向一边偏斜，不能保持正直方向，偏斜方向时左时右，重脚踩下制动踏板后，车辆甚至产生横滑，制动时车轮拖印长短不一。

（2）故障原因

① 个别制动轮缸内有空气。

② 个别轮缸皮碗发胀，致使活塞运动不灵活。

③ 个别车轮摩擦片表面有油污、硬化或铆钉外露。

④ 左、右车轮摩擦片与制动鼓间隙大小不一致。

⑤ 左、右车轮摩擦片材料不一致或新旧摩擦片搭配不均。

⑥ 个别制动鼓或制动盘磨偏、变形、磨损、起沟槽。

⑦ 左右轮胎气压、规格、花纹不一致。

⑧ 左右轮制动蹄回位弹簧拉力不一致。

⑨ 制动钳或制动底板安装松动。

⑩ 左右悬架或车轴变形。

⑪ 左右钢板弹簧刚度不一致。

⑫ 左右轮毂轴承预紧度调整不一致。

(3) 故障诊断与排除

① 制动时车辆向左跑偏，即为右侧车轮制动不灵；反之，向右跑偏即为左侧车轮制动不灵。

② 当确定某车轮制动不良后，应先调整制动鼓与制动蹄片之间的间隙。

③ 若制动间隙符合要求，必要时应对该轮制动轮缸进行排气。

④ 若经上述检查调整后，仍不能排除故障，应拆检该车轮制动器及制动轮缸。

⑤ 若各车轮的制动效能均良好，应检查两前轮的轮胎气压是否一致，钢板弹簧力及车架的变形情况等。

4. 制动拖滞

(1) 故障现象

① 踏下制动踏板感到高而硬，踏不下去。汽车起步困难，行驶费力。当松抬加速踏板踏下离合器踏板时，车速明显降低。

② 汽车行驶一定里程后，用手触摸制动鼓感觉发热。

(2) 故障原因

① 制动踏板自由行程过小或无自由行程。

② 制动主缸皮碗发胀，复位弹簧过软，致使皮碗堵住旁通孔不能回油。

③ 制动轮缸皮碗发胀、老化、变形，影响活塞运动。

④ 制动蹄摩擦片与制动鼓间隙过小。

⑤ 制动蹄与制动蹄轴锈蚀，回位弹簧疲劳过软或折断，使制动蹄转动复位困难。

⑥ 制动管凹瘪、老化或油管内有污物堵塞，回油不畅。

⑦ 制动鼓或制动盘变形。

(3) 故障诊断与排除

① 汽车行驶一定里程后，用手触摸各制动鼓均感觉发热，表明故障在制动主缸、增压器或制动踏板。若个别制动鼓发热，则故障在车轮制动器。

② 若故障在制动主缸，应先检查踏板自由行程是否过小。若过小，应进行调整。

③ 若自由行程符合规定，放松制动踏板不能迅速复位，应检查制动踏板复位弹簧弹力、踏板轴及连接机构的润滑情况。必要时进行修理或更换。

④ 若制动踏板复位良好，可将制动主缸储液罐盖打开，连续踏、抬踏板，观察回油情况。若不回油，表明主缸回油孔堵塞，应进行疏通。若回油缓慢，则应拆检制动主缸，检查皮碗和复位弹簧。

⑤ 若故障在车轮制动器，应先拧松放气螺钉，排出轮缸的制动液。若制动解除，则为油管堵塞，应进行疏通。若仍不能解除制动，则应调整制动鼓与制动蹄片之间的间隙。

⑥ 经上述检查后制动仍然拖滞，则进一步拆检车轮制动器。

5. 制动器异响

（1）故障现象

车辆行驶或制动时，制动器发出不正常的响声。

（2）主要故障原因

① 摩擦片磨损严重、硬化或破裂，铆钉外露、铆钉松动。

② 制动块表面硬化或太光滑。

③ 制动蹄蹄片和制动鼓摩擦面的硬度太高。

④ 制动底板或制动钳支架松动，造成制动鼓与制动底板或制动钳与制动盘相碰擦。

⑤ 制动鼓太薄。

⑥ 浮钳型盘式制动器外侧制动块凸耳处松动。

⑦ 活塞与制动块之间隔振垫片位置不对，或者漏装了隔振垫片。

⑧ 制动块与制动钳的间隙过大。

⑨ 制动时制动块磨损指示器接触到制动盘。

⑩ 防颤动弹簧夹磨损或弹力减弱。

⑪ 制动鼓或制动盘变形或磨损起槽。

（3）故障诊断

① 车辆未制动时，制动器即发出不正常的响声，应检查制动支撑板或制动钳支架是否松动，制动底板是否明显翘曲变形，制动蹄定位弹簧是否损坏等。

② 车辆制动时制动器发响，应检查制动蹄片的损伤程度，制动鼓、制动蹄及制动盘有无明显变形，制动器各运动副润滑是否良好等。

## 任务训练

### 训练一　汽车自动变速器故障诊断与排除

自动变速器按控制原理分为液控式、电液式和电控机械式，汽车上常用的是电液式行星齿轮型自动变速器，一般设液压控制系统、电子控制系统、液力变矩器、行星齿轮机械等机构。

当自动变速器出现故障之后，应按如下程序和方法进行故障的诊断（如图4-50所示）：

一、基本检查

（1）对自动变速器进行基础检验，并加以必要的处理。

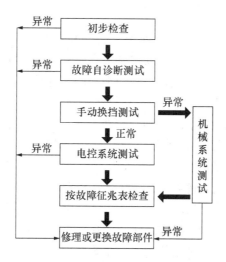

图 4-50　ECT 故障诊断与排除程序框图

基础检验也称基本检查，是对自动变速器油的品质和油量、发动机怠速、挡位开关、操纵手柄位置和节气门拉索等进行的检查。自动变速器的油量不当、油质不佳、联动机构调节不妥及发动机怠速不正常等，都是引起自动变速器故障的最常见原因。因此，通过基础检验发现的问题，应首先加以调整和处理，以使问题得以简化。如果故障仍然存在，则需进行有关的机械检查，作进一步深入的诊断。但必须强调，基础检验及其调整和处理，是机械试验的前提。

（2）若做了基础检验并完成必要的处理之后，故障仍然存在，则应对自动变速器进行手动换挡试验。

（3）通过手动换挡试验发现自动变速器工作不正常，则应对自动变速器进行机械系统试验，以区别属机械故障还是液压控制系统故障，并分析确定具体的故障部位。

（4）若手动换挡试验时自动变速器工作正常，说明故障在电子控制系统。应通过故障自诊断系统读取故障代码（参考有关资料）并作分析，以确定故障的具体部位。

（5）根据故障诊断所确定的故障部位，进行故障维修。

## 二、性能试验

为了确定自动变速器的技术状况，并保证自动变速器处于良好的工作状态，通常要进行自动变速器的性能检测。自动变速器的性能检测分为基础检测、失速试验、挡位试验、液压试验和道路试验等。

1. 自动变速器的基础检测

自动变速器的故障多是由于使用、维修不当造成的。因此，应首先对自动变速器进行基础检测。

(1) 发动机怠速时的检测。发动机处于怠速，水温达正常后，当自动变速器置于"N"挡时，检测发动机的怠速是否在规定的范围内。若怠速过低，当变速器置于"R"，"D"，或"2"，"1"挡位时，会使汽车产生震动，影响乘坐的舒适性，严重时会使发动机熄火；若怠速过高，则产生换挡冲击和爬行现象。

(2) 节气门阀体拉线的检测。在自动变速器中，节气门阀体与发动机上的节气门，通过节气门阀的位移量变化，将发动机节气门开度信号转化成节气门的油压油信号。

节气门阀拉线的检测主要是检查表征发动机负荷大小的节气门开度是否准确地反映到自动速器内部的节气门阀处。当变速器节气门拉索过松时，加速踏板控制的液压就会低于正常值，会导致换挡时机提前而造成发动机功率损失；反之，当拉索过紧时，加速踏板控制的液压就会高于正常值，会导致换挡时机推迟而造成换挡冲击。在自动变速器节气门拉索上都设有调整标记，只在拉索上嵌有一个限位标记，如图 4-51 所示。

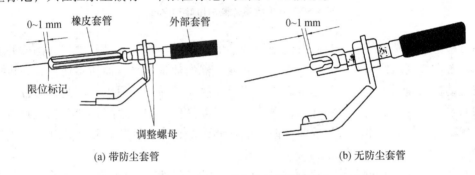

图 4-51 ECT 节气门拉索的调整

调整拉索位置时应当注意拉索的类型。如果拉索上有橡皮防尘套管，则将加速踏板踩到底（节气门全开）时，套管端面与限位标记之间有 0～1 mm 间隙为正常，如图 4-26（a）所示，否则需要转动调整螺母进行调整。如果拉索上没有橡皮防尘套管，则需要在节气门全关时检测和调整。使拉索罩套端面与限位标记之间有 0～1 mm 间隙为正常，如图 4-26（b）所示，否则需调整螺母。

(3) 挡位检测。挡位检测就是检查自动变速器各个挡位的工作情况是否良好，包括手动选挡、手动换挡和前进换挡等。驾驶员通过操作选挡控制阀实现换挡。若选挡控制阀处有故障，将使自动变速器不能正常工作。具体检测步骤如下：

① 首先观察选挡机构传动杆件是否变形或有干涉，各连接处是否固定良好等。再将选挡杆分别挂入每一个挡位，靠选挡杆手柄上的感觉来判断选挡机构的工作是否正常。如手柄进入某个挡位时是否灵活自如，进入挡位后手柄位置是否正确等。

② 检测空挡启动开关，查看发动机是否只在变速器选挡杆处于"N"挡，或"P"挡位

时方可启动以及倒车灯是否仅在选挡杆处于"R"挡时才接通,使倒车灯亮。

③ 检测自动变速器内的油面高度是否在规定范围之内。

④ 检测超速挡控制开关,查看自动变速器超速挡是否正常。

⑤ 检测强制挡开关,查看传感器电路部分的导线连接是否良好,强制降挡开关的安装及接通时的节气门开度是否正常。

(4)检查传动液 ATF 油位。传动液 ATF 油位高低直接影响自动变速器的工作性能。油位过低时,油泵吸入空气混入传动液后,会使油压降低,从而会导致液压阀工作失常、离合器和制动器打滑。摩擦片打滑会加速磨损和急剧升温,磨损颗粒又会污染传动液。油位过低还会加速传动液氧化,降低传动液的品质,使运动部件不能良好润滑和充分冷却,从而导致产生噪声和卡住现象。如果油位过高,当汽车高速行驶时,变速器内部压力就会升高,容易造成变速器出现漏油现象。影响传动液油位高低有油温和变速器工作情况两个因素。油温升高时,传动液膨胀,油位升高。在汽车行驶时,传动液正常工作油温为 70~80℃。所以检查油位应在变速器正常工作温度时进行。当换油或发动机不运转时,检测的油位只能作为粗略参考。变速器工作时油泵将传动液泵入液力变矩器、换挡离合器、制动器等液压元件的油道中,油底壳内油位下降,发动机熄火后,部分传动液又会流回油底壳,使油位升高。检查 ATF 油位的方法如下:

① 将车辆停放在平坦地面上并拉紧驻车制动器;

② 启动发动机怠速运转;

③ 踩下制动踏板,将选挡操纵手柄从"P"挡拨到"L"挡,使传动液油温达到正常工作温度,即 70~80℃,然后拨回到"P"挡;

④ 拉出变速器机油尺并将其擦拭干净,然后再将量油尺全部插入套管中;

⑤ 将量油尺拉出,检查油位是否处于量油尺上的"HOT"范围内,如图 4-52 所示。

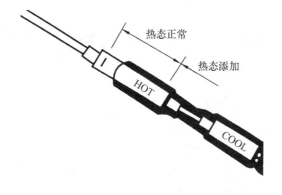

图 4-52　检查传动液 ATF 液位

**注意**：量油尺上有"COOL（冷）"、"HOT（热）"两个刻度范围。"COOL"刻度范围仅供粗略参考。"HOT"刻度范围是标准范围，检查油位必须在传动液油温达到正常温度，即 70～80℃时进行；若油位降低应当添加规定品牌的传动液，加油切勿过量，油位不得超出"HOT"范围的最高刻度；在检查油位的同时，还应检查传动液质量，如果传动液有焦味（烧焦的气味）或发黑，应换传动液。

2. 失速试验

液力变矩器失速是指涡轮因负荷过大而停转，但泵轮仍然转动的现象。

失速试验主要是检查发动机、变矩器及自动变速器中有关换挡执行元件的工作是否正常。如图 4-53 所示。

（1）将汽车停放在宽阔的水平地面上，前后车轮用三角木块塞住。
（2）拉紧驻车制动器，左脚用力踩住制动踏板。
（3）启动发动机。
（4）将操纵手柄拨入"D"挡。
（5）在左脚踩紧制动踏板的同时，用右脚将加速踏板踩到底，使节气门全开，时间不超过 5 s，在发动机转速不再升高时，迅速读取此时的发动机转速。
（6）读取发动机转速后，立即松开加速踏板。
（7）将操纵手柄拨入"P"或"N"挡，让发动机怠速运转 1 min，使自动变速器油温度降低，从而防止自动变速器油温度过高而变质。
（8）将操纵手柄拨入其他挡位（R，S，L 或 2，1），做同样的试验。

若失速转速与标准值不相符，故障原因如表 4-5 所示。

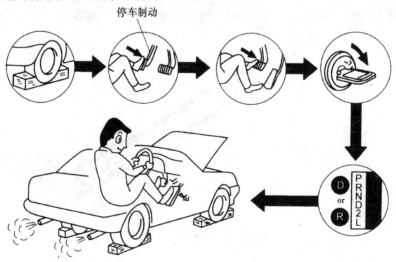

图 4-53 失速试验

不同车型的自动变速器都有其失速转速标准。大部分自动变速器的失速转速标准为 2 300 r/min 左右。若失速转速与标准值相符，说明自动变速器的油泵、主油路油压及各个换挡执行元件的工作基本正常；若失速转速高于标准值，说明主油路油压过低或换挡执行元件打滑；若失速转速低于标准值，则可能是发动机动力不足或液力变矩器有故障。例如，当液力变矩器中的导轮单向超越离合器打滑时，液力变矩器在液力耦合器的工况下工作，其变矩比下降，从而使发动机的负荷增大，转速下降。不同挡位失速转速不正常的原因详见表 4-5。

表 4-5 失速转速不正常的原因

| 操纵手柄位置 | 失速转速 | 故障原因 |
| --- | --- | --- |
| 所有位置 | 过高 | 1. 主油路油压过低；<br>2. 前进挡和倒挡的换挡执行元件打滑；<br>3. 低挡及倒挡制动器打滑 |
| | 过低 | 1. 发动机动力不足；<br>2. 变矩器导轮的单向超越离合器打滑 |
| 仅在 D 位 | 过高 | 1. 前进挡油路油压过低；<br>2. 前进离合器打滑 |
| 仅在 R 位 | 过高 | 1. 倒挡油路油压过低；<br>2. 倒挡及高挡离合器打滑 |

3. 延时试验

在发动机怠速运转时将操纵手柄从空挡拨至前进挡或倒挡后，需要有一段短暂时间的迟滞或延时才能使自动变速器完成挡位的接合（此时汽车会产生一个轻微的震动），这一短暂的时间称为自动变速器换挡的迟滞时间。如图 4-54 所示。延时试验就是测出自动变速器换挡的迟滞时间，根据迟滞时间的长短来判断主油路油压及换挡执行元件的工作是否正常。延时试验的步骤如下：

（1）让汽车行驶，使发动机和自动变速器达到正常工作温度。
（2）将汽车停放在水平地面上，拉紧手制动。
（3）检查发动机怠速。如不正常，应按标准进行调整。
（4）将自动变速器操纵手柄从空挡"N"拨至前进挡"D"，用秒表测量从拨动操纵手柄开始到感觉汽车震动为止所需的时间，该时间称为 N-D 延时时间。
（5）将操纵手柄拨至"N"挡，让发动机怠速运转 1 min 后，再做一次同样的试验。
（6）做 3 次试验，并取平均值。
（7）按上述方法，将操纵手柄由"N"挡拨至"R"挡，测量 N-R 延时时间。

大部分自动变速器 N-D 延时时间小于 (1.0～1.2)s，N-R 延时时间小于 (1.2～1.5)s。若

N-D 延时时间过长,说明主油路油压过低,前进离合器摩擦片磨损过甚或前进单向超越离合器工作不良;若 N-R 延时时间过长,说明倒挡主油路油压过低,倒挡离合器或倒挡制动器磨损过甚或工作不良。延时时间过长的原因分析如表 4-6 所示。

图 4-54 时滞试验

表 4-6 延时时间过长的原因分析

| 故障现象 | 产生原因 |
| --- | --- |
| 从"N"挡位推入"D"挡位滞后时间大于规定值 | 1. 主油路油压过低<br>2. 前进挡离合器磨损过大<br>3. 前进挡单向超越离合器打滑 |
| 从"N"挡位推入"R"挡位滞后时间大于规定值 | 1. 主油路油压过低<br>2. 倒挡离合器磨损过大<br>3. 低挡及倒挡制动器磨损过大<br>4. 超越单向离合器打滑<br>5. 超速离合器磨损 |

4. 油压检测

油压检测是在自动变速器运转时,对控制系统各个油压进行测量,为分析自动变速器的故障提供依据,以便于有针对性地进行修复。正确的油路油压是自动变速器正常工作的先决条件。油压过高,会使自动变速器出现严重的换挡冲击,甚至损坏控制系统;油压过低,会造成换挡执行元件打滑,加剧其摩擦片的磨损,甚至使换挡执行元件烧毁。对于因油压过低而造成换挡执行元件烧毁的自动变速器，如果仅仅更换烧毁的摩擦片而没有找出故障的真正原因并修复，那么换后的摩擦片经过一段时间的使用后往往会再次烧毁。因此，在分解修理自动变速器之前和自动变速器修复之后，都要对自动变速器做油压试验，以保证自动变速器的修理质量。

（1）主油路油压检测

① 前进挡主油路油压检测方法

a. 拆下变速器壳体上主油路测压孔或前进挡油路测压孔螺塞，接上油压表。

b. 启动发动机。

c. 将操纵手柄拨至前进挡"D"挡。

d. 读出发动机怠速运转时的油压。该油压即为怠速工况下的前进挡主油路油压。

e. 用左脚踩紧制动踏板，同时用右脚将油门踏板完全踩下，在失速工况下读取油压。该油压即为失速工况下的前进挡主油路油压。

f. 将操纵手柄拨至空挡或停车挡，让发动机怠速运转 1 min 以上。

g. 将操纵手柄拨至各个前进低挡（S、L 或 2、1）位置，重复①～⑥的步骤，读出各个前进低挡在怠速工况和失速工况下的主油路油压。

② 倒挡主油路油压检测方法

a. 拆下自动变速器壳体上的主油路测压孔或倒挡油路测压孔螺塞，接上油压表。

b. 启动发动机。

c. 将操纵手柄拨至倒挡"R"挡。

d. 在发动机怠速运转工况下读取油压。该油压即为怠速工况下的倒挡主油路油压。

e. 用左脚踩紧制动踏板，同时用右脚将油门踏板完全踩下，在发动机失速工况下读取油压。该油压即为失速工况下的倒挡主油路油压。

f. 将操纵手柄拨至空挡"N"，让发动机怠速运转 1 min 以上。

将测得的主油路油压与标准值进行比较。不同车型自动变速器的主油路油压都不完全相同。若主油路油压不正常，说明油泵或控制系统有故障。表 4-7 列出了主油路油压不正常的可能原因。

（2）调速器油压的检测

大部分液力控制自动变速器都可以做这项测试。在测试调速器的油压时，应当用举升器将汽车升起，或用千斤顶将驱动桥顶起，也可以接上压力表后进行路试。

① 拆下自动变速器壳体上的调速器测压螺塞，接上油压表。

② 启动发动机。

③ 将操纵手柄拨至前进挡"D"挡。

④ 松开手制动拉杆，缓慢地踩下油门踏板驱动转动。

⑤ 读取不同车速下的调速器油压。

⑥ 将测试结果与标准值进行比较。

若调速器油压太低,可能有以下原因:主油路油压太低,调速器油路泄漏,调速器工作不正常。

表 4-7 主油路油压不正常的原因

| 工况 | 测试结果 | 故障原因 |
| --- | --- | --- |
| 怠速 | 所有挡位的主油路油压均太低 | 油泵故障;主油路调压阀卡死;主油路泄漏;主油路调压阀弹簧太软;节气门阀卡滞;节气门拉索或节气门位置传感器调整不当 |
| | 前进挡和前进低挡的主油路油压均太低 | 前进离合器活塞漏油;前进挡油路泄漏 |
| | 前进挡的主油路油压正常,前进低挡的主油路油压太低 | 1挡强制离合器或2挡强制离合器活塞漏油;前进低挡油路泄漏 |
| | 前进挡主油路油压正常,倒挡主油路油压太低 | 倒挡及高挡离合器活塞漏油;倒挡油路泄漏 |
| | 所有挡位的主油路油压均太高 | 节气门拉索或节气门位置传感器调整不当;主油路调压阀卡死;节气门阀卡滞;主油路调压阀弹簧太硬;油压电磁阀损坏或线路故障 |
| 失速 | 稍低于标准油压 | 节气门拉索或节气门位置传感器调整不当;油压电磁阀损坏或线路故障;主油路调压阀卡死或弹簧太软 |
| | 明显低于标准油压 | 油泵故障;主油路泄漏 |

(3) 油压电磁阀工作的检测

电子控制自动变速器常采用油压电磁阀控制主油路油压或减振器背压。这种自动变速器可以在油压试验中人为地向油压电磁阀施加电信号,同时测量油路油压的变化,以检查油压电磁阀的工作是否正常。不同车型的电子控制自动变速器的油压电磁阀工作原理不完全相同,其检测方法也不一样。下面以雷克萨斯LS400轿车的A341E和A342E电子控制自动变速器为例,说明测试油压电磁阀工作的方法,其他车型也可以参考。

① 将油压表接至自动变速器减振器背压的测压孔。

② 对照电路图,找出自动变速器电脑线束插头上油压电磁阀控制端的接线脚,将一个8W灯泡的一脚与油压电磁阀控制端的接脚连接。

③ 将汽车停放在水平地面上,拉紧手制动拉杆,并用三角木块将4个车轮塞住。

④ 启动发动机,检查并调整好发动机怠速。

⑤ 踩住制动踏板,将操纵手柄挂入前进挡"D"挡。

⑥ 读取此时的减振器背压,其值应大于0。

⑦ 将连接油压电磁阀8W灯泡的另一脚接地,此时油压电磁阀将通电而开启。读出此时的减振器背压。

在油压电磁阀的接线脚经8W灯泡接地时,油压电磁阀将通电开启。此时减振器背压应下降为0。如有异常,说明油压电磁阀工作不良。

5. 手动换挡检测

对于电子控制自动变速器而言,为了确定故障存在的部位,区分故障是由机械系统、液压系统引起,还是由电子控制系统引起的,可进行手动换挡试验。

所谓手动换挡试验就是将电子控制自动变速器所有换挡电磁阀的线束插头全部脱开,此时电脑不能通过换挡电磁阀来控制换挡,自动变速器的换挡取决于操纵手柄的位置。不同车型的电子控制自动变速器在脱开换挡电磁阀线束插头后的挡位和操纵手柄的关系都不完全相同。

手动换挡试验的步骤如下:

(1) 脱开电子控制自动变速器的所有换挡电磁阀线束插头。

(2) 启动发动机,将操纵手柄拨至不同位置,然后做道路试验(也可以将驱动轮悬空,进行台架试验)。

(3) 观察发动机转速和车速的对应关系,以判断自动变速器所处的挡位。不同挡位时发动机转速与车速的关系可参考表4-8。由于变矩器的减速作用与传递的扭矩有关,因此表中车速只能作为参考,实际车速将随着行驶中油门开度的不同而产生一定的变化。

表4-8　自动变速器不同挡位时发动机转速和车速的关系

| 挡　位 | 发动机转速(r/min) | 车速(km/h) |
| --- | --- | --- |
| 1挡 | 2 000 | 18~22 |
| 2挡 | 2 000 | 34~38 |
| 3挡 | 2 000 | 50~55 |
| 超速挡 | 2 000 | 70~75 |

(4) 若操纵手柄位于不同位置时,自动变速器所处的挡位与表4-8相同。说明电子控制自动变速器的阀板及换挡执行元件基本上工作正常。否则,说明自动变速器的阀板或换挡执行元件有故障。

(5) 试验结束后,接上电磁阀线束插头。

(6) 清除电脑中的故障代码,防止因脱开电磁阀线束插头而产生的故障代码保存在电脑中,影响自动变速器的故障自诊断工作。

6. 自动变速器的道路试验与检查

道路试验是诊断、分析自动变速器故障最有效的手段之一。此外,自动变速器在修复之后,也应进行道路试验,以检查其工作性能,检验修理质量。自动变速器的道路试验内容主要有:检查换挡车速、换挡质量以及检查换挡执行元件有无打滑等。在道路试验之前,应先让汽车以中低速行驶 5~10 min，让发动机和自动变速器都达到正常工作温度。在试验中，如特殊需要，通常应将超速挡开关置于 ON 位置（即超速指示灯熄灭），并将模式开关置于普通模式或经济模式的位置。道路试验的方法如下。

（1）升挡检查

将操纵手柄拨至前进挡"D"位置，踩下油门踏板，使节气门保持在 1/2 开度左右，让汽车起步加速，检查自动变速器的升挡情况。自动变速器在升挡时发动机会有瞬时的转速下降，同时车身有轻微的闯动感。正常情况下，汽车起步后随着车速的升高，试车者应能感觉到自动变速器能顺利地由 1 挡升入 2 挡，随后再由 2 挡升入 3 挡，最后升入超速挡。若自动变速器不能升入高挡（3 挡或超速挡），说明控制系统或换挡执行元件有故障。

（2）升挡车速的检查

将操纵手柄拨至前进挡"D"位置，踩下油门踏板，并使节气门保持在某一固定开度，让汽车起步并加速。当察觉到自动变速器升挡时，记下升挡车速。一般 4 挡自动变速器在节气门开度保持在 1/2 时由 1 挡升至 2 挡的升挡车速为 25~35 km/h，由 2 挡升至 3 挡的升挡车速为 55~70 km/h，由 3 挡升至 4 挡（超速挡）的升挡车速为 90~120 km/h。由于升挡车速和节气门开度有很大的关系，即节气门开度不同时，升挡车速也不同，而且不同车型的自动变速器各挡位传动比的大小都不相同，其升挡车速也不完全一样，因此，只要升挡车速基本保持在上述范围内，而且汽车行驶中加速良好，无明显的换挡冲击，都可认为其升挡车速基本正常。若汽车行驶中加速无力，升挡车速明显低于上述范围，说明升挡车速过低（即过早升挡）；若汽车行驶中有明显的换挡冲击，升挡车速明显示高于上述范围，说明升挡车速过高（即太迟升挡）。

由于降挡时刻在行驶中不易察觉，因此在道路试验中一般无法检查自动变速器降挡车速，只能通过检查升挡车速来判断自动变速器有无故障。如有必要，还可检查在其他模式下或操纵手柄位于前进低挡位置时的换挡车速，并与标准值进行比较以作为判断故障的参考依据。

升挡车速太低一般是控制系统的故障所致；换挡车速太高则可能是控制系统的故障所致，也可能是换挡执行元件的故障所致。

（3）升挡时发动机转速的检查

有发动机转速表的汽车在作自动变速器道路试验时，应注意观察汽车行驶中发动机转速变化的情况。它是判断自动变速器工作是否正常的重要依据之一。在正常情况下，若自动变速器处于经济模式或普通模式，节气门保持在低于 1/2 开度范围内，则汽车在由起步加速直至升入高速挡的整个行驶过程中，发动机转速都将低于 300 r/min。通常发动机在加速至即将要升挡时的转速可达到 2 500~3 000 r/min，在刚刚升挡后的短时间内发动机转速将下降至 2 000 r/min，说明升挡时间过早或发动机动力不足；如果在行驶过程中发动机转速始终偏高，升挡前后的转速在 2 500~3 500 r/min 之间，且换挡冲击明显，说明升挡时间过迟；如果在行驶中发动机转速过高，常高于 3 000 r/min，在加速时达到 4 000~5 000 r/min，甚至更高，则说明自动变速器的换挡执行元件（离合器或制动器）打滑，应拆修自动变速器。

（4）换挡质量的检查

换挡质量的检查内容主要是检查有无换挡冲击。正常的自动变速器只能有不太明显的换挡冲击，特别是电子控制自动变速器的换挡冲击应十分微弱。若换挡冲击太大，则说明自动变速器的控制系统或换挡执行元件有故障，其原因可能是油路油压高或换挡执行元件打滑，应做进一步的检查。

（5）锁止离合器工作状况的检查

自动变速器变矩器中的锁止离合器工作是否正常也可以采用道路试验的方法进行检查。试验中，让汽车加速至超速挡，以高于 80 km/h 的车速行驶，并让节气门开度保持在低于 1/2 的位置，使变矩器进入锁止状态。此时，快速将油门踏板踩下至 2/3 开度，同时检查发动机转速的变化情况。若发动机转速没有太大的变化，说明锁止离合器处于结合状态；反之，若发动机转速升高很多，则表明锁止离合器没有结合，其原因通常是锁止控制系统有故障。

（6）发动机制动作用的检查

检查自动变速器有无发动机制动作用时，应将操纵手柄拨至前进低挡（S、L 或 2、1）位置，在汽车以 2 挡或 1 挡行驶时，突然松开油门踏板，检查是否有发动机制动作用。若松开油门踏板后车速立即随之下降，则说明有发动机制动作用；否则说明控制系统或前进强制离合器有故障。

（7）强制降挡功能的检查

检查自动变速器强制降挡功能时，应将操纵手柄拨至前进挡"D"位置，保持节气门开度为 1/3 左右，在以 2 挡、3 挡或超速挡行驶时突然将油门踏板完全踩到底，检查自动变速器是否被强制降低一个挡位。在强制降挡时，发动机转速会突然上升至 4 000 r/min 左右，并随着加速升挡，转速逐渐下降。若踩下油门踏板后没有出现强制降挡，说明强制降挡功能失效。若在强制降挡时发动机转速升高反常，达到 5 000～6 000 r/min，并在升挡时出现换挡冲击，则说明换挡执行元件打滑，应拆修自动变速器。

## 训练二　电子控制自动变速器检测仪器应用

1. 使用汽车电脑检测仪

汽车电脑检测仪分为通用型和专用型两种。

通用型汽车电脑检测仪也是一个小型电脑，它的软件中储存有各国不同车型的电控系统检测程序和数据资料，并配有各种检测插头。使用时只需将被测汽车的生产厂家名称和车辆的识别码输入汽车电脑检测仪，就能从软件中调出相应的检测程序，然后按照检测仪屏幕提示的检测步骤，将相应的故障检测插头与汽车上的电脑故障检测插座相连，即可对发动机、自动变速器、制动防抱死装置等部分的电控系统进行有选择的检测。专用型汽车电脑检测仪只能用于指定的车型,而其他厂家的车型则不能使用。

2. 汽车电脑检测仪的主要功能

(1) 读取故障代码。

(2) 进行数据传输。

(3) 清除电脑内储存的故障代码。

3. 故障代码的人工读取

目前大部分车型均可利用汽车电脑故障检测插座和仪表板上的自动变速器故障警告灯,进行故障代码的人工读取。以日本丰田汽车为例,其电子控制自动变速器人工读取故障代码的步骤如下:

(1) 检查蓄电池电压,应达到规定的数值。

(2) 打开发动机附近的汽车电脑故障检测插座罩盖,按照罩盖内所注明的各插孔的名称,用一根导线将 $TE_1$(自诊断触发端)和 $E_1$(搭铁端)两插孔相连接。如图 4-55 所示。

(3) 打开点火开关至 ON 位置,但不启动发动机。

(4) 按下超速挡开关"O/D OFF",使之置于 ON 位置,如图 4-56 所示。

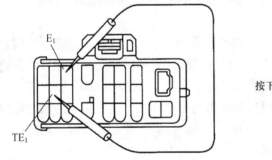

图 4-55　短接 $TE_1$ 和 $E_1$

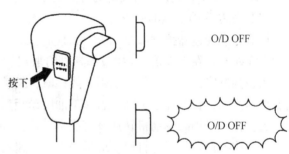

图 4-56　按下超速挡开关

(5) 根据自动变速器故障警告灯的闪亮规律读出故障代码,如图 4-57 所示。

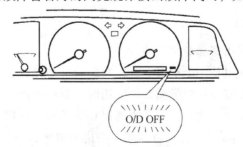

图 4-57　读取故障代码

若自动变速器电子控制系统工作正常，电脑内没有故障代码，则故障警告灯以 2 次/s 的频率连续闪亮，如图 4-58（a）所示；若自动变速器电子控制系统工作不正常，电脑内存在故障代码，则故障警告灯以 17 次/s 的频率闪亮，并将两位数的故障代码的十位数和个位数先后用故障警告灯的闪亮次数表示出来。如当故障代码为 23 时，则故障警告灯先以 1 次/s 的频率闪亮 2 次，表示故障代码的十位数为 2，然后停顿 1.5 s，再以 17 次/s 的频率闪亮 3 次，表示故障代码的个位数为 3，如图 4-58（b）所示。

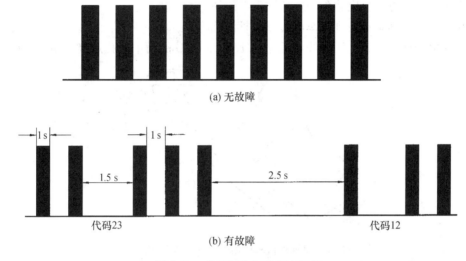

图 4-58　故障警告灯的闪亮规律

（6）读取所需的故障代码后，从检测插座上拔下连接导线，关闭点火开关。

4. 几种典型车型自动变速器故障代码的人工读取步骤

（1）通用汽车自动变速器

① 检查蓄电池电压，应达到规定的数值。

② 用导线将故障插座内的 A，B 两插孔短接，如图 4-59 所示。

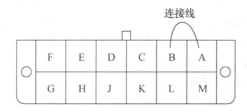

4-59　通用汽车自动变速器故障代码的读取

③ 打开点火开关。

④ 通过仪表盘上故障警告灯的闪亮规律读出自动变速器电控系统的故障代码。

⑤ 清除故障代码：打开点火开关，跨接诊断座的 A、B 脚，然后关闭点火开关，将蓄电池负极接线断开 30 s 以上，即可清除。

（2）马自达汽车自动变速器

马自达汽车的自动变速器有两种系统，一种系统为变速器拥有独立电脑（在诊断座中有 TAT 和 GND 脚），另一种与发动机共用一个电脑，无 TAT 和 GND 脚，现以前者为例。

① 检查蓄电池电压，应达到规定的数值。

② 在空气滤清器附近找到汽车电脑故障检测插座。

③ 打开检测插座罩盖，用导线将插座的 TAT 和 GND 的两个插孔短接，如图 4-60 所示。

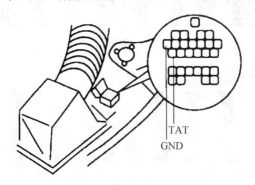

4-60 马自达汽车自动变速器故障代码的读取

④ 将变速器操作手柄置于"P"或"N"位置，打开点火开关，按下操作手柄上的保持开关。

⑤ 通过仪表盘上自动变速器保持指示灯的闪烁规律，读取出故障代码。

⑥ 清除故障代码：将点火开关置于 OFF，拆下蓄电池负极搭铁，并踩下制动踏板 20 s 以上，装回负极线，即完成故障代码的清除。进行车辆路试到车速 50 km/h 以上，猛踩加速踏板使变速器强迫作用，然后停车，再读取故障代码，如果没有任何故障代码显示，则表示系统正常。

（3）尼桑汽车自动变速器

尼桑汽车没有用于检测自动变速器故障的检测插座，在检查蓄电池电压达到规定的数值后，按下述步骤操作，读取自动变速器的故障代码。

① 将发动机运转到正常的温度。

② 关闭点火开关，让发动机熄火，操作手柄置于 P 位置。

③ 按下超速挡开关或模式开关，使之置于 ON 位置。

④ 打开点火开关，将它置于 ON 位置，此时超速挡指示灯"O/D OFF"或模式开关指示灯"POWER"会亮 2 s 后熄灭。

⑤ 关闭点火开关。
⑥ 将操作手柄拨至 D 位,然后将超速挡开关置于 OFF 位置。
⑦ 打开点火开关,将它置于 ON 位置,2 s 后将操作手柄拨至 2 位置。
⑧ 将超速挡开关置于 ON 位置,然后将操作手柄拨至 1 位置。
⑨ 将超速挡开关置于 OFF 位置。
⑩ 将加速踏板快速踩到底后放松,此时,电脑进入故障自诊断状态。通过观察仪表盘上超速挡指示灯的闪烁规律即可读出自动变速器的故障代码。
⑪ 故障代码的清除:拆下蓄电池负极线 15 s 后即可清除。
(4) 本田汽车自动变速器
① 检查蓄电池电压,应达到规定的数值。
② 在驾驶室乘员座前的仪表盘下方找出故障检测插座,并用一根导线将故障检测插座的两个插孔连接,如图 4-61 所示。
③ 打开点火开关。
④ 通过仪表盘上故障指示灯 D4 的闪烁规律,读出故障代码(4L30E 变速器通过"CHECKTRANS"灯读取)。
⑤ 清除故障代码:连接 2PIN 诊断接头,打开点火开关,拆下 BACKUF 熔断器 10 s 后再装复,再拆下 2PIN 跨接线,即可清除故障代码。

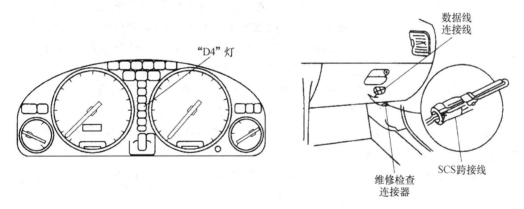

图 4-61　本田汽车自动变速器故障代码读取

## 训练三　自动变速器常见故障诊断与排除

自动变速器的常见故障有:汽车不能行驶、自动变速器打滑、换挡冲击大、升挡过迟、不能升挡、无超速挡、无前进挡、无倒挡、频繁跳挡、无发动机制动、不能强制降挡、液压油容易变质、锁止离合器无锁止及异响等。不同结构形式的自动变速器,同一故障现象,其故障原因及部位也不相同。下面仍以丰田 A43D 自动变速器为例，对其常见故障进行分析。

1. 汽车不能行驶

（1）故障现象

① 无论操纵手柄位于倒挡、前进挡或前进低挡，汽车都不能行驶。

② 冷车启动后汽车能行驶一小段路程，但稍一热车就不能行驶。

（2）故障原因

① 自动变速器油底壳被撞坏、破裂，或自动变速器散热器、油管及其接头等有漏油处，自动变速器油全部漏光。

② 操纵手柄和手动阀摇臂之间的连杆或拉索松脱，手动阀始终保持在牵挡或停车挡位置。

③ 油压电磁阀、换挡电磁阀、ECU 或线路有故障。

④ 主油路严重泄漏。油面过低、油泵进油滤网堵塞、油泵损坏或主油路、冷却系统严重漏油。

⑤ 油泵损坏、变矩器故障等。

⑥ 超速直接离合器及超速单向离合器打滑，"D1"挡位、"R"位离合器、制动器打滑。

（3）故障诊断与排除

① 拔出自动变速器的油尺，检查自动变速器油的油面高度。若油尺上没有自动变速器油，则说明自动变速器油已全部漏光，应检查油底壳、自动变速器油散热器、油管及其接口等处有无破损或松动而导致漏油。自动变速器常见漏油部位如图 4-62 所示。如有漏油处，应加以修复或更换。

② 检查自动变速器操纵手柄与手动阀摇臂之间的连杆或拉索有无松脱，如图 4-63 所示。如有松脱，应进行装复，并重新调整好操纵手柄的位置。

③ 拆下主油路测压孔上的螺塞，启动发动机，将操纵手柄拨至前进挡或倒挡位置，检查测压孔有无自动变速器油流出。

a. 若测压孔内没有自动变速器油流出，应打开油底壳，检查手动阀摇臂轴与摇臂有无松动。

b. 若测压孔内只有少量自动变速器油流出，油压很低或基本没有油压，应打开油底壳，检查油泵进油滤网有无堵塞。如无堵塞，说明油泵损坏或主油路泄漏，应拆卸分解自动变速器，进行修理。

c. 若冷车启动时主油路有一定的油压，但热车后油压即明显下降，说明油泵磨损过甚，应更换油泵。

d. 若测压孔内有大量自动变速器油喷出，说明主油路油压正常，故障出在自动变速器中的输入轴、行星排或输出轴，应拆检自动变速器。

### 任务四　汽车底盘故障诊断与排除

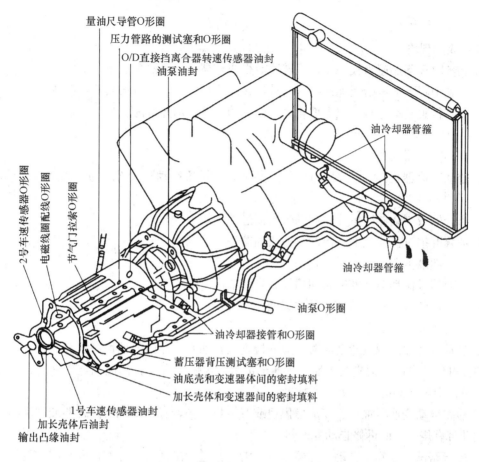

图 4-62　自动变速器常见漏油部位

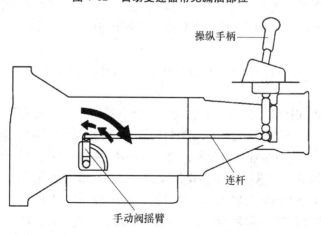

图 4-63　检查自动变速器操纵手柄与手动阀摇臂之间的连杆或拉索

2. 自动变速器打滑

（1）故障现象

① 起步时踩下加速踏板，发动机转速能很快升高但车速提高缓慢。

② 行驶中踩下加速踏板加速时，发动机转速提高但车速没有很快随之提高。

③ 平路行驶基本正常，但上坡无力，而发动机转速却异常高。

（2）故障原因

① 自动变速器内油面太低。

② 自动变速器内油面太高，运转中被行星排剧烈搅动后产生大量气泡混在自动变速器内。

③ 离合器或制动器摩擦片、制动带磨损过甚或烧焦。

④ 油泵磨损过甚或主油路泄漏，造成油路油压过低。

⑤ 单向超越离合器打滑。

⑥ 离合器或制动器活塞密封圈损坏，导致漏油。

⑦ 减振器活塞密封圈损坏，导致漏油。

（3）故障诊断与排除

① 自动变速器出现打滑现象时，应先检查其自动变速器内的油面高度和品质。若油质较好但油面过低或过高，则应先将油面调整至正常后再做检查。若油面调整正常后自动变速器不再打滑，则可不必拆检自动变速器。

② 检查自动变速器油是否变成棕黑色或有烧焦味。若有，则说明离合器或制动器的摩擦片或制动带有烧焦，应拆修自动变速器。

③ 进行路试，以确定自动变速器是否打滑，并检查出现打滑的挡位和打滑的程度。将操纵手柄拨入不同的位置，让汽车行驶。若自动变速器升至某一挡位时发动机转速突然升高，但车速没有相应地提高，即说明该挡位有打滑。根据出现打滑的规律，可以判断出具体的故障原因：

a. 若自动变速器在所有前进挡都有打滑现象，则为前进离合器打滑，应拆检并更换前进挡离合器。

b. 若自动变速器在操纵手柄位于 D 位时的 1 挡有打滑，而在操纵手柄位于 L 位或 1 位时的 1 挡不打滑，则为前进挡单向超越离合器打滑，应拆检并加以更换。若不论操纵手柄位于 D 位或 L 位或 1 位时，1 挡都有打滑现象，则为低挡及倒挡制动器打滑，应进行更换。

c. 若自动变速器只在操纵手柄位于 D 位时的 2 挡有打滑，而在操纵手柄位于 S 位或 2 位时的 2 挡不打滑，则为 2 挡单向超越离合器打滑，应拆检并加以更换。若不论操纵手柄位于 D 位或 2 位时，2 挡都有打滑现象，则为 2 挡制动器打滑，应进行更换。

d. 若自动变速器只在 3 挡有打滑现象，则为倒挡及高挡离合器打滑，应进行更换。

e. 若自动变速器只在超速挡时有打滑现象，则为超速制动器打滑，应进行更换。

f. 若自动变速器在倒挡和高挡时都有打滑现象，则为倒挡及高挡离合器打滑，应进行更换。

g. 若自动变速器在倒挡和 1 挡时都有打滑现象，则为低挡及倒挡制动器打滑，应进行更换。

（4）对于有打滑故障的自动变速器，在拆卸分解之前，应先检查自动变速器的主油路油压，自动变速器不论前进挡或倒挡均打滑，其原因往往是主油路油压过低。

若主油路油压正常，则只要更换磨损或烧焦的摩擦元件即可。若主油路油压不正常，应根据主油路油压的情况相应地对油泵或阀板进行检修，并更换自动变速器的所有密封圈和密封环。

3. 换挡冲击大

（1）故障现象

① 当汽车准备起步，操作手柄由停车挡或空挡挂入倒挡或前进挡时，汽车震动较严重。

② 车辆行驶时，在自动变速器升挡的瞬间汽车有较明显的闯动。

（2）故障原因

① 发动机怠速过高。

② 节气门拉索或节气门位置传感器调整不当，使主油路油压过高。

③ 升挡过迟。

④ 真空式节气门阀的真空软管破裂或松脱。

⑤ 主油路调压阀有故障，使主油路油压过高。

⑥ 减振器活塞卡住，不能起减振作用。

⑦ 单向阀钢球漏装，换挡执行元件（离合器或制动器）接合过快。

⑧ 换挡执行元件打滑。

⑨ 油压电磁阀不工作。

⑩ 控制电脑有故障。

（3）故障诊断与排除

① 检查发动机怠速。装有自动变速器的汽车发动机怠速一般为 750 r/min 左右。若怠速过高，则应按标准进行调整。

② 检查节气门拉索或节气门位置传感器的调整情况，如图 4-64 所示。如不符合标准，应重新进行调整。踩下加速踏板，让节气门全开。检查固定在节气门体支架上的节气门拉索端头的橡胶防尘罩和拉索上的限位块之间的距离，其标准距离为 0～1 mm。如距离不符合标准，则可松开拉索固定螺母进行调整。

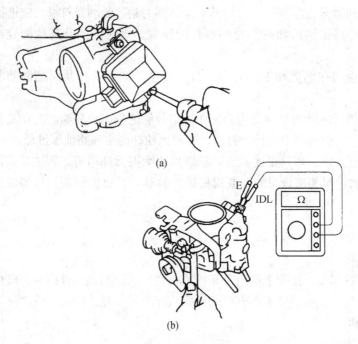

图 4-64　节气门位置传感器的调整

③ 检查真空式节气门阀的真空软管有否松脱或破裂。如有松脱或破裂，应进行接牢或更换。

④ 进行道路试验。如果在基础检验并加以正确处理之后仍有升挡过迟的现象，则说明换挡冲击大的故障是升挡过迟所致。如果在升挡之前发动机转速异常升高，导致在升挡的瞬间有较大的换挡冲击，则说明离合器或制动器打滑，应分解自动变速器，视具体情况进行修理。

⑤ 检测主油路油压。如果基础检验正常后，急速时的主油路油压过高，则说明主油路调压阀或节气门阀有故障，可能是调压弹簧的预紧力过大或阀芯卡滞所致，应拆检并视情况进行修复或更换。如果急速时主油路油压正常，但起步进挡时有较大的冲击，则说明前进离合器或倒挡及高挡离合器的进油单向阀阀球损坏或漏装。对此，应拆卸阀板，进行修理，如图4-65 所示。

⑥ 检测换挡时的主油路油压。在正常情况下，换挡时的主油路油压会有瞬时的下降。如果换挡时主油路油压没有下降，则说明减振器活塞卡滞。对此，应拆检阀板和减振器。

4. 升挡过迟

（1）故障现象

① 在汽车行驶中，升挡车速明显高于标准值，升挡前发动机转速偏高。

② 必须采用松油门提前升挡的操作方法，才能使自动变速器升入高挡或超速挡。

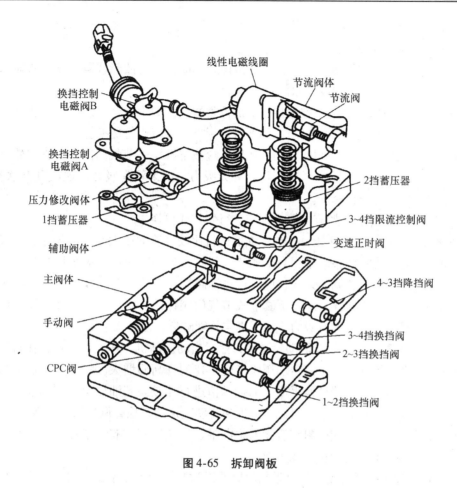

图 4-65 拆卸阀板

(2) 故障原因
① 节气门拉索或节气门位置传感器调整不当。
② 节气门位置传感器损坏。
③ 调速器卡滞。
④ 调速器弹簧预紧力过大。
⑤ 调速器壳体螺钉松动或输出轴上的调速器进出油孔处的密封环磨损,导致调速油路泄漏。
⑥ 真空式节气门阀推杆调整不当。
⑦ 真空式节气门阀的真空软管松脱、破裂或真空膜片室漏气。
⑧ 主油路油压或节气门油压太高。
⑨ 强制降挡开关短路。

⑩ 电脑或传感器有故障。

（3）故障诊断与排除

① 对于电子控制自动变速器，应先进行故障自诊断。如有故障代码，则按所显示的故障代码查找故障原因，并逐一加以排除。

② 检查节气门拉索或节气门位置传感器的调整情况。如不符合标准，则应进行调整。

③ 测量节气门位置传感器的电阻。如不符合标准，则应进行更换。

④ 对于采用真空式节气门阀的自动变速器，应拔下真空式节气门阀上的真空软管，检查在予修复或更换。发动机运转中真空软管内有无吸力。如果没有吸力，说明真空软管破裂、松脱或堵塞。对此，应进行修复。

⑤ 检查强制降挡开关。如有短路，则应进行修复或更换。

⑥ 测量急速时的主油路油压，并与标准值进行比较。若油压太高，应先通过节气门拉索或节气门位置传感器进行调整。采用真空式节气门阀的自动变速器，应采用减少节气门阀推杆长度的方法进行调整。若调整无效，应拆检主油路调压阀或节气门阀，视情况给对于采用真空式节气门阀的自动变速器，应拔下真空式节气门阀体的真空软管，检查在发动机运转中真空软管内有无吸力。如果没有吸力，说明真空软管破裂、松脱或堵塞。

⑦ 用举升器将汽车升起，让驱动轮悬空，然后启动发动机，挂上前进挡，让自动变速器运转，同时测量调速器油压，调速器油压应能随车速的升高而增大。将不同转速下测得的调速器油压与本车型自动变速器维修手册上的标准值进行比较。若油压值低于标准值，说明调速器有故障或调速器油路有泄漏。对此，应拆卸自动变速器，检查调速器固定螺栓有无松动、调速器油路上的各处密封圈或密封环有无磨损漏油、调速器阀芯有无卡滞或磨损过甚、调速弹簧是否太硬等，视情况进行修复或更换。

⑧ 若调速器油压正常，则升挡过迟的故障原因为换挡阀工作不良。对此，应拆检或更换阀板。

⑨ 若经上述诊断仍然升挡过迟，则更换一个新的控制电脑再进行测试。

5. 不能升挡

（1）故障现象

① 汽车行驶中自动变速器始终保持在1挡，不能升入2挡及高速挡。

② 行驶中自动变速器可以升入2挡，但不能升入3挡和超速挡。

（2）故障原因

① 节气门拉索或节气门位置传感器调整不当。

② 调速器有故障。

③ 调速器油路严重泄漏。

④ 车速传感器有故障。

⑤ 2 挡制动器或高挡离合器有故障。
⑥ 换挡阀卡滞。
⑦ 挡位开关有故障。

(3) 故障诊断与排除

① 对于电子控制自动变速器，节气门位置传感器、车速传感器等工作不良，信号不准或无信号，均影响换挡控制，应先进行故障自诊断，按所显示的故障代码查找故障原因，视情况进行修复或更换。

② 按标准重新调整节气门拉索或节气门位置传感器。

③ 检查车速传感器。如有损坏，应进行更换。

④ 检查挡位开关的信号。如有异常，应进行调整或更换。

⑤ 测量调速器油压。若车速升高后调速器油压仍为 0 或很低，则说明调速器有故障或调速器油路严重泄漏，应拆检调速器。调速器阀芯如有卡滞，应分解清洗，并将阀芯和阀孔用金相砂纸抛光。若清洗抛光后仍有卡滞，应更换调速器。

⑥ 用压缩空气检查调速器油路有无泄漏。如有泄漏，应更换密封圈或密封环。

⑦ 若调速器油压正常，应拆卸阀板，检查各个换挡阀，换挡阀如有卡滞，可将阀芯取出，用金相砂纸抛光，清洗后再装入。如不能修复，应更换阀板。

⑧ 若控制系统无故障，应分解自动变速器，检查各个换挡执行元件有无打滑，用压缩空气检查各个离合器、制动器油路或活塞有无泄漏。

6. 无超速挡

(1) 故障现象

① 在汽车行驶中，车速已升高至超速挡工作范围，但自动变速器仍不能从 3 挡换入超速挡。

② 在车速已达到超速挡工作范围后，采用提前升挡（即松开加速踏板几秒后再踩下）的方法也不能使自动变速器升入超速挡。

(2) 故障原因

① 超速挡开关有故障。

② 超速电磁阀有故障。

③ 超速制动器打滑。

④ 直接离合器或直接单向超越离合器卡死。

⑤ 挡位开关有故障。

⑥ 自动变速器油温度传感器有故障。

⑦ 节气门位置传感器有故障。

⑧ 3～4 换挡阀卡滞。

(3) 故障诊断与排除

① 对于电子控制自动变速器，应先进行故障自诊断，检查有无故障代码。自动变速器油温度传感器、节气门位置传感器、超速电磁阀等部件工作不良，都会影响超速挡的换挡控制。如有故障代码，按显示的故障代码查找故障原因。

② 检查自动变速器油温度传感器在不同温度下的电阻值，并与标准值进行比较。如有异常，应更换自动变速器油温度传感器。

③ 检查挡位开关和节气门位置传感器的信号。

挡位开关的信号应和操纵手柄的位置相符。节气门位置传感器的电阻或输出电压应能随节气门的开大而上升，并与标准值相符。如有异常，应加以调整；若调整无效，应进行更换。

④ 检查超速挡开关。在 ON 位置时，超速挡开关的触点应断开，超速挡指示灯不亮；在 OFF 位置时，超速挡开关的触点应闭合，超速挡指示灯应亮，如有异常，应检查电路或更换超速挡开关。

⑤ 检查超速电磁阀的工作情况。打开点火开关，但不要启动发动机，在按下超速挡开关时，检查超速电磁阀是否工作。如果超速电磁阀不工作，应检查控制线路有无断路或松脱，有则加以修复。若超速电磁阀损坏，应进行更换。

⑥ 用举升器将汽车升起，让驱动轮悬空。启动发动机，让自动变速器以前进挡工作，检查在空载状态下自动变速器的升挡情况：

a. 如果在空载状态下自动变速器能升入超速挡，且升挡车速正常，说明控制系统工作正常，不能升挡的故障原因为超速制动器打滑，在有负荷的状态下不能升入超速挡，应拆检超速制动器，视情况进行修复或更换。

b. 如果能升入超速挡，但升挡后车速不能提高，发动机转速下降，说明超速行星排中的直接离合器或直接单向超越离合器卡死，使超速行星排在超速挡状态下出现运动干涉，加大了发动机运转阻力。应拆检直接离合器和直接单向超越离合器，视情况进行修复或更换。

c. 如果在无负荷状态下仍不能升入超速挡，说明控制系统有故障。对此，应拆卸阀板，检查 3~4 换挡阀。如有卡滞，可将阀芯拆下，进行清洗并抛光。如不能修复，应更换阀板总成。

自动变速器还有很多其他的故障，可根据实际情况进行检测和排除。

## 训练四　电子防抱死制动系统故障

电子防抱死制动系统（ABS）是根据汽车在汽车电子控制防抱死制动系统（不同的车轮滑移率下所对应的轮胎与地面间的摩擦系数）的变化情况而研制的汽车安全制动系统。它可以根据路面状况，将车轮的滑移率控制在某一范围（20%）之内，从而使制动时的轮胎的附着力保持在最佳状态，充分发挥制动效能，使汽车具行良好的抗侧滑能力和操纵能力，并获得较短的制动距离，以有效地降低交通事故的发生，提高车辆行驶的安全性。

1. 故障诊断和检查的一般方法和步骤

汽车行驶过程中，当 ABS 发生故障时，通常可采用以下的基本方法和步骤。

（1）直观检查

直观检查是在 ABS 出现故障或感觉到系统工作不正常时采用的初步检查方法。检查内容如下。

① 制动液面是否在规定的范围之内。
② 检查所有继电器、熔断器是否完好，插接是否牢固。
③ 检查电子控制装置导线的插头、插座是否连接良好，有无损坏，搭铁是否良好。
④ 检查蓄电池电压是否符合规定。
⑤ 控制单元、车轮转速传感器、电磁阀体、制动液面指示灯开关导线插头、插座和导线的连接是否良好。
⑥ 检查车轮转速传感器传感头与齿圈间隙是否符合规定，传感器头有无脏污。
⑦ 检查驻车制动杆是否完全释放。

（2）利用随车自诊断系统诊断法

ABS 一般都具有故障自诊断功能，电子控制单元工作时能对自身和系统中的有关电器元件进行测试。如果电子控制单元发现系统中存在故障，一方面使 ABS 警示灯点亮，中断 ABS 工作，恢复常规制动系统；另一方面会将故障信息以代码的形式存入存储器中，然后在检修时由修理人员将故障代码调出（读出），以便了解故障情况。

（3）快速检查

快速检查一般是在自诊断基础上进行的，它是利用示波器或数字万用表等，对系统的电路和元器件进行连续测试，以查找故障的方法。

2. 有故障代码的诊断与排除，以桑塔纳 2000GSi 型轿车 ABS 为例。

（1）ABS 液压泵工作不良

① 故障现象

a. ABS 指示灯亮。
b. 制动时 ABS 工作不起作用。
c. 故障代码显示 01276。

② 故障原因

a. 电源线路短路或搭铁。
b. 电动机线束松脱。
c. 电机损坏。

③ 故障诊断与排除

a. 将电动机线束插头拔下,将蓄电池电源直接接到电动机插头上,看电动机是否工作。若电动机不工作,则更换液压控制单元。如图 4-66 所示。

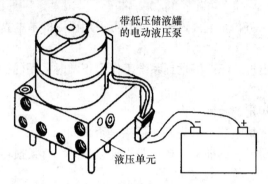

图 4-66　检查电动机是否正常工作

b. 检查熔断器和 ABS 与 ECU 接头,若熔断器烧断需更换,线束接触不良应更换。

c. 连接电动机线束,点火开关打到"ON"挡,清除故障代码,利用 V.A.G1552 做液压控制单元诊断。若故障重现,则需要更换 ECU。

(2) 左前轮、右前轮传感器信号不良

① 故障现象

a. ABS 指示灯亮。

b. 制动时 ABS 工作不良。

c. 故障代码显示 00283,00285。

② 故障原因

a. 前轮传感器插接器或线圈开路。

b. 前轮传感器线圈短路。

c. 前轮传感器插头或线束搭铁或电源短路。

d. ABS ECU 前轮传感器信号处理电路有故障。

e. 前轮传感器漏装,间隙过大。

③ 故障诊断与排除

a. 检查前轮传感器是否漏装。

b. 检查前轮传感器信号电压。以 30 r/min 的速度转动前轮,用数字万用表或示波器测量前轮传感器的输出电压,若电压不符合标准值应更换前轮传感器。标准值:70~310 mV(数字万用表测量);3.4~14.8 mV/Hz(示波器测量)。如图 4-67(a)所示。

c. 测量前轮传感器电阻值。拔下前轮传感器的线束插头,用数字万用表测量前轮传感器电阻值,如图 4-67(b)所示,标准值:1.0~1.3 kΩ 如电阻值不符合要求应更换。

d. 检查前轮传感器与齿圈的气隙。用非磁性塞尺,在前轮齿圈上取 4 点,测量齿圈与前轮传感器之间的间隙，间隙应符合要求。标准值：1.10～1.97 mm。

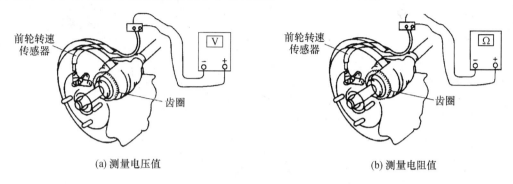

(a) 测量电压值　　　　　　　　　(b) 测量电阻值

图 4-67　测量前轮传感器信号

e. 检查前轮轴承摆动量。将汽车前端举起，使前轮离地，用双手转动前轮，感觉前轮的摆动是否异常。若前轮轴承间隙过大，则要检查前轮齿圈的轴向摆差，应符合要求。若摆差过大，需更换前轮轴承。标准值 <0.3 mm。

f. 检查前轮齿圈。前轮齿圈若有变形、断齿等现象，应更换前轮齿圈，前轮齿圈若被泥、脏物等异物堵塞，应清除前轮齿圈空隙中的异物。

g. 检查左右前轮传感器线束的导通性。用数字万用表的欧姆挡测量左前轮传感器插头的 1、2 孔分别与 ABS ECU 插头的 11、4 端子之间的阻值。标准值 <0.5 Ω。用数字万用表的欧姆挡测量右前轮传感器插头的 1、2 孔分别与 ABS ECU 插头的 3、18 端子之间的阻值。标准值 <0.5 Ω。如图 4-68 所示。

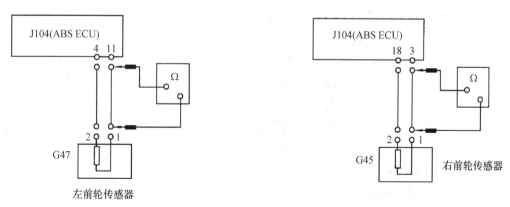

图 4-68　检查左右前轮传感器线束的导通性

（3）右后轮、左后轮传感器信号不良

① 故障现象

a. ABS 指示灯亮。

b. 制动时 ABS 工作不良。

　　c. 故障代码显示 00287，00290。

　② 故障原因

　　a. 后轮传感器插接器或线圈开路。

　　b. 后轮传感器线圈短路。

　　c. 后轮传感器插头或线束搭铁或电源短路。

　　d. ABS ECU 后轮传感器信号处理电路有故障。

　　e. 后轮传感器漏装，间隙过大。

　③ 故障诊断与排除

　　a. 检查后轮传感器是否漏装。

　　b. 检查后轮传感器信号电压。以 30 r/min 的速度转动后轮，用数字万用表或示波器测量后轮传感器的信号输出电压，若电压值不符合标准值应更换后轮传感器。标准值 > 260 mV（数字万用表测量）；> 12.2 mV/Hz（示波仪测量）。

　　c. 测量后轮传感器电阻值。拔下后轮传感器的线束插头，用数字万用表测量后轮传感器电阻值，电阻值不符合要求应更换。标准值：$1.0 \sim 1.3 \text{ k}\Omega$。

　　d. 检查后轮传感器与齿圈的间隙。用非磁性塞尺，在后轮齿圈上取 4 点，测量齿圈与后轮传感器之间的间隙，间隙应符合要求。标准值：$0.42 \sim 0.80 \text{ mm}$。

　　e. 检查后轮轴承径向跳动量，举升起后轮，使其离地，用双手转动后轮，感觉后轮的径向跳动量是否异常。若后轮轴承径向间隙过大，则要检查后轮轴承的径向圆跳量是否符合要求。若跳动量过大，需更换后轮轴承或调整后轮轴承的间隙。标准值 < 0.05 mm。

　　f. 检查后轮齿圈。后轮齿圈若有变形、断齿等现象，应更换后轮齿圈。后轮齿圈若被泥、脏物等异物堵塞，应清除后轮齿圈空隙中的异物。

　　g. 检查后轮传感器线束的导通性。用数字万用表的欧姆挡测量左后轮传感器插头 1，2 孔分别与 ECU 插头 2，10 端子之间的电阻值。其值应符合标准值，否则线束有短路或断路故障。标准如图 4-67 所示。

　　用数字万用表的欧姆挡测量右后轮传感器插头的 1，2 孔分别与 ABS ECU 插头的 1，17 端子之间的电阻值。其值应符合标准值，否则线束有短路或断路故障。标准值 $\leq 0.50 \text{ }\Omega$。对有短路或断路故障的线束，应加以修理或更换。

　3. 无故障代码的诊断与排除

　　桑塔纳 2000GSi 轿车 ABS 有时没有故障显示，但 ABS 有故障，常表现的故障现象有开关转到"ON"（发动机熄火状态），ABS 警告灯不亮；发动机启动后，ABS 警告灯常亮，制动踏板行程过长；制动时需用很大的力踩制动踏板且 ABS 工作异常。

　（1）点火开关转到"ON"，而 ABS 警告灯不亮

① 故障现象

a. 打开点火开关，ABS 警告灯不亮。

b. 无故障代码显示。

② 故障原因

a. 熔断器烧毁。

b. ABS 警告灯灯泡烧毁。

c. 电源线路断路。

d. ABS 警告灯控制器损坏。

③ 故障诊断与排除

a. 检查中央电器盒内的 ABS 警告灯熔断器是否正常。若不正常，则更换。若正常，则检查央电器盒熔断器插座，若不正常，则修理或更换。

b. 若中央电器盒熔断器插座正常，拆下 ABS 接头点火开关：在"ON"状态警告灯是否亮，若亮，则检查 ABS 线束中央连接 ABS 警告灯控制器和 ECU 的电线是否短路搭铁，若短路搭铁，则更换线束。

c. 拆开 ABS ECU 插头点火开关：若在"ON"状态警告灯不亮，则检查 ABS 警告灯灯泡是否烧毁，若烧毁，则更换灯泡。

d. 若灯泡良好，则检查 ABS 线束中警告灯电源回路和搭铁回路是否开路。若开路，则更换线束。

e. 若线束正常，则检查警告电源同路及搭铁回路插接器，若不正常，则更换插接器。

f. 若正常，则看故障是否再现，若再现，则更换警告灯控制器。

（2）发动机启动后，ABS 警告灯常亮

① 故障现象

a. ABS 警告灯常亮。

b. 无故障代码显示。

② 故障原因

a. 警告灯控制器损坏。

b. ABS 警告灯控制器回路开路。

c. ABS ECU 损坏。

③ 故障诊断与排除

a. 检查 ECU 和 ABS 警告灯控制器之间的电线是否开路，若开路，则更换线束。

b. 检查 ABS 警告灯控制器，若不正常，则更换。

c. 若 ABS 警告灯控制器正常，则更换 ABS ECU。

（3）制动踏板工作行程过长

① 故障现象

a. 制动踏板有下垂现象。

b. 无故障代码显示。

② 故障原因

a. 制动液有渗漏。

b. 常闭阀（出油阀）泄漏。

c. 制动盘严重磨损。

d. 系统中有空气。

e. 驻车制动调整不当。

③ 故障诊断与排除

a. 目视检查液压管接头是否泄漏，若泄漏，则应进行排除。

b. 检查制动盘磨损情况，若磨损过甚，则更换制动盘。

c. 检查驻车制动调节装置是否正常，若不正常，则更换。

d. 以上检查正常，则进行排气检查。

e. 以上检查后若故障仍存在，则用 V. A. G1552 液压控制单元诊断检查常闭阀密封性能。若不正常更换 ECU。

（4）需用很大的力踩制动踏板

① 故障现象

a. 制动时感觉制动踏板有较大阻力。

b. 无故障代码显示。

② 故障原因

a. 真空助力器工作不正常。

b. 常开阀（进油阀）工作不正常。

③ 故障诊断与排除

a. 用传统方法检查助力器和制动踏板行程是否正常。否则，应加以调整或修理。

b. 用 V. A. G1552 液压控制单元诊断检查常开阀。若不正常，则更换 ECU。

c. 若常开阀正常，则按非 ABS 车的传统方法检查助力器与踏板行程。

（5）ABS 工作异常

① 故障现象

a. 无故障代码显示。

b. 制动力不足。

c. 制动力不均。

d. ABS 工作异常。

② 故障原因

a. 传感器安装不当。

b. 传感器线束有问题。
c. 传感器损坏。
d. 齿圈损坏。
e. 传感器粘附异物。
f. 车轮轴承损坏。
g. ABS ECU（液压控制单元）损坏。
h. ABS ECU（电子控制单元）损坏。
③ 故障诊断与排除
a. 检查传感器安装是否正确。
b. 检查传感器输出电压。若电压不正常，则检查各个传感器，若传感器不正常，则进行更换。
c. 用 V. A. G1552 对液压控制单元诊断。若不正常，则更换 ABS ECU。
d. 检查各个传感器齿圈，若不正常，则进行更换。
e. 若各个传感器齿圈正常，则检查车轮轴承间隙。若不正常，则进行修理或更换。
f. 检查 ABS ECU 插座及中间插接器，若不正常进行修理或更换。
g. 若以上检查正常故障仍出现，检查 ABS 电线束各接线柱间的电阻值是否符合标准值。若不符，则更换 ABS ECU。

## 任务思考

1. 如何对离合器打滑故障进行诊断并排除？
2. 为什么要进行汽车自动变速器失速试验，其操作方法如何？
3. 如何对万向传动装置的异响故障进行诊断和排除？
4. 如何对转向系统进行检测？
5. 汽车电控悬架故障诊断的方法有哪些？

# 任务五  汽车电气设备的故障诊断与排除

## 任务目标

通过对汽车电气设备的故障现象、故障原因的分析,掌握汽车电气设备常见故障的排除方法,并在训练项目中熟练掌握汽车电气设备故障检测仪器和设备的使用方法。

## 任务资讯

### 资讯一  充电系统的故障诊断与排除

汽车充电系统由交流发电机、蓄电池、调节器及电流表(或充放电指示装置)等组成。现代汽车普遍使用交流发电机(硅整流发电机)、晶体管调节器、充电指示灯(无电流表)等电气设备。

充电系统的故障主要有充电指示灯不亮、不充电,充电电流异常和发电机异响等。

#### 一、充电指示灯故障诊断与排除

1. 接通点火开关,充电指示灯不亮

以丰田车为例,如图5-1所示。

(1) 故障现象

接通点火开关后,充电指示灯不亮。

(2) 故障原因

① 熔断器烧断,或连接线松动。

② 充电指示灯的灯泡烧毁。

③ 充电指示灯的继电器触点 $K_1$ 接触不良,或触点 $K_2$ 黏结。

④ 连接 L 的导线断路。

(3) 故障诊断与排除

① 检查熔断器是否烧断,连接线是否松动。如这些均良好,则进行下一步检查。

② 将调节器的接线插座拔开,取出指示灯引线,接通电源开关,用此引线搭铁试验。

③ 如充电指示灯亮,说明充电指示灯的灯泡良好,故障是因充电指示灯继电器的触点接触不良或调节器内部搭铁不良引起的。

2. 发动机启动后，转速已提高，充电指示灯不熄灭

（1）故障现象

发动机以中速以上的转速运转时，充电指示灯不熄灭。

（2）故障原因

① 插头或导线连接处松动或断路。

② 充电指示灯线路的某处搭铁。

③ 充电指示灯继电器调整不当或触点因黏结而不能分开。

④ 连接 B、S、L 的导线断路。

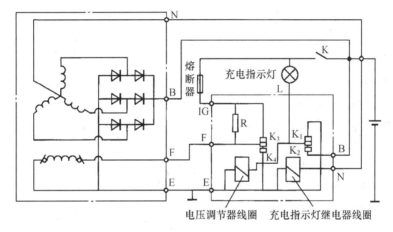

(a) 双联触点式调节器电路

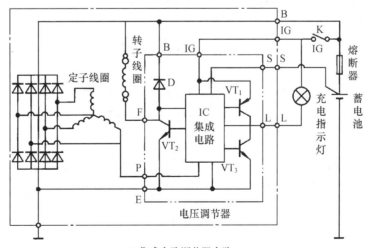

(b) 集成电路调节器电路

图 5-1　丰田汽车采用的两种充电指示灯控制电路

（3）故障诊断与排除

应首先判断发电机是否正常发电。如可正常发电而充电指示灯不熄灭，则可拆下调节器盖，检查调节器触点是否黏结。可将触点分开后进行试验，如分开后充电指示灯熄灭，则说明调节器调整不当或触点黏结；如分开后充电指示灯仍不熄灭，则应进一步检查有无搭铁之处。

## 二、不充电故障诊断

1. 不充电（充电指示灯不熄灭）

（1）故障现象

发动机以高于怠速的转速运转时，充电指示灯不熄灭（对装有电流表的充电系统，电流表会指示放电，并且蓄电池会很快亏电）。

（2）故障原因

① 充电电路的故障：发电机"F"或"D"接线柱搭铁；发电机"F"接线柱至调节器"D"接线柱之间的线路有搭铁。

② 发电机的故障：电枢绕组有短路、断路或搭铁；磁场绕组有短路或搭铁；整流二极管有断路或短路等。

③ 调节器的故障：单触点调节器的触点接触不良；双触点调节器的高速触点黏结；触点式调节器的弹簧过软或断脱；电子调节器内部的电路搭铁等。

④ 机械故障：发电机安装松动或传动带因磨损而打滑。

（3）故障诊断与排除

① 检查发电机传动带是否松动打滑，如图5-2所示，同时检查是否沾有油污而打滑，如果有，则进行排除；否则进行下一步操作。

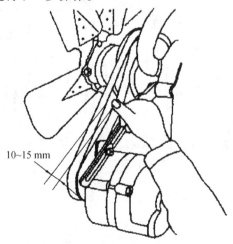

图5-2 皮带的松紧度检查

② 检查有关线路有无搭铁，直观检查有关线路、线束有无破损搭铁。此外，还需用万用表进行检查。拆下发电机"F"、"B"接线柱与调节器"F"、"B"接线柱上的导线，测量"F"和"B"导线端子与接地之间的电阻，正常时应为无穷大。如果电阻为零或很小，则为线路搭铁或有漏电故障，应进行修理或更换；如果无搭铁，则进行下一步操作。

③ 检查发电机是否正常发电，其办法是：对触点式调节器，拆下调节器"F"和"火线"接线柱上的导线，另用导线短接发电机上的"F"与"D+"或"B"（短路调节器）接线柱；对内搭铁式集成电路调节器，用导线短接"F"与"B"接线柱，对外搭铁式集成电路调节器，用导线短接"$F_1$"与"E"接线柱。然后使发动机在急速以上的转速下运转，检查充电指示灯是否熄灭。

如果能熄灭，说明发电机能正常发电，需检查或更换调节器；如果充电指示灯仍不熄灭，则发电机有故障，应对其进行检修或更换。

**说明**：有些用继电器控制充电指示灯的充电系统，在出现充电指示灯不熄灭故障时，并不一定存在不充电的故障。例如，如图 5-1 (a) 所示的充电指示灯控制电路，若充电指示灯继电器线圈或连接发电机中性点的导线有断路或短路，就会造成充电指示灯不熄灭，但充电系统仍可以正常充电。而如图 5-1 (b) 所示的充电指示灯控制电路，同样的故障则会使充电指示灯在不熄灭的同时，造成充电电流过大（发电机电压失控）。

2. 不充电（充电指示灯不亮）

（1）故障现象

接通点火开关时，充电指示灯不亮，并且蓄电池会很快亏电。

（2）故障原因

① 充电电路的故障：点火开关至发电机"F"接线柱线路有断路；熔断器烧断（发电机激磁回路有熔断器保护的充电电路）。

② 发电机的故障：磁场绕组有断路；电刷与滑环严重接触不良。

③ 调节器的故障：单触点调节器的触点严重接触不良；电子调节器的开关三极管断路或其内部电路有故障而致使开关三极管不能导通。

④ 充电指示灯已烧坏。

（3）故障诊断与排除

① 检查连接发电机励磁回路的熔断器（若有的话），如果已烧断，则将其更换。接通点火开关后，测量调节器"火线"接线柱或"D"接线柱对地的电压。若此电压为 0 V，则应检查调节器"火线"或"D"接线柱至点火开关的线路有无断路及充电指示灯是否已烧坏；若此电压为蓄电池电压，则进行下一步操作。

② 在接通点火开关时，测量调节器的"F"接线柱对地的电压。若电压为 0 V 或很低，则需检修或更换调节器；若此电压为蓄电池电压，则进行下一步操作。

③ 在接通点火开关时，测量发电机的"F"接线柱对地的电压。若电压为 0 V，则需检修发电机至调节器之间的电路；若此电压为蓄电池电压，则需检修发电机。

**说明：** 有些用继电器控制充电指示灯的充电系统，在出现充电指示灯不亮的故障时，并不一定就不充电。例如图 5-1（b）所示的充电指示灯控制电路，若充电指示灯继电器的触点接触不良，也会造成充电指示灯不亮，但充电系统仍可正常充电。

### 三、充电电流过大或过小

1. 充电电流过大

（1）故障现象

汽车的各种灯泡易烧毁；蓄电池的电解液消耗过快，装有电流表的充电系统，电流表始终指示 10 A 以上的充电电流。

（2）故障原因

① 调节器故障：双触点式调节器的电磁线圈短路或断路，或高速触点接触不良，或弹簧张力过大或气隙不当而使调节电压值过大，致使调节器失调；电子调节器的开关三极管短路或其他电子元件有故障而使开关三极管不能截止。

② 充电系电路故障：双触点式调节器搭铁不良（搭铁线断脱）；电子调节器接线有错误。

（3）故障诊断与排除

检查调节器与发电机的连接线路是否有错误或调节器的搭铁是否良好，若线路无问题，则应检修或更换调节器。

2. 充电电流过小

（1）故障现象

充电指示灯能熄灭或在较高的转速下才能熄灭；充足电的蓄电池很容易出现亏电；在夜间前照灯亮度低的情况下，电流表指示的充电电流在 0 以下，或发动机在中速以上时，打开前照灯，电流表即指示放电。

（2）故障原因

① 充电线路连接不良，致使接触电阻过大。

② 发电机故障：磁场绕组有局部短路；电刷与滑环接触不良；电枢绕组有断路或短路，或整流二极管有短路或断路。

③ 调节器故障：双触点式调节器因弹簧过软而使调节电压过低，或其低速触点接触不良；电子调节器的电子元件性能变化而使调节电压值下降。

④ 发电机的传动带打滑。

（3）故障诊断与排除

① 检查发电机传动带的松紧度及充电线路的连接状况。如果传动带过松，将其调整至适

当程度；如果线路连接处有松动，则将其紧固。

② 检查发电机能否正常发电，其方法是：对双触点式调节器，拆下调节器"F"接线柱上的导线，并另用导线连接发电机上的"F"接线柱与"D+"或"B"（短路调节器）接线柱；对内搭铁式集成电路调节器，连接"F"接线柱与"B"接线柱，对外搭铁式集成电路调节器，用导线短接 $F_1$ 与"E"接线柱。然后慢慢提高发动机的转速，并测量发电机"D"或"B"接线柱对地的电压。如果此电压能随发电机转速的升高而上升至调节电压值，则说明发电机正常，应检修或更换调节器；如果发电机转速升高时，电压变化很小，在发动机转速很高时也达不到调节电压值，则说明发电机有故障，应对其进行检修。

**说明**：如果检查发电机、调节器及线路等均无故障，但蓄电池很容易出现亏电，则可能是蓄电池极板硫化，应检查或更换蓄电池。

## 四、充电电流不稳

1. 故障现象

充电指示灯忽明忽暗、变化不定（装有电流表的汽车，电流表指针会来回摆动）。

2. 故障原因

（1）发电机故障：电刷与滑环接触不良；内部导线连接处松动。
（2）调节器故障：双触点式调节电阻断路；电子调节器的元件松动或搭铁不良。
（3）电路故障：充电系统有关线路的连接处松动。
（4）发电机传动带较松，有时会打滑。

3. 故障诊断与排除

（1）检查发电机传动带的松紧度及线路连接，必要时进行调节和紧固。
（2）采用与上述相同的方法将调节器短路，使发动机保持高怠速运转。如果充电指示灯忽明忽暗的现象消失，则说明发电机无故障，应检修或更换调节器；如果充电指示灯仍有忽明忽暗的现象，则需检修发电机。

## 五、发电机运转时有异响

1. 故障现象

发电机在运转过程中有不正常噪声。

2. 故障原因

（1）风扇皮带过紧或过松。
（2）发电机轴承损坏被卡住或松旷缺油，轴承钢球护架脱落等。

(3) 发电机转子与定子相碰,即"扫膛"。
(4) 电刷磨损过大,或电刷与集电环接触角度偏斜,电刷在电刷架内倾斜摆动。
(5) 发电机总装时部件不到位,使机体倾斜或发电机电枢轴弯曲。
(6) 发电机传动带轮与轴松旷,使传动带轮与散热小风扇碰撞。

3. 故障诊断

(1) 检查风扇皮带松紧度。
(2) 检视发电机传动带轮与发电机安装是否松旷。
(3) 用手触摸发电机外壳和轴承部位,若有烫手感说明定子与转子相碰或轴承损坏。
(4) 用听诊器探听发电机轴承部位,若有不规则清脆响声,则说明轴承缺油或滚珠已损坏。
(5) 拆出电刷,观察并检测其完好程度,若磨损过大,则会导致接触不良故障。
(6) 检查发电机内部机件的配合及润滑情况,检查二极管和磁场线圈有无短路或断路。

## 资讯二  启动系统的故障诊断与排除

汽车启动系一般包括蓄电池、启动机、启动继电器、点火开关、导线等,如图5-3所示。有防盗系统的汽车还会装备启动防盗系统。

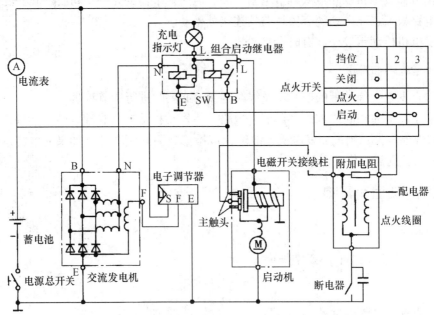

图 5-3  东风 EQ1090 型汽车启动电路

发动机启动时，启动电流很大，启动机在大负荷下工作，易产生故障。常见的故障有：启动机不转、启动机运转无力、启动机空转、启动机异响等。

1. 启动机不转

（1）故障现象

接通启动开关，启动机不转。

（2）故障原因

① 蓄电池电容量不足，或各导线连接松动、接线柱脏污接触不良。
② 启动电磁开关线圈断路或接触盘接触不良。
③ 启动继电器触点烧蚀、继电器磁力线圈断路或烧坏。
④ 启动机内部电枢轴弯曲或轴承过紧、整流器脏污或烧蚀、电刷磨损过短、弹簧过软不能接触、电枢线圈或磁场线圈短路、断路或搭铁。
⑤ 启动防盗系统故障。

（3）故障诊断与排除

对于有启动防盗系统的汽车，将点火开关转到"ON"，观察防盗系统指示灯是否异常，若有异常应先排除防盗系统的故障，然后再逐一进行诊断。

① 按喇叭，开大灯。如果喇叭不响，大灯不亮，则为蓄电池及其线路故障。
② 如果喇叭声响、大灯亮度都正常，则开大灯并启动启动机：

a. 若大灯灯光变暗，启动机不转，则为启动机搭铁故障。

b. 若大灯亮度不变，启动机不转，短接启动机电磁开关；启动机能正常运转为电磁开关故障；如果有火花，启动机不能运转，则为启动机内部机械故障；如果无火花，启动机不能运转，则为启动机内部线圈断路故障。

③ 判断故障在启动机还是在控制装置时，短接电磁开关上两个主接线柱"30"与"C"端子，如图5-4所示。若启动机不转，则故障在启动机，应进行修理。若启动机转动，则启动机正常，故障在电磁开关或启动机继电器。

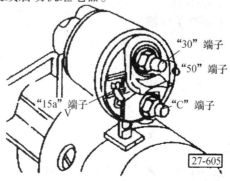

图5-4 启动机不转的故障诊断

④ 判断故障在电磁开关还是在启动机继电器时，短接电磁开关的"30"与"50"接线柱，如图5-4所示。若启动机运转正常，则电磁开关良好，故障在启动机继电器及其连接线路中，再短接启动机继电器的点火锁和电源接线柱，如图5-5所示。若启动机运转正常，则启动机继电器良好，故障在点火开关上。

⑤ 若仪表指示大量放电，启动机不转，则为启动机连接线路或继电器搭铁故障。

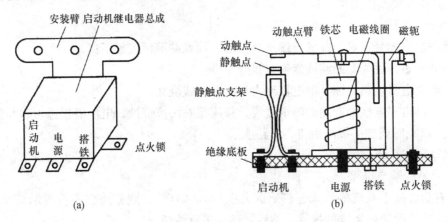

图 5-5  启动继电器示意图

2. 启动机运转无力

（1）故障现象

启动机转动缓慢无力，带动发动机困难，或接通启动开关，启动机只有"咔嗒"声并不转动。

（2）故障原因

① 蓄电池电量不足或连接导线松动，接触不良。

② 启动机轴承过紧或松旷，电枢轴弯曲有时碰擦磁极，整流器和电刷间脏污或电刷磨损过短、弹簧过软，电枢和磁场线圈短路。

③ 启动开关触点烧蚀或电磁开关线圈短路。

④ 电枢移动式启动机串联辅助线圈断路或短路。

（3）故障诊断与排除

① 诊断程序基本与启动机不转的程序相同。因为这两种故障的产生因素基本一样，只是程度不同。

② 接通启动开关时，出现启动开关处只是"咔嗒"一声，无力转动的故障，常发生在电磁控制式和电枢移动式启动机中。

a. 对于电磁控制式启动机，接通电磁开关时，有"咔嗒"声，但启动机不转动，说明电磁开关线圈短路或接触不良，产生的磁力太小，不足以进一步压缩回位弹簧，致使主回路接触盘接触不良。

b. 如电磁开关线圈正常，可能是在启动时启动机小齿轮刚好顶在飞轮端面不能啮入。这时，若将发动机曲轴拨转一个角度，则往往又可使小齿轮啮入飞轮齿间而显示工作正常。若在这种情况下还不能使小齿轮啮入发动机飞轮，则表明回位弹簧过硬。

c. 对于电枢移动式启动机，接通电磁开关时，动触点的上触点先闭合，辅助线圈接通，电枢缓慢旋转并移动，圆盘顶起扣爪块，使动触点的下触点也闭合并将主回路接通，启动机有力地转动。若扣爪块与圆盘接触的凸肩磨损，不能顶起扣爪块释放限止板，动触点的下触点不能闭合，主回路不通，启动机只能缓慢无力地转动。另外，如果辅助线圈断路或短路，启动机启动时不能缓慢旋转，往往产生启动机小齿轮顶住发动机飞轮轮齿端面而不易啮入的情况。

3. 启动机空转

（1）故障现象

接通启动开关，启动机只是空转，小齿轮不能啮入飞轮齿圈带动发动机转动。

（2）故障原因

① 机械强制式启动机的拨叉脱槽，不能推动驱动小齿轮，或其行程调整不当，不能进入啮合。

② 电磁控制式启动机的电磁开关铁芯行程太短。

③ 电枢移动式启动机辅助线圈短路或断路，不能将电枢带到工作位置。

④ 启动机单向啮合器打滑。

⑤ 飞轮齿严重磨损或打坏。

（3）故障诊断与排除

启动机空转实际有两种情况：一种是启动机驱动小齿轮不能与飞轮齿圈啮合的空转，故障主要在启动机的操纵和控制部分；另一种是启动机驱动小齿轮已和飞轮齿圈啮合，由于单向啮合器打滑而空转，故障主要在启动机单向啮合器。

① 若驱动小齿轮不能与飞轮齿圈啮合，则应进行如下检查、诊断：

a. 对于机械强制式启动机，应先检查拨叉行程是否调整适当。若调整不当，在未驱使驱动小齿轮与飞轮齿圈啮合时，主接触盘已与触点接通而导致启动机空转。如调整适当，则可能是拨叉脱出嵌槽。

b. 对于电磁控制式启动机，则应检查主回路接触盘的行程是否过小。如过小会，则使主回路提早接通，造成电枢提前高速旋转。

c. 对于电枢移动式启动机，主要是扣爪块上阻挡限止板的凸肩磨损，不能阻挡限制板的移动，致使活动触点的下触点提早闭合，并使电枢高速旋转。当活动触点与固定触点上下两触点间隙调整不当，即下触点间隙太小，也同样会引起电枢提早高速旋转。

② 若单向啮合器打滑空转，应分解启动机进行检修或更换。

4. 启动机异响

（1）故障现象

接通启动开关，启动机运转时有撞击声，启动机发出"嘎，嘎……"的轮齿撞击异常声响，发动机曲轴不能随之转动。

（2）故障原因

① 启动开关或电磁开关行程调整不当。
② 电枢移动式固定触点和活动触点间隙调整不当。
③ 启动机驱动小齿轮或飞轮轮齿磨损过甚或打滑。
④ 启动机固定螺栓松动或离合器壳松动。
⑤ 启动机内部故障。

（3）故障诊断与排除

此现象表明启动机驱动小齿轮啮入困难。首先摇转曲轴一个角度，再接通启动开关试验。

① 如果撞击声消失且能啮入启动发动机，则说明飞轮齿圈部分轮齿啮入端打坏，应进行更换。

② 如果曲轴转到任何角度都不能消除撞击声，驱动小齿轮始终不能啮入，则表明启动机拨叉行程或电磁开关行过短，导致驱动小齿轮尚未啮入即高速旋转。将拨叉压到极限位置，启动机驱动齿轮端面与止推垫圈间的间隙应在（2±0.5）mm范围内。若间隙不当，可调整行程限位螺钉。如图5-6所示。

③ 当接通启动开关时，启动机壳体将明显抖动，说明启动机固定螺栓或离合器壳固定螺钉松动，应立即紧固，否则可能造成启动机驱动端盖折断。

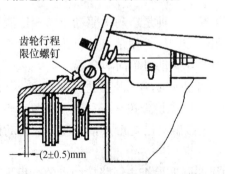

图 5-6　启动机行程限位螺钉调节

④ 此外，根据撞击声响特征也可大致判明原因。一般行程调整不当或带有空转的撞击声是连续的，而启动机固定螺栓或离合器壳松动或飞轮齿损坏引起的撞击声是断续的，且有时

可以啮入启动。空转带有撞击声的诊断方法和启动机空转故障类似。

## 资讯三 汽车照明与信号装置的故障诊断与排除

汽车灯系包括汽车照明灯、信号灯及安全警告灯等。汽车灯系的故障率较高，故障原因主要是导线连接松动、接触不良、短路、搭铁、断路和充电系电压调整过高等。汽车灯系故障在诊断时常采用试灯法和电源短接等方法。

汽车灯具常见的故障有：导线连接松动、接触不良，线路断路、短路，电源电压过高、过低，灯泡烧坏等。

1. 前照灯远近光都不亮

（1）故障现象
接通开关，前照灯所有灯泡都不亮。
（2）故障原因
① 前照灯灯泡烧损。
② 前照灯线路断路或搭铁。
③ 前照灯电源线路中熔断器烧损。
（3）故障诊断与排除
① 按喇叭或拨动转向灯开关进行试验，如果喇叭响或转向灯亮，表明熔断器之前的电源线路良好，可用试灯法检查熔断器后面的线路，如果线路连接良好，则为前照灯开关故障。
② 用导线连接变光开关的电源接线柱与远光或近光接线柱，如果灯不亮，则可能是灯丝烧断。如果灯亮，则故障在变光开关或变光开关至灯之间的线路；用万用表欧姆挡测量变光开关的导通性，若变光开关置于近光或远光位置，其电阻均为无穷大，则表明变光开关损坏，应更换。
③ 按喇叭或拨动转向灯开关进行试验，如果喇叭不响或转向信号灯不亮，熔断器完好，则表明熔断器之前的电源线路存在断路或连接不良故障；如果熔断器烧损，则为熔断器之后的电路中有搭铁故障，应逐一进行排查。
④ 逐段检修电路，排除开路。

2. 前照灯只有近光或远光

（1）故障现象
前大灯开关接通后，无论是远光还是近光，均只有一个灯亮，另一个灯暗淡。
（2）故障原因
变光开关损坏，双丝灯泡中的一根灯丝烧断或连接不良，远、近光中的某一根导线断路。

（3）故障诊断与排除

① 用试灯法在变光开关的接线柱上刮试，若试灯不亮，则表明故障在变光开关内部，可能是接触不良造成的。

② 按照上述检测，若试灯点亮，则应连接至前照灯接柱进行试验。如果试灯不亮，则为连接线路某处断路；如果试灯点亮，则应继续检查灯泡灯丝有无烧断、灯座接触是否良好。

③ 用一根导线，一端连接车架，另一端与亮度不够的灯泡搭铁接线柱连接，如能恢复正常，即表明该灯搭铁不良。

3. 前照灯只有一侧亮，另一侧不亮

（1）故障现象

前照灯开关接通后，前照灯只有一侧亮，另一侧不亮。

（2）故障原因

前照灯连接器或搭铁线松脱、导线断路或搭铁、灯泡烧坏等。

（3）故障诊断与排除

① 检查不亮侧的前照灯连接器，若松脱或接触不良，可拆下检查，并进行必要校正，然后重新插接稳固；如果重新连接后故障现象仍然存在，则继续下列检查。

② 检查不亮侧的前照灯搭铁线是否脱落，如有不良，应重新进行紧固。若重新紧固后故障现象仍然存在，则为灯泡本身故障。

③ 检查灯泡是否完整，如果有缺陷，则应予更换。

4. 前照灯亮度不够

（1）故障现象

接通开关，前照灯灯光昏暗，亮度不够。

（2）故障原因

① 蓄电池充电不足、交流发电机输出电压过低。

② 变光开关接触不良。

③ 连接器接触不良。

④ 灯泡使用时间过久，灯丝已经老化。

⑤ 半封闭式前照灯的反光镜老化或沾有污物。

（3）故障诊断与排除

① 用万用表检测蓄电池的电压，蓄电池电压应在 12 V 以上，若低于 12 V 时，则应检查蓄电池并进行补充充电。

② 检查交流发电机的输出电压，若输出电压低于 13.8～14.8 V，则为发电机或其调节器故障，可参考充电系故障进行检测与排除。

③ 用试灯法检查前照灯的电路，并检查各种导线插头，排除线路故障，若故障现象仍然存在，则为灯泡自身故障，应更换。

5. 前照灯无超车变光信号

（1）故障现象

前照灯远光、近光均正常，但拨动变光开关手柄，前照灯灯光无变化。

（2）故障原因

变光开关接触不良。

（3）故障诊断与排除

用试灯法在变光开关的接线柱上刮试，若试灯不亮，则表明变光开关内部故障。故障包括触点接触不良或触点烧蚀、玷污等，应用磨石或砂条打磨光洁，必要时进行更换。

6. 转向信号灯不亮

（1）故障现象

拨动转向灯开关，转向信号灯都不亮。

（2）故障原因

① 熔断器烧断或电源线路断路。

② 闪光器损坏。

③ 转向开关损坏。

（3）故障诊断与排除

① 用导线连接闪光器电源接线柱，并与搭铁接线柱试火，如无火花出现，则为电源线断路；如有火花出现，说明电源良好。

② 用导线短接电源接线柱与闪光器引出接线柱，并拨动转向开关。如果转向信号灯亮，说明闪光器已损坏；如果灯不亮，则用导线直接给转向信号灯通电，如果灯亮，则为闪光器至转向开关间某处断路或转向开关损坏；否则为灯泡烧损。

③ 如果在上述试验过程中出现一边转向信号灯亮，一边不亮，且导线连接处出现强烈火花时，则表明不亮的一边线路有搭铁故障，导致闪光器烧毁，应检查排除。

7. 转向信号灯不闪烁或闪烁过快

（1）故障现象

拨动转向灯开关，转向信号灯不闪烁或闪烁过快。

（2）故障原因

闪光器故障或转向信号灯的灯泡功率过小。

（3）故障诊断与排除

① 拔下闪光器，重新安装一只新闪光器，接通转向信号灯开关，若转向信号灯闪烁频率

恢复正常（60～120次/分），则表明闪光器内部短路。

② 检查各灯泡的型号规格是否与标准规定相符，如果灯泡功率过小，则必须更换。

8. 转向信号灯闪烁频率过低

（1）故障现象

拨动转向灯开关，转向信号灯闪烁频率过低。

（2）故障原因

① 使用灯泡功率比规定标准功率大。

② 蓄电池电压过低或交流发电机的输出电压过低。

③ 熔断器松动、连接器接触不良。

④ 转向信号灯搭铁线接触不良。

⑤ 闪光器频率过低。

（3）故障诊断与排除

① 检查使用的灯泡功率，如果有不符合时，则必须更换。

② 检查电源电压是否在12 V左右，如果电压过低，则应对蓄电池充电或调整交流发电机的调解器。交流发电机的输出端电压为13.8～14.8 V。

③ 检查电路是否搭铁、搭铁线是否接触不良，熔断器与连接器是否松动等，如果有不良，则应予排除。

④ 检查闪光器闪烁频率，正常情况下，闪烁频率为60～120次/分，否则更换闪光器总成。

9. 制动灯不亮

（1）故障现象

踏下制动踏板时，制动灯不亮。

（2）故障原因

① 熔断器烧断。

② 制动灯开关损坏。

③ 连接线路接触不良或断路。

④ 制动灯座接触不良，搭铁不良或灯丝烧断。

（3）故障诊断与排除

① 检视熔断器是否烧断。若已烧坏，则进行更换。电路如图5-7所示。

② 检查导线连接是否可靠，若连接不可靠，则加以修复。

③ 检查灯丝是否烧断，若烧断，则更换灯泡。检查灯泡与灯座接触是否良好，若接触不良，则应加以修复。

④ 在制动灯开关"电源"接线柱试火。若无火，则故障在制动灯开关至蓄电池间断路。

若有火，则短接制动灯开关两接线柱，此时若制动灯亮，则故障在制动灯开关内部，应更换。

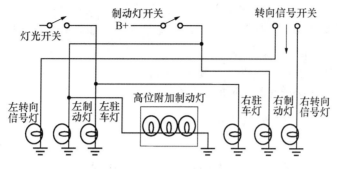

图 5-7　汽车制动灯电路

10. 制动灯常亮

（1）故障现象

松开制动踏板后，制动灯不熄灭。

（2）故障原因

① 制动灯开关触点烧结。

② 制动灯开关复位弹簧过软、折断。

（3）故障诊断与排除

换用新制动灯开关对比试验。若能熄灭，则为制动灯开关有故障，应以更换。

## 资讯四　汽车空调的故障诊断与排除

### 一、汽车空调故障诊断经验法

1. 听

听包括两方面的含义，一是听取驾驶员对故障原因的说明，二是监听设备有无不正常噪声。但当接通空调开关，压缩机刚开始工作时，发动机声音稍微大些是正常的。

2. 看

主要是指查看各部件的表面情况，例如观察仪表盘上的压力、水温、油压等性能指示灯是否正常，此外还应重点查看以下部位。

（1）检查压缩机安装是否牢固，压缩机驱动皮带是否有歪斜、破损等情况，同时要求压缩机皮带松紧度合适（可用两个手指压皮带中间部位，能压下 7～10 mm 为宜）。

(2) 检查冷凝器表面是否脏污、变形，与水箱之间是否有杂物。

(3) 检查蒸发器和空气过滤网是否干净和通风良好。

(4) 检查制冷系统管路、接头及组件表面有无油迹（如果有油迹，则多是制冷剂出现渗漏）、制冷管路是否有擦伤或变形等。

(5) 从视液镜上查看制冷剂的数量和工作状态。

从视液镜可观察到大量气泡，说明有空气进入系统。制冷系统由于抽真空不够，造成管路内有空气，使制冷效果降低。

3. 摸

主要指用手触摸零件的温度，来判断空调系统工作正常与否。开启空调开关，使压缩机运转 15~20 min 之后，进行如下操作：

(1) 利用手感比较车厢冷气栅格吹出的冷风凉度及风量大小。

(2) 用手触摸压缩机的进、排气管的温度，两者应有明显的温差。

(3) 利用手感比较冷凝器的进管和出管的两者温度。当后者温度低于前者为正常，若两者温度相差不大，甚至相同，则说明冷凝器有故障。

(4) 用手触摸干燥过滤器前后管道的温度，当两者温度一致为正常，否则说明干燥过滤器存在堵塞现象。

(5) 膨胀阀前面的管道与出口应有很大的温差，否则说明膨胀阀出现故障。

4. 测

主要指借助压力表对系统的高、低侧进行压力的测量，对于自动空调还可以利用自诊断对制冷系统进行测试，来确定故障部位、原因。

## 二、用歧管压力表诊断空调系统故障

用歧管压力表诊断空调系统故障时，先将压力表组的高、低压手动阀关闭，然后将压力表组的高、低压软管分别接于压缩机的检修阀上，并利用制冷剂本身的压力排除管内空气。开启空调机，这时高压表指针慢慢上升，低压表指针慢慢下降，待稳定后即可读出压力值，如图 5-8 所示。

当制冷系统正常工作时，采用 R134a 制冷剂车辆的压力表的读数为：高压 1 370~1 570 kPa，低压 150~250 kPa。

测试条件为：蒸发器吸入口温度为 30~35℃，发动机转速为 2 000 r/min，温度调节旋钮调到最大冷却挡（COOL），蒸发器、风机高速运转。还应注意压力值会随着测定条件和环境温度的变化而变化。

当出现下列现象时，表明空调系统工作不良，现分述如下。

(1) 如果高压表指示值比正常值低，从玻璃观察窗内看到有气泡产生，车内吹出的冷气不冷,高压管温热,低压管微冷,温差不大,则说明制冷剂不足。

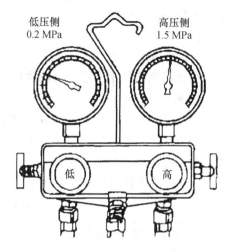

图 5-8 制冷系统正常时压力值

(2) 如果高压表指示值比正常值低很多,观察窗内有模糊可见的雾流,高、低压管几乎无温度差,冷气不冷,则说明制冷剂泄漏严重。

(3) 如果低压表指示值接近为零,高压表比正常值低,吹出的冷风不冷,在膨胀阀前后的管路上可以看到凝结的霜或露滴,则说明膨胀阀有故障。

(4) 如果高、低压表指示值都比正常值高得多,冷气不冷,观察窗内偶有气泡,则说明制冷系统内混有空气。

(5) 如果高压表指示值正常或比正常值高一点,低压表指示接近零或负值,压力表指针产生不规则的剧烈摆动,无法读清数值,车内送风温度不稳定,则说明制冷系统有水分。

(6) 如果低压表指示值比正常值高很多,高压表指示值比正常值稍高,没有冷气,低压管发热,则说明冷凝器有故障。

(7) 如果低压表指示值比正常值低,高压表指示值比正常值高很多,冷气不冷,高压管结霜,则说明高压管路被堵塞。

(8) 如果高、低压表指示值都低,冷气不冷,则说明压缩机内部有故障,阀板垫阀片可能损坏。

(9) 如果高、低压表指示值高于正常值,冷气不冷,则可能是系统加注的冷冻机油过多,造成循环制冷剂减少,出现热负荷。

## 三、汽车空调系统故障的自诊断

电脑控制的汽车空调,可以将故障以故障代码的形式存储在存储器中,所以可依靠电脑的自诊断功能,将存储在电脑中的故障代码提取并记录下来,排除故障后再将存储的故障代码从电脑中清除。

故障代码有两种：一种是表示传感器的故障代码；另一种是表示空调系统其他部件的故障代码。

表 5-1 所示的是丰田雷克萨斯轿车在诊断空调系统时，电脑显示的故障代码所代表的故障内容。为了确认故障代码是否显示压缩机锁定故障，可以执行下列步骤。

（1）启动发动机，进入故障代码检查方式。

（2）按下"REC"开关（车内空气循环键），进入控制板按键检查方式，并置空调送风电机于 MED 挡，冷风风门开度拨杆处于 50% 位置，电磁离合器电路置"ON"位置。

（3）按下"AUTO"开关，退回到故障自检查方式。

（4）约 3 s 后，显示故障代码。若故障代码是 22，则确诊为压缩机锁定故障。

表 5-1　LS400 轿车电控自动空调故障代码表

| 故障代码 | 故障内容 | 故障部位 | 故障代码 | 故障内容 | 故障部位 |
| --- | --- | --- | --- | --- | --- |
| 00 | 正常 | 车内温度传感器或线束 | 14 | 水温传感器线路断路或短路 | 日光传感器或线束或连接器 |
| 11 | 车内温度传感器线路断路或短路 | 车外温度传感器或线束 | 21 | 日光传感器线路断路或短路 | 压缩机或线束或连接器 |
| 12 | 车外温度传感器线路断路或短路 | 蒸发器温度传感器或线束 | 22 | ①压缩机故障<br>②压缩机锁止传感器线路断路或短路 | 伺服电动机电位计或线束或连接器 |
| 13 | 蒸发器温度传感器线路断路或短路 | 水温传感器或线束或连接器 | 31 | 空气混合伺服电动机电位计线路断路或短路 | 伺服电动机电位计或线束或连接器 |

## 资讯五　汽车安全控制系统的故障诊断与排除

### 一、轿车安全气囊系统的故障诊断与排除

1. 汽车安全气囊系统诊断基础

现代汽车安全气囊系统，主要由安全气囊传感器、防撞安全气囊及电子控制装置（ECU）等组成。

2. 安全气囊系统使用注意事项

（1）安全气囊系统属于辅助性安全装置，应配合安全带使用，同时在方向盘和乘客侧气囊部位不可粘贴任何饰物或胶条。

（2）安全气囊系统不得带病运行，否则会造成误触发或不工作，以免对乘员造成意外伤害。

（3）在运输安全气囊组件时，不得与其他危险品一起运输。保存要严格按规定执行，切忌使组件受到磕碰或振动，且温度环境不超过85℃以上的高温。

3. 安全气囊系统检测注意事项

（1）首先记录下音响系统的设置内容和密码，以便在维修结束后重新设置。气囊系统安装完成后，切忌用万用表测量引发器的电阻，以防气囊误爆。

（2）对安全气囊系统的任何作业均将点火开关转至"LOCK"位置，拆下蓄电池负极电缆30 s以上，等待ECU中的电容完全放电后再进行，以免造成气囊误爆。

（3）在拆卸安全气囊时，应将缓冲垫软面朝上，上面不可叠置物品，气囊存放的环境温度不可高于93℃，湿度也不可过高。

（4）不允许对ECU控制模块进行敲击、跌落、震动或酸碱、油、水的侵蚀，如果发现有凹陷、裂纹、变形或生锈，要更换新件，控制模块在安装时一定要注意安装方向与模块上标定的方向一致。

（5）决不允许使用其他型号车辆的安全气囊零件进行更换，决不允许重新使用分解、修理过的安全气囊及方向盘衬垫。

（6）对于在组合开关内的螺旋电缆，要使之处于中间位置，否则会引起电缆脱落或其他故障。

4. 安全气囊系统的故障诊断方法

安全气囊系统的故障难以确诊，一般有警告灯诊断（自诊断）、参数测量和仪器诊断3种方法。

（1）警告灯诊断法：对自诊断接口进行相应的操作，通过仪表板上的安全气囊警告灯读取故障代码。

（2）参数测量法：利用诊断测试接口，测出各接口之间的电压与标准值，通过比较找出故障原因。

（3）仪器诊断法：利用诊断仪器提取故障代码，根据故障代码提示进行相应的故障排除。

5. 安全气囊系统诊断后的电器检查程序

用一只12 V的小灯泡代替气囊接入电路，在接通点火开关、启动发动机、车速超过80 km/h紧急制动等任意情况下，小灯泡均不闪亮为正常。

## 二、LS400型轿车全气囊系统的故障诊断与检测

雷克萨斯LS400的安全气囊系统又称辅助乘客保护系统，简称为SRS。该车SRS系统主

要由仪表板上的 SRS 警告灯、气囊前传感器、气囊中央传感器总成、组合开关内的螺旋电缆、气囊、导线及其连接器组成，其控制电路如图 5-9 所示。

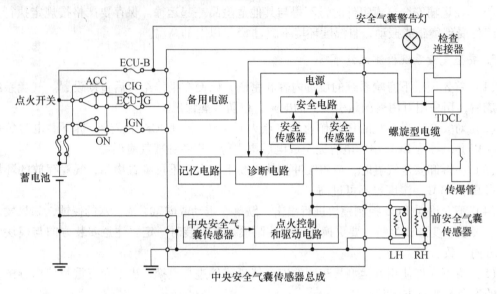

图 5-9　雷克萨斯 LS400 轿车安全气囊电路

1. 自诊断系统

该系统的故障征兆难以确认，在排除故障之前应先读取系统的故障代码，再根据故障代码进行相应的故障诊断与排除。

（1）故障代码的读取：先把点火开关旋到"ACC"或"ON"；等待 20 s 后用跨接线短接 TDCL 的端子 Tc 和 $E_1$；通过仪表板上的 SRS 警告灯读取故障代码（SRS 警告灯将按从小到大的顺序显示故障代码）。

（2）故障代码的清除：先用跨接线短接 TDCL 的端子 Tc 和 AB；然后将点火开关旋到"AC"或"ON"，等待 6 s 以上；再从端子 Tc 开始交替地将 Tc 和 AB 两端子搭铁两次后，使端子 Tc 搭铁（此步操作必须保证每次搭铁的时间为（1.0±0.5）s，交替动作的间隔时间应少于 0.2 s）；直到 SRS 警告灯以 50 ms 的频率进行闪烁，表明故障代码已被清除。

2. 故障代码及故障原因

该车 SRS 系统的故障代码及其故障原因见表 5-2。

表 5-2　雷克萨斯 LS400 轿车 SRS 系统的故障代码及故障原因

| 故障代码 | 故障原因 | 故障部位 |
| --- | --- | --- |
| 正常 | 安全气囊系统正常 | |
| | 安全气囊系统的电源电压过低 | ① 蓄电池<br>② SRS ECU |
| 11 | ① 传爆管或前安全气囊的传感器线路搭铁<br>② 前安全气囊的传感器或中央传感器总成有故障 | ① 气囊组件<br>② 螺旋弹簧<br>③ 前碰撞感器<br>④ SRS ECU |
| 12 | 传爆管电路与电源电路短路 | ① 气囊组件<br>② 螺旋弹簧<br>③ 传感器线路<br>④ SRS ECU |
| 13 | 驾驶员侧的安全气囊的传爆管电路短路 | ① 气囊点火器<br>② 螺旋弹簧<br>③ SRS ECU |
| 14 | 驾驶员侧的安全气囊的传爆管电路断路 | ① 气囊点火器<br>② 螺旋弹簧<br>③ SRS ECU |
| 15 | ① 前安全气囊传感器断路<br>② 前安全传感器与电源电路短路 | ① 气囊系统线束<br>② 前碰撞传感器<br>③ SRS ECU |
| 31 | ① SRS 备用电源失效<br>② SRS 电源故障 | SRS ECU |
| 41 | SRS ECU 曾存储过故障代码 | SRS ECU |

3. SRS 系统的故障诊断与检测

若 SRS 警告灯一直发亮，表明系统出现故障。该系统常见的故障主要是电路的短路、断路和元件的损坏。这里只介绍由于电路的问题造成的系统故障。

（1）传爆管电路或前安全气囊电路与搭铁短路的故障诊断

传爆管电路或前安全气囊电路与电源短路的故障代码为 12，具体的诊断流程见表 5-3。

（2）驾驶员安全气囊传爆管电路断路的故障诊断

驾驶员安全气囊传爆管电路断路的故障代码为 14，具体的诊断流程见表 5-4。

表 5-3 传爆管电路与电源短路故障诊断与排除程序

| 步骤 | 诊断与检测方法 | 结果与排除 是 | 结果与排除 否 |
|---|---|---|---|
| 1 | ① 拆下蓄电池负极电缆,等待 20 s 后再拆下方向盘衬垫<br>② 拔开中央传感器总成的连接器<br>③ 检测连接器端子 +SR 与 -SR, +SL 与 -SL 之间的电阻是否为 755～855 Ω | 至步骤 2 | 检测前传感器 |
| 2 | ① 装复蓄电池负极电缆,将点火开关置于"ON"<br>② 检测连接端子 +SR, +SL 和搭铁之间的电压是否为 0 V | 至步骤 3 | 更换中央和前传感器之间的导线和连接器 |
| 3 | ① 将点火开关置于"LOCK",拆下蓄电池负极电缆,连接中央传感器总成的连接器<br>② 用跨接线短接方向盘衬垫连接器的端子 D+ 和 D-<br>③ 装复蓄电池负极<br>④ 等待 2 s 后,将点火开关置于"ACC"或"ON"<br>⑤ 等待 20 s 后进行读码操作,查看是否出现故障代码 12 | 检测中央传感器总成 | 至步骤 4 |
| 4 | ① 将点火开关置于"LOCK",拆下蓄电池负极<br>② 等待 20 s 后连接方向盘衬垫连接器,装复蓄电池负极电缆<br>③ 等待 2 s 后将点火开关置于"ACC"或"ON"<br>④ 等待 20 s 后进行读码操作,查看是否出现故障代码 12 | 更换方向盘衬垫 | 诊断结束 |

表 5-4 驾驶员安全气囊传爆管电路断路故障诊断与排除程序

| 步骤 | 诊断与检测方法 | 结果与排除 是 | 结果与排除 否 |
|---|---|---|---|
| 1 | ① 拆下蓄电池负极电缆,等待 20 s 后再拆下方向盘衬垫<br>② 拔开中央传感器总成的连接器<br>③ 检测方向盘衬垫连接器端子 D+ 和 D- 之间的电阻是否小于 1 Ω | 检测中央传感器总成 | 至步骤 2 |
| 2 | ① 拆下连接器<br>② 检测方向盘衬垫连接器端子 D+ 和 D- 之间的电阻是否小于 1 Ω | 至步骤 3 | 检测螺施电缆 |
| 3 | 检测连接器和中央传感器的端子 D+ 和 D- 之间的电阻是否小于 1 Ω | 至步骤 4 | 检测中央传感器总成和螺旋电缆间的导线 |
| 4 | ① 连接中央传感器总成的连接器<br>② 跨接方向盘衬垫连接器中央传感器侧的端子 D+ 和 D-<br>③ 装复蓄电池负极电缆<br>④ 等待 2 s 后,将点火开关置于"Acc"或"ON"<br>⑤ 等待 20 s 后进行读码操作,查看是否出现故障代码 14 | 检测中央传感器总成 | 至步骤 5 |
| 5 | ① 将点火开关置于"LOCK",拆下蓄电池负极<br>② 等待 20 s 后连接方向盘衬垫连接器,装复蓄电池负极电缆<br>③ 等待 2 s 后将点火开关置于"ACC"或"ON"<br>④ 等待 20 s 后进行读码操作,查看是否出现故障代码 14 | 更换方向盘衬垫 | 诊断结束 |

## 三、中央门锁及防盗系统的故障诊断与排除

### 1. 中央门锁及防盗系统诊断基础

电控门锁通常由电子控制部分和执行机构两部分组成，电路如图 5-10。通过一系列电子控制来打开或锁住车门。

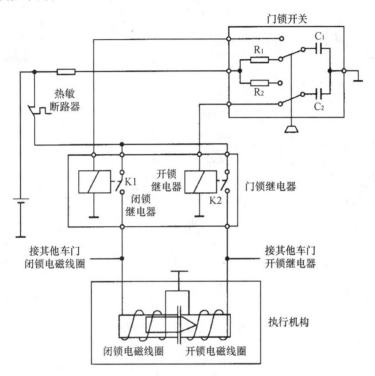

图 5-10 中央门锁控制系统电路

### 2. 上海别克轿车中央门锁及防盗系统故障诊断与检测

上海别克轿车中央门锁系统由原厂钥匙控制与遥控辅助控制两套系统组成，钥匙内部装有一个特定电阻（共 15 挡）作为防盗识别标志；防盗系统处于警戒状态时，系统切断启动机继电器搭铁回路，并使发动机 ECU 处于非工作状态。如图 5-11 所示为遥控门锁组成示意图。门控灯检测程序如表 5-5 所示。

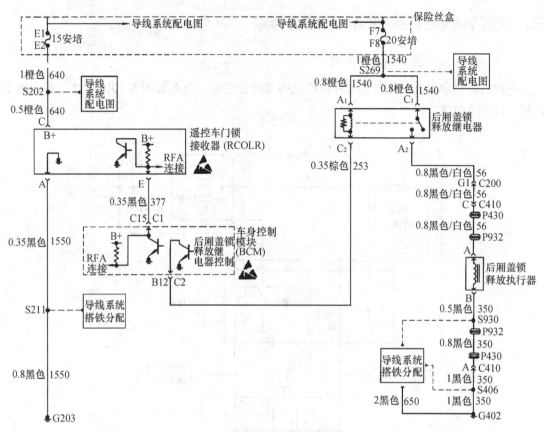

图 5-11 上海别克轿车遥控门锁控制系统示意图

表 5-5 上海别克轿车遥控门锁控制系统的检测程序

| 步骤 | 操 作 | 正常结果 | 异常结果 |
|---|---|---|---|
| 1 | 1. 确保前大灯变光器开关位于 OFF（关闭）位置<br>2. 将点火启动钥匙从点火钥匙锁芯中拔出<br>3. 关闭所有车门<br>4. 按一下遥控门锁发射器的 LOCK（锁闭）按钮 | 1. 所有车门锁闭<br>2. 门控灯关闭 | 仅后厢门松开模式能用发射器操作门控灯始终接通。参见车内灯系统检查。 |

（续表）

| 步骤 | 操作 | 正常结果 | 异常结果 |
| --- | --- | --- | --- |
| 2 | 按一下遥控门锁发射器的UNLOCK（开锁）按钮 | 按一下遥控门锁发射器的UNLOCK（开锁）按钮时，驾驶员座车门开锁<br>2. 门控灯保持启亮36～44 s | （1）仅后厢门松开模式能用发射器操作门控灯始终接通。参见车内灯系统检查<br>（2）遥控门锁系统有故障不能工作 |
| 3 | 再按遥控门锁发射器上的UNLOCK（开锁）按钮，首次按压后不应超过5 s | 按一下遥控门锁传感器上的UNLOCK（开锁）按钮时，所有车门开锁 | （1）仅后厢门松开模式能用发射器操作<br>（2）遥控门锁系统有故障不能工作 |
| 4 | 按遥控门锁发射器上的ALARM（警报）按钮 | 再按遥控门锁发射器上的ALARM（警报）按钮前，前大灯闪亮且喇叭交替鸣响约2 min | 仅后厢门松开模式能用发射器操作 |
| 5 | 按遥控门锁发射器上的REAR COMPARTMENT（后厢）按钮 | 后厢松开 | 后厢门松开。参见后厢门松开系统检查 |
| 6 | 务必完成如下操作，以诊断遥控开锁确认特性：<br>1. 确保钥匙已从点火钥匙锁芯中拔出<br>2. 关闭所有车门<br>3. 按UNLOCK（开锁）按钮，同时注意观察前大灯并听喇叭声 | 以下结果是基于当前遥控开锁确认模式<br>模式1：中止特性。用遥控门锁发射器打开门锁时，前大灯不闪亮且喇叭不鸣响<br>模式2：按动遥控门锁发射器的UNLOCK（开锁）按钮时喇叭鸣响<br>模式3：按压遥控门锁发射前大灯闪亮器的UNLOCK（开锁）按钮时<br>模式4：按压遥控门锁的UNLOCK（开锁）按钮时，前大灯闪亮且喇叭鸣响 | RKE系统不改变定制模式 |
| 7 | 务必完成如下操作，以诊断遥控开锁确认特性：<br>1. 确保钥匙已从点火钥匙锁芯中拔出<br>2. 关闭所有车门<br>3. 在观察前大灯并听喇叭声同时，按一次LOCK（锁闭）按钮 | 如下结果基于当前遥控开锁确认模式：<br>模式1：中止特性。用遥控门锁发射器打开门锁时，前大灯不闪亮且喇叭不鸣响<br>模式2：按遥控门锁发射器的LOCK（锁闭）按钮时，喇叭鸣响<br>模式3：按遥控门专门发射器的LOCK（锁闭）按钮时，前大灯闪亮<br>模式4：按遥控门锁发射器的LOCK（锁闭）按钮时，前大灯闪亮且喇叭鸣响 | RKE系统不改变定制模式 |

### 3. 摇控系统不工作的故障诊断与排除

摇控系统不工作的故障诊断程序如表 5-6 所示。

表 5-6 遥控系统不工作的故障诊断程序

| 步骤 | 操 作 | 数值 | 是 | 否 |
| --- | --- | --- | --- | --- |
| 1 | 是否执行了车身控制模块（BCM）诊断系统检查 | | 至步骤 2 | 见诊断系统检查——车身控制系统 |
| 2 | 1. 将钥匙从点火启动开关锁芯中拔出<br>2. 关闭所有车门<br>3. 按驾驶员座车门开关上的如下按钮，同时观察车门锁：<br>　LOCK（锁闭）按钮<br>　UNLOCK（开锁）按钮<br>4. 按乘客座车门开关上的如下按钮，同时观察车门锁：<br>　LOCK（锁闭）按钮<br>　UNLOCK（开锁）按钮<br>按任一车门锁开关，能否锁闭和开锁所有车门 | | 至步骤 3 | 见动力车门锁系统检查 |
| 3 | 完成如下操作，使发射器重新同步：<br>1. 按住 LOCK（锁闭）按钮至少 7 秒钟，每次按一个发射器<br>2. 确认钥匙已从点火钥匙锁芯中拔出<br>3. 关闭所有车门<br>4. 按一下 LOCK（锁闭）按钮，同时观察车门锁<br>5. 按两下 UNLOCK（开锁）按钮，同时观察车门锁<br>6. 按一下 REAR COMPARTMENT（后厢）按钮，同时观察后厢门<br>7. 按 ALARM（警报）按钮，同时观察前大灯和喇叭<br>遥控门锁系统是否操纵车门锁、后厢门和警报器 | | 至步骤 19 | 至步骤 4 |
| 4 | 1. 拆卸发射器电池<br>2. 用数字万用表测量发射器各电池电压<br>电压是否在规定数值内 | 3～3.5 V | 至步骤 5 | 至步骤 12 |
| 5 | 1. 重新编程计所有发射器。参见发射器的编程<br>2. 确认钥匙已从点火钥匙锁芯中拔出<br>3. 关闭所有车门<br>4. 按一下 LOCK（锁闭）按钮，同时观察车门锁<br>5. 按两下 UNLOCK（开锁）按钮，同时观察车门锁<br>6. 按一下 REAR COMPARTMENT（后厢）按钮，同时观察后厢门<br>7. 按 ALARM（警报）按钮，同时观察前大灯和喇叭<br>遥控门锁系统是否操纵车门锁、后厢门和警报器 | | 至步骤 18 | 至步骤 6 |

## 任务五　汽车电气设备的故障诊断与排除

（续表）

| 步骤 | 操　作 | 数值 | 是 | 否 |
| --- | --- | --- | --- | --- |
| 6 | 1. 编程一个可操作发射器，参见发射器的编程<br>2. 确保钥匙已从点火钥匙锁芯中拔出<br>3. 关闭所有车门<br>4. 按一下 LOCK（锁闭）按钮，同时观察车门锁<br>5. 按两下 UNLOCK（开锁）按钮，同时观察车门锁<br>6. 按一下 REAR COMPARTMENT（后厢）按钮，同时观察后厢门<br>7. 按 ALARM（警报）按钮，同时观察前大灯和喇叭<br>　遥控门锁系统是否操纵车门锁、后厢门和警报器 | | 至步骤 13 | 至步骤 7 |
| 7 | 音响设备是否工作 | | 至步骤 8 | 至步骤 9 |
| 8 | 1. 断开远控锁接收器（RCDLR）。<br>2. 将测试灯连接在 RCDLR 线束接头端子 A 和 C 之间。测试灯是否启亮 | | 至步骤 15 | 至步骤 11 |
| 9 | 检查保险丝 E1-2<br>保险丝 E1-2 是否开路 | | 至步骤 10 | 至步骤 14 |
| 10 | 维修电路 640 对搭铁短路故障<br>维修是否完成 | | 至步骤 5 | |
| 11 | 将测试灯连锁在遥控锁接收器线束接头端子与搭铁之间<br>测试灯是否启亮 | | 至步骤 16 | 至步骤 17 |
| 12 | 更换发射器电池<br>维修是否完成 | | 至步骤 3 | |
| 13 | 更换功能失效的发射器<br>维修是否完成 | | 至步骤 5 | |
| 14 | 维修电路 640 内保险丝盒与 MYM202 的接触不良或开路 | | 至步骤 5 | |
| 15 | 1. 检查 RCDLR 接头端子是否接触不良<br>2. 如正常，更换遥控锁接收器，参见遥控锁接收器的更换<br>　维修是否完成 | | 至步骤 5 | |
| 16 | 维修电路 1550 中的接触不良或开路<br>维修是否完成 | | 至步骤 5 | |
| 17 | 维修电路 640 中的接触不良或开路<br>维修是否完成 | | 至步骤 5 | |
| 18 | 1. 将点火开关拨到 LOCK（锁闭）位置<br>2. 重新连接所有接头<br>3. 安装已拆卸的所有部件<br>　维修是否全部完成 | | 见遥控门锁系统检查 | |
| 19 | 确保遥控门锁系统可以工作，参见遥控门锁系统电路操作<br>操作是否完成 | | 至步骤 18 | |

## 4. 防盗系统故障诊断与检测

(1) 防盗系统的检测程序

防盗系统的检测程序见表5-7。

表5-7 防盗系统的检测程序

| 步骤 | 操作 | 正常结果 | 非正常结果 |
| --- | --- | --- | --- |
| 1 | 1. 点火开关调至 LOCK（锁定）位置<br>2. 观察安全指示器，并点火开关调至 RUN（运行）位置 | SECURITY（安全）指示器开启5 s后并关闭 | SECURITY（安全）指示器接通，发动机启动<br>SECURITY（安全）指示器始终接通或闪亮<br>安全指示器没有接通。 |
| 2 | 1. 确保变速器驱动机构于驻车（PARK）状态<br>2. 点火开关调至 START（启动）位置 | ● 发动机启动<br>● SECURITY（安全）指示器接通5 s | SECURITY（安全）指示器接通，发动机启动<br>SECURITY（安全）指示器始终接通或闪亮<br>SECURITY（安全）指示器接通，发动机不启动<br>点火装置锁芯测试<br>安全指示器没有接通 |

(2) 防盗系统的故障诊断

① 用Tech2读取动力系统控制模块（PCM）中是否有故障代码。
② 若有故障代码，则按故障代码提示进行诊断。
③ 若没有故障代码，则进行PCM诊断系统的检查。
④ 若不正常，则检查PCM及其导线和连接器。
⑤ 若正常，则按表5-8所示进行相应故障的诊断。

表5-8 上海别克轿车防盗系统的故障诊断

| 序号 | 故障现象 | 诊断部位 |
| --- | --- | --- |
| 1 | SECURITY 指示灯一直亮或闪烁 | 检查仪表板系统 |
| 2 | SECURITY 指示灯亮，发动机能启动 | |
| 3 | SECURITY 指示灯亮，发动机不能启动 | ① 重新设置钥匙电阻<br>② 检查发动机控制系统 |

(3) 丰田汽车防盗系统检修

丰田的 LS400 防盗系统的技术含量很高，代表了现代先进的汽车防盗技术，所以项目将以 LS400 的防盗系统为例详细介绍亚洲车系防盗系统的结构特点与检修。

## 任务五　汽车电气设备的故障诊断与排除

1）系统部件组成、位置

防盗系统采用车门锁控制系统元件和其他元件，当某人企图不用钥匙强行进入汽车或打开发动机罩或行李箱门时，或当蓄电池端子被拆下又重新连接时，防盗系统会使喇叭发声，并闪烁前灯和尾灯约 1 min 作为报警，与此同时，系统关闭所有车门并脱开启动电动机电源。

2）防盗系统电路

防盗系统电路如图 5-12 所示。

（4）防盗系统电路故障诊断

防盗系统的故障排除是以车门锁控制系统工作正常为前提的，因此，在进行防盗系统的故障排除以前，首先应确信车门锁控制系统工作是正常的，防盗系统常见故障及检查电路部位顺序如表 5-9 所示。

表 5-9　防盗系统常见故障及检查电路部位顺序表

| 故障现象 | | | 检查电路及顺序 |
| --- | --- | --- | --- |
| 防盗系统不能设定 | | | 1. 指示灯电路 |
| | | | 2. 行李箱门钥匙操纵开关电路 |
| | | | 3. 行李箱门控开关电路 |
| | | | 4. 门控开关电路 |
| | | | 5. 位置开关电路（后） |
| | | | 6. 发动机罩控制灯开关电路 |
| 系统设定后指示灯不闪烁 | | | 指示灯电路 |
| 系统设定后 | 后门打开时 | 系统不工作 | 门位置开关电路（后） |
| | 发动机罩盖打开时 | | 发动机罩控制灯开关电路 |
| 在系统发出报警期间 | | 汽车喇叭不发声 | 汽车喇叭继电器电路 |
| | | 防盗喇叭不发声 | 防盗喇叭电路 |
| | | 前灯不闪 | 前灯控制继电器电路 |
| | | 尾灯不闪 | 尾灯控制继电器电路 |
| | | 启动电动机电路未能切断 | 启动电动机继电器电路 |
| | | 后门锁处于打开状态，不能锁住 | 位置开关电路（后） |
| 系统已设定 | | 点火钥匙转至 Acc 或 ON 时不能消除 | 点火开关电路 |
| | | 用钥匙打开行李箱门时仍能工作 | 行李箱门钥匙操纵开关电路 |
| 即使后门打开仍能维持设定状态 | | | 门控开关电路 |
| 即使系统未设定 | | 汽车喇叭发声 | 汽车喇叭继电器电路 |
| | | 防盗喇叭发声 | 防盗喇叭电路 |
| | | 前灯一直亮 | 前灯控制继电器电路 |
| | | 尾灯一直亮 | 尾灯控制继电器电路 |

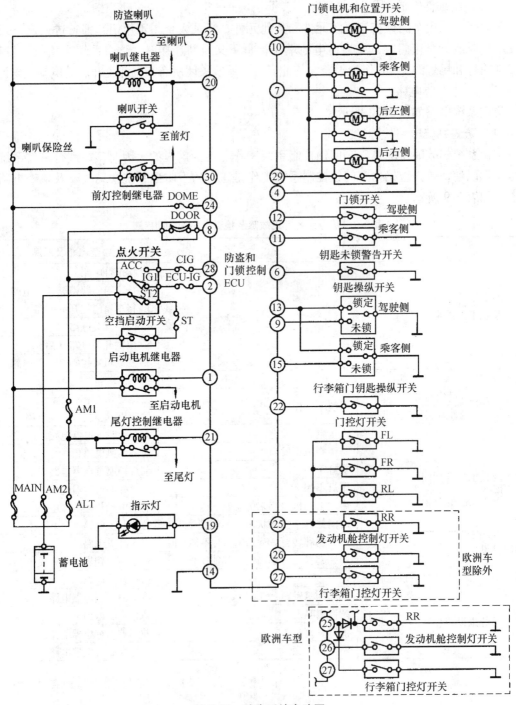

图 5-12 防盗系统电路图

## 任务训练

## 汽车空调系统常见故障的诊断与排除

汽车空调系统常见故障包括电器故障、功能部件的机械故障、制冷剂和冷冻机油引起的故障等,主要表现为系统不制冷、制冷不足或异响等。

1. 系统不制冷

(1) 故障现象

启动发动机并稳定在 1 500 r/min 左右运行 2 min,打开空调开关及鼓风机开关,冷气口无冷风吹出。

(2) 故障原因

① 熔断器熔断,电路短路。

② 鼓风机开关、鼓风机或其他电器元件损坏。

③ 压缩机驱动皮带过松、断裂,密封性差或其电磁离合器损坏。

④ 制冷剂过少或无制冷剂。

⑤ 储液干燥器(或积累器)、膨胀阀滤网(或膨胀管)、管路或软管堵塞。

⑥ 膨胀阀感温包损坏。

(3) 故障诊断与排除

① 检查汽车空调的控制电路是否接通。

a. 检查空调电路的总熔断器。如果熔断器熔断说明电路某部位有短路,则需检查各路电线的绝缘有无破损,各种电器(如蒸发器的鼓风机电机、电磁离合器等)的内部有无短路。查明原因并排除故障后,方可换同种规格的熔断器,不能随意加大熔断器的规格而强行接通试机,否则会烧坏整个控制线路,造成严重后果。打开空调开关,用试灯检查电磁离合器电源,若试灯亮,则说明电磁离合器线圈烧坏,使电磁离合器无电流通过,造成压缩机不工作。

b. 检查急速控制的转速范围。空调都装有空调急速继电器(或在空调放大器中有空调急速调整系统),调整急速继电器直到发动机急速达到 750 r/min,且电磁离合器可以吸合时为止。

c. 检查恒温开关是否有故障。

d. 检查压力开关。空调制冷系统管路上装有高、低压开关。当制冷系统工作时,若高压太高,高压开关动作,引起电磁离合器断电,压缩机停止工作;当制冷系统中没有制冷剂时,低压开关起作用,切断离合器的工作电源。在判断压力开关是否有故障时,可将被检查的压力开关短路,如果系统开始工作,说明压力开关存在故障。

e. 检查鼓风机电路工作是否正常。鼓风机电路和继电器检查方法如图 5-13 所示。

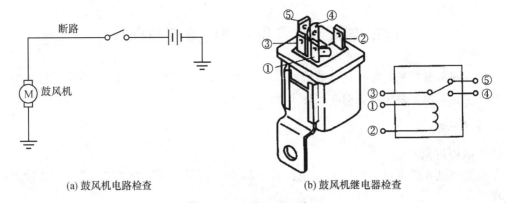

(a) 鼓风机电路检查　　　　(b) 鼓风机继电器检查

图 5-13　鼓风机电路检查

② 检查制冷循环系统的工作情况。当电路检查完毕并确认无问题后,仍不能恢复制冷,须从以下几个方面继续进行检查。

a. 若传动带太松,压缩机不转动,可将传动带重新调整后再试机。检查方法如图 5-14 所示。

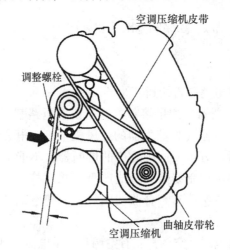

图 5-14　检测空调压缩机皮带

b. 制冷系统中没有制冷剂。当制冷系统中的制冷剂全部泄漏后,即使压缩机工作,也不会有冷气吹出,这时要先找出制冷系统的泄漏部位,须将其处理后再将制冷系统抽真空并注充制冷剂。

c. 制冷系统被堵死。如果制冷系统中某个部位被完全堵死,没有制冷剂循环流动,也就失去了制冷作用,这时,高、低压组合表的低压侧呈真空指示。发生被堵塞的位置多在储液干燥器或膨胀阀,可更换储液干燥器或膨胀阀。

d. 压缩机性能下降,排气压力低,则必须更换压缩机或将压缩机修复。

e. 若制冷剂注充太多,致使蒸发压力太高,则不能制冷,此时放掉部分制冷剂即可。

2. 系统制冷不足

(1) 故障现象

空调系统长时间运行,车厢内温度能够下降,但吹风口吹出的风不冷,没有清凉舒适的感觉。

(2) 故障原因

① 制冷剂注入量太多,引起高压侧散热能力下降,导致制冷效能不良。

② 制冷剂和冷冻机油脏污,使储液干燥器膨胀阀发生堵塞,导致通向膨胀阀的制冷剂流量下降,引起制冷不足。

③ 制冷剂和冷冻机油中水分过多,导致膨胀阀节流孔出现冰堵,制冷能力下降。

④ 系统中含空气过多,使冷凝器散热能力下降。

⑤ 由于压缩机密封不良漏气、驱动皮带松弛打滑、电磁离合器打滑等导致压缩机排气温度和压力降低,出现制冷不足。

⑥ 冷凝器表面积污太多、冷凝器变形等,导致冷凝器散热能力降低。

⑦ 膨胀阀开度调整过大,蒸发器表面结霜,膨胀阀感温包包扎不紧或外面的隔热胶带松脱,造成开启度过大,导致系统制冷不足。另外,膨胀阀开度过小,使流入蒸发器制冷剂量减少,也会引起制冷不足。

⑧ 送风管堵塞或损坏。

⑨ 温控器性能不良,使蒸发器表面结霜,冷风通过量减少,引起制冷不足。

⑩ 鼓风机开关、变速电阻、鼓风机电机、继电器、线路等工作不良,导致冷风量减少。

(3) 故障诊断与排除

当外界温度为34℃左右时,出风口温度为0~5℃,此时车厢内的温度应达到20~25℃。若达不到此温度,说明空调系统有问题。凡是引起膨胀阀出口制冷剂流量下降的一切因素,均可以导致系统制冷不足。此外,系统高、低压侧压力、温度超过或低于标准值也会引起制冷不足。所以,引起制冷不足的原因主要在于制冷剂、冷冻机油和机械方面的因素。

① 冷凝效果不好,冷凝器上有油污、杂物,就会影响制冷系统向外散发热量,这样会使系统的高压很高;此外,通过冷凝器的空气量不足,也会产生此现象。

② 蒸发器的鼓风机鼓风量减少,带出的冷气量也会减少。解决的办法是清洗和更换空气滤网,清除风道中的阻碍物。

③ 制冷系统中的制冷剂不足,高压、低压表偏低,玻璃观察窗有气泡翻腾。解决的办法

是补充制冷剂,直到看不到气泡为止。

④ 制冷剂充入超量,使蒸发温度提高。解决的办法是放掉部分制冷剂。

⑤ 压缩机长时间使用磨损,效率降低。解决的办法是修理或更换压缩机。

⑥ 制冷剂中混有空气,压力表指示偏大,冷凝器温度偏高,散热效果不好。解决的办法是放掉制冷剂,抽真空,重新充入制冷剂。

⑦ 循环管道尚未堵死,但循环不畅,使制冷剂循环量不够。一般被堵塞现象易出现在储液干燥器和膨胀阀,解决的办法是更换储液干燥器和膨胀阀。

3. 系统异响与振动

(1) 故障现象

空调系统工作时发出异常的声响或出现振动。

(2) 故障原因

① 压缩机驱动皮带松动、磨损过度、皮带轮偏斜、皮带张紧轮轴承损坏等。

② 压缩机安装支架松动或压缩机损坏。

③ 冷冻机油过少,使配合副出现干摩擦或接近干摩擦。

④ 间隙不当、磨损过度、配合表面油污、蓄电池电压低等原因造成电磁离合器打滑。

⑤ 电磁离合器轴承损坏,线圈安装不当。

⑥ 鼓风机电机磨损过度或损坏。

⑦ 系统制冷剂过多,工作时产生噪声。

(3) 故障诊断与排除

① 常见的原因是压缩机传动带松动,运转时发生出异响,因此只要调紧传动带即可。

② 由于压缩机吸盘与传动带轮之间相对打滑,也会发出刺耳的噪声。其原因可能是电磁线圈电流减小使吸力下降,或者是吸盘与传动带轮之间有油污而打滑,检查方法如图 5-15 所示,解决的办法是更换电磁阀或清洗油污。

③ 压缩机因内部磨损也会造成噪声过大。解决的办法是对压缩机进行修理或更换。

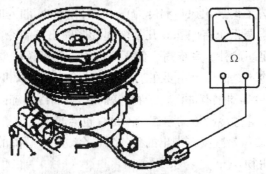

图 5-15 用万用表测量压缩机电磁线圈

## 任务思考

1. 如何对汽车充电系统进行故障诊断和检测？
2. 如何对汽车空调系统不制冷进行故障诊断和排除？
3. 如何对SRS系统故障进行诊断和检测？

# 任务六　汽车综合性能检测

## 任务目标

了解整车经济性、车速表、前照灯、排放、噪声检测、发动机输出功率、汽车底盘输出功率的勘测的内容和方法，学会各种检测仪器和设备的使用方法，掌握汽车综合性能检测的各项指标。

## 任务资讯

### 资讯一　整车经济性能检测

汽车的主要能源是石油产品中的汽油和柴油。在汽车的运输成本中，燃料消耗的费用大约占20%~30%，而且汽车运输消耗的石油量在各国占的比例都很大，有的多达40%。因此，提高汽车燃料经济性，降低运输成本，是当前世界节能和节省石油资源的需要。所以，汽车的燃料经济性是汽车重要的使用性能之一。人们常指某辆汽车经济不经济，指的就是燃油消耗量。

#### 一、整车经济性评价指标

通常，用一定运行工况下汽车行驶百公里的燃油消耗量或一定燃油量能使汽车行驶的里程来衡量汽车的燃油经济性。

在不同的国家和地区，衡量汽车燃油经济性的标准各有不同。在我国以及欧洲，燃油经济性的指标是汽车每行驶百公里消耗的燃油升数，单位是 L/100 km。其数值越大，汽车的燃油经济性越差。而在美国，衡量汽车燃油经济性的指标是每加仑燃油所能行驶的英里数，单位为 MPG，即 mile/USgal，这个数值越大，汽车的燃油经济性越好（1 USgal = 4.546 L，1 mile = 1.609 km）。

等速行驶百公里油耗是比较常用的一种评价指标，指的是汽车在额定负荷下，在无坡度的平直路面上以等速行驶时的油耗。这里所谓的等速，还要计入以不同车速等速行驶的情况，因为汽车以不同车速的等速行驶，百公里油耗是不同的。测试时，通常是在最高挡在平直路面上每隔 10 km/h 或 20 km/h 测出汽车的等速百公里燃油消耗量，然后在图上连成曲线，即汽车的等速百公里燃油消耗曲线，一般都是用这个曲线来评价汽车的燃油经济性。等速百公里燃油消耗曲线的形状一般来说都是两头高中间低，而到达中间最低点时最省油，因此曲线最低点相对应的车速就被称作经济车速。车辆出厂给出的参数中的油耗其实就是汽车在经济车速等速行驶的百公里油耗，而在平时的驾驶过程中，是很难达到这一经济油耗的。

在实际的驾驶过程中，等速行驶工况并不能全面反映汽车的实际运行情况，特别是在市区行驶时频繁出现的加速、减速、怠速停车等行驶工况；等速行驶百公里油耗实际上也不能准确地评定汽车的燃油经济性。因此，世界各国都制订了一些典型的循环行驶试验工况来模拟实际汽车的运行状况，并以其百公里燃油消耗量，即循环油耗来评定汽车的燃油经济性。循环工况至少要规定等速、加速和减速三种工况，复杂的还要计入启动和怠速等多种工况；并且还规定了一定的行驶规范，如：何时换挡、何时制动、以及行车的速度和加速度等数值。在我国，有6工况循环油耗和城市4工况循环油耗，并规定以等速百公里燃油消耗量和最高挡全油门行驶500 m的加速油耗作为单项评价指标，以循环工况油耗作为综合性评价指标。

影响燃料消耗的因素主要有以下几方面：

（1）车辆的技术状况。包括发动机的技术状况和底盘的技术状况两部分。

（2）道路条件及气候。包括路面质量，交通混合情况，平原还是坡道，海拔高度和天气等。

（3）车辆载重及拖运情况。载重量越大和拖挂重量越大，油耗越高。

（4）驾驶操作。在其他条件相同的情况下，驾驶技术水平不同，油耗可相差20%～40%。

## 二、整车经济性检测原理和设备

检测汽车燃油消耗量常通过燃油消耗检测仪测定燃油消耗量的容积或质量来表示。在汽车检测站通过汽车道路试验，更多是在底盘测功试验台上模拟路试来检测其燃油消耗量。

汽车的燃料消耗量是用油耗仪（包括油耗传感器和两次仪表）来测量的。而油耗仪种类繁多，按测量方法可分为：容积式油耗仪、质量式油耗仪、流量式油耗仪、流速式油耗仪。大多数油耗仪都能连续、累计测量，但测试的流量范围和流量误差各不相同。

1. 容积式油耗仪

容积式油耗仪的工作原理是使被测流体充满一定容量的测量室，通过充满测量室的次数，测出被测流体的总量，再除以测定时间间隔或行驶里程即可得平均燃料消耗量。容积式油耗仪按其结构分类有行星活塞式、往复活塞式、膜片式、油泡式等。下面以行星活塞式油耗仪为例说明其工作原理。

行星活塞式油耗仪其流量检测装置是由流量变换机构、信号转换机构组成，它将流量传感器串接在油管上。流量变换机构是将一定容积的燃油流量变为曲轴的旋转运动，它是由十字形配置的四个活塞和旋转曲轴构成，其工作原理如图6-1所示。

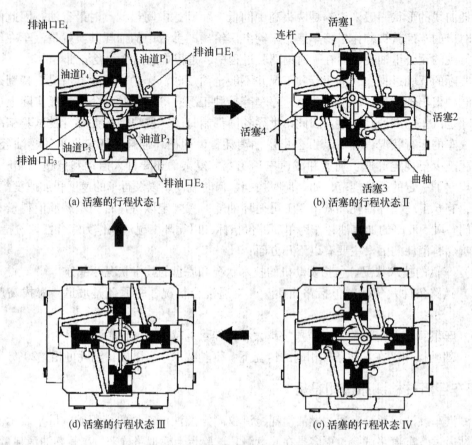

图6-1 行星活塞式油耗仪工作原理

燃油在油泵压力作用下推动活塞运动，带动曲轴旋转，4个活塞各往复运动一次，曲轴则旋转一周，完成一个工作循环。活塞在油缸中处于进油行程还是排油行程，取决于活塞相对于进排油口的位置。图6-1（a）表示活塞1处于排油行程，燃油由活塞1顶部通过$P_1$从$E_1$排出；活塞2处于进油终了；活塞3处于进油行程；活塞4处于排油终了。当活塞和曲轴位置如图6-1（b）所示时，活塞1处于排油终了；活塞2处于排油行程；活塞3处于进油终了；活塞4处于进油行程。同理，可以描述位置图6-1（c）、图6-1（d）各活塞的进排油状态。如此反复，在燃油泵泵油压力的作用下，就可以完成定容积、连续泵油的作用。曲轴旋转一周，各缸分别排油一次，其排油量可用式（6-1）计算：

$$v = 4 \times (\pi d^2/4) \times 2H \tag{6-1}$$

式中 $v$——4个缸总排油量，单位：$cm^3$；

$d$——代表某一活塞直径，单位：cm；

$H$——曲轴偏心距，单位：cm；2H为活塞行程。

信号转换机构装在曲轴的另一端,由主动磁铁、从动磁铁、转轴、光栅板发光二极管、光敏管等组成。主动磁铁装在曲轴上,从动磁铁装在转轴上,转轴通过轴承支撑在壳体内,转轴的上端固定有转动光栅板,在光栅板的上下方有发光二极管和光敏三极管。当曲轴旋转时,由于一对永久磁铁的吸引作用,转轴及其上的光栅也随之转动,通过发光二极管和光敏三极管的光电作用,把曲轴的转动变成光电脉冲信号送入计量显示仪,通过运算后,即可显示出流经的燃油量。

2. 质量式油耗仪

质量式油耗仪由称量装置、计数装置和控制装置构成,见图6-2。

质量式油耗仪测量消耗一定质量的燃油所用的时间,燃油消耗量可按式(6-2)计算:

$$G = 3.6 \times \frac{\omega}{t} \tag{6-2}$$

式中　$\omega$——燃油质量,单位:g;
　　　$t$——测量时间,单位:s;
　　　$G$——燃油消耗量,单位:kg/h。

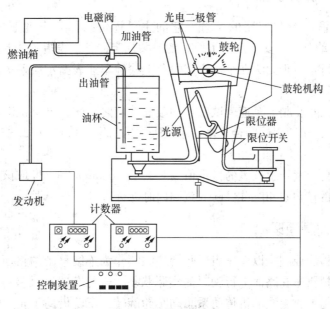

图6-2　质量式油耗仪

称量装置的秤盘上装有油杯,燃油经电磁阀、加油管注入油杯。电磁阀的开闭由装在平衡块上的行程限位器拨动两个微型限位开关进行控制。光电传感器由个光电二极管和装在棱形指针上的光源组成,用于给出油耗始点和终点信号。光电二极管为固定式,装在活动滑块上面，滑块通过齿轮齿条机构移动，齿轮轴与鼓轮相连，计量的燃油量通过转动鼓轮从刻度盘上读出。计量开始时，光源的光束射在左光电二极管上，左光电二极管发出信号使计数器开始计数，随着油杯中燃油的消耗，指针移动。当光束到右光电二极管上时，右光电二极管发出信号，使计数器停止计数。表示油杯中燃油耗尽。记录仪上两个带数字显示的半导体计数器，一个用于计算发动机曲轴转速，另一个用于记录时间。

## 资讯二 汽车车速表的检测

车速表是提供汽车行驶速度信息的重要仪表，驾驶员在行车途中能够正确掌握车速，是提高运输生产力与保证安全行车的关键。驾驶员对行车速度的掌握，虽然可以依据主观估计来进行，但由于人对速度的估计往往会因错觉而造成误差，再加上车速表使用时间长后内部磁场减弱、车轮直径磨损减小等原因，也造成的车速表读数失准，所以检验车速表对于保障行驶安全的意义也是非常重大的。

### 一、汽车车速表检测评价指标

车速表是检测汽车行驶速度的装置，它的主要评价指标是车速表的允许误差。按照GB7258—2004《机动车运行安全技术条件》的有关规定，车速表指示误差的检验宜在滚筒式车速表试验台上进行。对于无法在车速表试验台上检验车速表指示误差的机动车可路试检验车速表指示误差。

将被测机动车的车轮驶上车速表试验台的滚筒上使之旋转，当该机动车车速表的指示值（$V_1$）为40 km/h时，车速表试验台速度指示仪表的指示值（$V_2$）为32.8～40 km/h范围内为合格。

当车速表试验台速度指示仪表的指示值（$V_2$）为40 km/h时，读取该机动车车速表的指示值（$V_1$），当$V_1$的读数在40～48 km/h范围内时为合格。

### 二、汽车车速表检测原理

汽车车速表的检测原理是以车速表试验台的滚筒作为连续移动的路面，把被测车轮置于滚筒上旋转，来模拟汽车在路面上行驶时的实际状态，进行车速表误差的检测。试验时，将汽车驱动轮置于滚筒上，由发动机传动系驱动车轮旋转，车轮借助于轮胎的摩擦力带动滚筒转动。滚筒端部装有测速发电机（即速度传感器），测速发电机的转速随滚筒转速的增高而增加，而滚筒的转速与车速成正比，因此测速发电机发出的电压也与车速成正比。滚筒的线速度、圆周长与转速之间的关系，可用式（6-3）表达：

$$v = L \times n \times 60 \times 10^{-6} \tag{6-3}$$

式中 $V$——滚筒的线速度，单位：km/h；

$L$——滚筒的圆周长，单位：mm；

$n$——滚筒的转速，单位：r/min。

因车轮的线速度与滚筒的线速度相等，故上述的计算值即为汽车的真正车速值，该值在试验时由试验台上的速度指示仪表显示。车轮在滚筒上转动的同时，车速表的软轴也由变速器输出轴带动旋转，并在车速表上显示车速值，即车速表指示值。将上述试验台上速度指示仪表上显示的真正车速值与车速表上显示的车速指示值相比较，即可得车速表的误差。

## 三、汽车车速表的检测设备

汽车车速表的检测通过车速试验台来进行。车速表试验台有三种类型：无驱动装置的标准型，它依靠被测车轮带动滚筒旋转；有驱动装置的驱动型，它由电动机驱动滚筒旋转；把车速表试验台与制动试验台或底盘测功试验台组合在一起的综合型。

1. 标准型车速表检验台

该实验台由速度测量装置、速度指示装置和速度报警装置等组成，如图6-3所示。

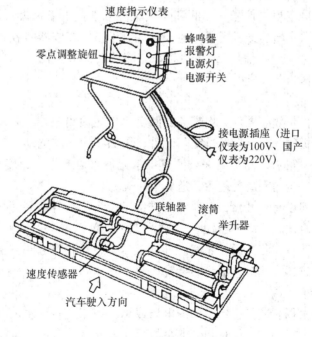

图6-3 标准型车速表试验台

（1）速度测量装置

速度测量装置主要由滚筒、速度传感器和举升器等组成。

滚筒一般为左右两个，通过滚筒轴承安装在框架上，用于支撑汽车的驱动轮。在测试过程中，为防止汽车的差速器起作用而造成左右驱动轮转速不等，前面的两根滚筒是用联轴器联在一起的。滚筒多为钢制，表面有防滑材料，直径多在 175～370 mm 之间，为了标定时换算方便直径多为 176～178 mm，这样滚筒转速为 1 200 r/min 时，正好对应滚筒表面的线速度为 40 km/h。

速度传感器的作用是测量滚筒的转动速度。通过转速传感器将滚筒的速度转变成电信号（模拟信号或脉冲信号），再送到显示仪表。常用的转速传感器有：测速发电机式、光电编码器式和霍尔元件式等。

① 测速发电机式

测速发电机是一种永磁发电机，由于制作精密，它能够产生几乎与转速完全成正比的电压信号，将它安装在滚筒一端。当滚筒转动时，测速发电机就可以输出与转速成正比的电压。此信号经放大和 A/D 转换后送入单片机处理。

② 光电编码式

它有一个带孔或带齿的编码盘，安装在滚筒的一端并随滚筒转动。有一对由光源和光接收器组成的光电开关，其中光源一般是发出红外光，光接收器多由光敏三极管和放大电路组成，可将收到的光信号变为电信号。光源和光接收器分别置于编码盘的两侧，并彼此对准。当编码盘转动时，光源发出的光线周期性地被遮住，于是光接收器将收到断续的光信号，并转换成一系列的电脉冲（脉冲信号），脉冲频率与滚筒转速成正比。将此脉冲信号经过光电隔离等环节之后，也送入单片机处理。

③ 霍尔元件式

霍尔元件是利用霍尔效应原理。将带齿的圆盘固定在滚筒一端，并随滚筒一起转动，当圆盘的齿未经过磁导板时，有磁场经过霍尔元件，因而感应霍尔电动势。当圆盘的齿经过磁导板时，磁场被短路，霍尔电动势消失，所以霍尔元件可以产生与速度成正比的脉冲信号。此脉冲信号同样经过一定的隔离处理后，送入单片机。

在前、后滚筒之间设有举升器，以便汽车进出试验台。举升器多为气动装置，也有液压驱动和电机驱动的。测试时，举升器处于下方，以便滚筒支撑车轮。测试前，举升器处于上方，以便汽车驶上检验台，测试后，靠气压（或液压、电机）升起举升器，顶起车轮，以便汽车驶离检验台。举升器升起时，滚筒不会转动。

（2）速度指示装置

速度指示装置是根据测速传感器发出的电压或脉冲数来进行计量的。根据滚筒圆周长与转速可算出其线速度，以 km/h 为单位在速度指示仪表上显示车速。目前多用智能型数字显示仪表，也就是一个单片机系统。来自传感器的信号经放大、A/D 转换或经滤波整形后进入单片机处理，再显示测量结果。

(3) 速度报警装置

速度报警装置是在测量时,便于判明车速表误差是否在合格范围之内而设置的,一般有3种形式:

① 用试验台报警装置指示检测车速。当汽车实际车速达到某一规定值(如40 km/h)时,报警装置的报警灯亮或蜂鸣器响,提醒驾驶员已到达检测车速,注意观察驾驶室内车速表的指示车速值。

② 将试验台指示仪表一定范围内涂成绿色区域。按现行标准将试验台速度表的33.3~42.1 km/h涂成绿色区域,表示为合格区域。

③ 同时具备上述两种装置的报警装置。

2. 驱动型车速表试验台

车速表的转速信号多数取自汽车变速器或分动器的输出轴,但对于后置发动机的汽车,由于车速表软轴过长,会出现传动精度和寿命等方面的问题,所以转速信号取自前从动轮。对这种车辆必须采用电动机驱动型车速表检验台。驱动型车速表试验台就是为适应后置发动机汽车的试验而制造的,其结构如图6-4所示。这种试验台在滚筒的一端装有电动机,测试时由电动机驱动滚筒与前从动轮旋转。

此外,这种试验台在滚筒与电动机之间装有离合器,若试验时将离合器分离,又可作为标准型试验台使用。

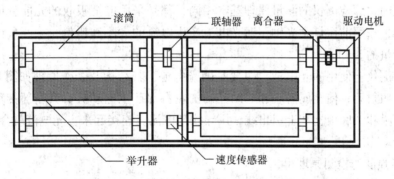

图6-4 驱动型车速表试验台

## 资讯三 汽车前照灯的检测

前照灯是汽车在夜间或在能见度较低的条件下,为驾驶员提供行车道路照明的重要设备,而且也是驾驶员发出警示,进行联络的灯光信号装置。所以前照灯必须有足够的发光强度和正确的照射方向。由于在行车过程中,汽车受到振动,可能引起前照灯部件的安装位置发生变动，从而改变光束的正确照射方向，同时，灯泡在使用过程中会逐步老化，反射镜也会受到污染而使其聚光的性能变差，导致前照灯的亮度不足。这些变化，都会使驾驶员对前方道路情况辨认不清，或在与对面来车交会时造成对方驾驶员眩目等，从而导致事故的发生。为了保证夜间的行驶安全，前照灯的发光强度和照射方向必须符合国家标准的有关规定。

## 一、汽车前照灯检测评价指标

根据 GB 7258—2004《机动车运行安全技术条件》的规定，汽车前照灯的检验指标为光束照射位置的偏移值和发光强度（cd）。

（1）光束照射方位的偏移值

如果把前照灯最亮的地方看作是光束的中心，则它对水平、垂直坐标轴交点的偏离，即表示它的照射方位的偏移，其偏移的尺寸就是光束照射方位的偏移值，亦称光轴的偏斜量。

（2）发光强度

发光强度是光线在给定方向上发光强弱的度量，其单位为坎德拉，用符号 cd 表示。按国际标准单位 SI 的规定，若一光源在给定方向上发出频率 $540 \times 10^{12}$ Hz 的单色辐射，且在此方向上的辐射强度为每球面度 $1/683$ W 时，则此光源在该方向上的发光强度为 1cd。

## 二、汽车前照灯检测的原理

各种类型前照灯检测仪的测量原理基本相同，都是采用能把吸收的光能变成电流的光电池作为传感器，按照前照灯主光轴照射光电池产生电流的大小和比例，来测量前照灯发光强度和光轴偏斜量的。

前照灯检测仪上使用的光电池，主要是硒光电池，其结构及工作原理如图 6-5 所示。当硒光电池受光照射后，使金属薄膜和非结晶硒的左右部产生电动势，其左部带负电，右部带正电。在金属膜和铁底板上装上引出线，用导线与电流表连接起来，光电流就会流过电流表，使电流表指针动作。

（1）发光强度的检测原理

测量前照灯发光强度的电路由光电池、光度计和可变电阻等组成，如图 6-6 所示。按规定的距离使前照灯照射光电池，光电池根据前照灯发光强度的大小产生相应的光电流使光度计指针摆动，指示出前照灯的发光强度。

（2）光轴偏斜量的检测原理

如图 6-7 所示，把光电池分成 $S_上$、$S_下$、$S_左$、$S_右$ 四份。$S_上$ 和 $S_下$ 之间接有上下偏斜指示针，$S_左$ 和 $S_右$ 之间接有左右偏斜指示针。当前照灯光束照射光电池后，各分光电池分别产生电流。当 $S_上$ 和 $S_下$ 或 $S_左$ 和 $S_右$ 受光面不一致时，产生的电流也不一致，根据其差值，可使左右偏斜指示针或上下偏斜指示针动作，指示出光轴的偏斜量。

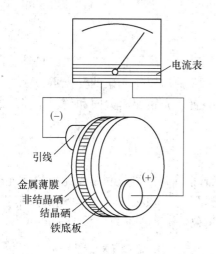

图 6-5 硒光电池结构及工作原理

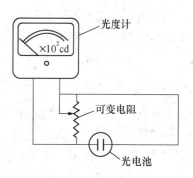

图 6-6 发光强度的检测原理图

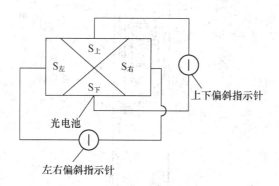

图 6-7 光轴偏斜量的检测原理

图 6-8 所示为光电池受光面无偏斜受光的情况,这时上下偏斜指示计和左右偏斜指示计指针均垂直向下,即处于零位。图 6-9 所示为光电池受光面向左下方偏斜受光的情况,这时上下偏斜指示计的指针向下偏斜,左右偏斜指示计的指针向左偏斜。

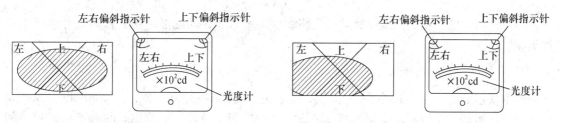

图 6-8 光轴上下与左右均无偏斜的情况　　　图 6-9 光轴上下与左右均有偏斜的情况

## 三、汽车前照灯检测设备

根据结构特征与测量方法，前照灯检验仪可分为聚光式、屏幕式、投影式和自动追踪光轴式等几种类型。这些不同类型的前照灯检验仪都是由接受前照灯光束的受光器、使受光器与汽车前照灯对正的校准装置、前照灯发光强度指示装置、光轴偏斜方向和偏斜量指示装置以及支柱、底板、导轨、汽车摆正找准装置等组成。

### 1. 聚光式前照灯检测仪

聚光式前照灯检测仪的构造如图 6-10 所示。聚光式前照灯检测仪利用受光器的聚光透镜把前照灯的散射光束聚合起来，并导引到光电池的光照面上，根据其对光电池的照射强度，来检测前照灯的发光强度和光轴偏斜量。检测时，检测仪放在距前照灯前方 1 m 处。

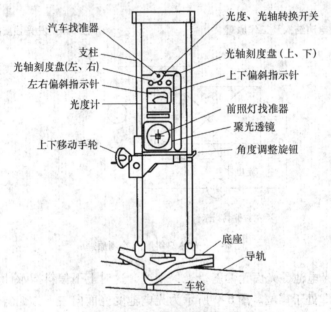

图 6-10 聚光式前照灯检测仪

由于测量方法的不同，该仪器又分为移动反射镜式、移动光电池式和移动聚光透镜式三种类型。

### 2. 屏幕式前照灯检测仪

屏幕式前照灯如图 6-11 所示。检测仪把前照灯的光束照射到屏幕上，从而检测发光强度和光轴偏斜量的。将检测仪放在前照灯前方 3 m 的检测距离处，把前照灯的光束照射到屏幕上来检测光轴偏斜量和发光强度。在固定屏幕上装有可以左右移动的活动屏幕，在活动屏幕上装有能上下移动的内部带光电池的受光器。检测时，移动受光器和活动屏幕，根据光度计指示值为最大时的位置找到主光轴的方向,然后由固定屏幕和活动屏幕上的光轴刻度尺即可读出光轴偏斜量;同时可从光度计的指示值得出发光强度。

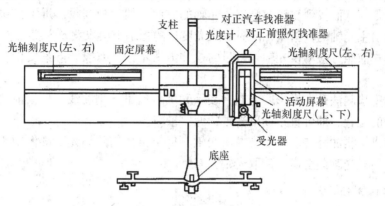

图 6-11 屏幕式前照灯检测仪

3. 投影式前照灯检测仪

投影式前照灯检测仪采用把前照灯光束的影像映射到投影屏上,来检测发光强度和光轴偏斜量。检测时,测试距离一般为 3 m。其构造如图 6-12 所示。

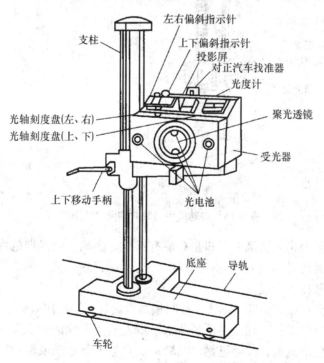

图 6-12 投影式前照灯检测仪

在聚光透镜的上下和左右方向装有四个光电池。前照灯光束的影像通过聚光透镜、光度计的光电池和反射镜后,映射到投影屏上。检测时,通过上下、左右移动受光器使光轴偏斜指示计指示为零,从而找到被测前照灯主光轴的方向,然后根据投影屏上前照灯光束影像的位置,即可得出主光轴的偏斜量,同时可从光度计的指示中读取发光强度。

根据投影式前照灯检测仪光轴偏斜量的检测方法不同,有投影屏刻度检测法和光轴刻度盘检测法。

投影屏刻度检测法是在投影屏上刻有表示光轴偏斜量的刻度线,根据前照灯影像中心在投影屏上所处的位置,即可直接读出光轴的偏斜量。

光轴刻度盘检测法是转动上下与左右光轴刻度盘,使前照灯光束影像中心与投影屏坐标原点重合,然后从光轴刻度盘上读取光轴偏斜量。

4. 自动追踪光轴式前照灯检测仪

自动追踪光轴式前照灯检测仪构造如图 6-13 所示。

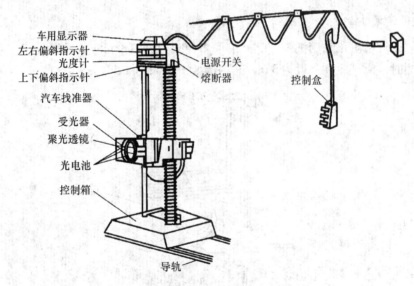

图 6-13 自动追踪光轴式前照灯检测仪

在受光器的面板上聚光透镜上下和左右装有 4 个光电池,受光器的内部也装有 4 个光电池,分别构成主、副受光器。另外还有由两组光电池电流差所控制的能使受光器沿上下和水平方向移动的驱动和传动装置。

检测时,将检测仪放在前照灯前方 3 m 的检测距离处。当前照灯光束照射到受光器上时,若前照灯光束照射方向偏斜,则主副受光器上下或左右光电池的受光量不等,它们分别产生的电流失去平衡产生电流差,并通过钢丝绳牵动受光器上下移动或驱动控制箱在轨道上左右移动,直至受光器上下、左右光电池受光量相等为止。这就是所谓的自动追踪光轴,追踪时受光器的位移由光轴偏斜指示计指示，发光强度由光度计指示。

## 资讯四　汽车排放污染物的检测

目前，大气污染已不仅仅是在几个工业化国家中，他已逐渐发展成为世界性的问题，尤其是在一些大中城市。随着汽车保有量的增加（年递增率达到10%以上），汽车排气污染物造成的环境污染情况将日趋严重。所以对汽车排气污染物的监控与防治，已处于刻不容缓的地步。要搞好汽车排气污染物的监控与防治，首先必须做好防治工作。用废气分析仪和烟度计测定排气污染物的浓度，目的是控制排气污染物的扩散，使其限定在被允许的范围内，以达到保护生态环境和自然界生态平衡的目的。

### 一、汽车排放污染物检测评价指标

车辆使用的燃料不同，燃烧方式不同，汽车发动机排出的废气成分也不相同，另外有害成分的排放量与汽车的技术状态也有着密切的关系。

（1）装配点燃式发动机的车辆怠速试验排气污染物限值如表6-1所示（GB 7258—2004）。

表6-1　装配点燃式发动机的车辆怠速试验排气污染物限值

| 车辆类别 | 轻型车 | | 重型车 | |
| --- | --- | --- | --- | --- |
| | CO（%） | HC（$10^{-6}$） | CO（%） | HC（$10^{-6}$） |
| 1995年7月1日以前生产的在用汽车 | 4.5 | 1 200 | 5.0 | 2 000 |
| 1995年7月1日起生产的在用汽车 | 4.5 | 900 | 4.5 | 1 200 |

（2）装配点燃式发动机的车辆双怠速试验排气污染物限值如表6-2所示（GB 18285—2005）。

表6-2　装配点燃式发动机的车辆双怠速试验排气污染物限值

| 车辆类别 | 怠速 | | 高怠速 | |
| --- | --- | --- | --- | --- |
| | CO（%） | HC（$10^{-6}$） | CO（%） | HC（$10^{-6}$） |
| 1995年7月1日以前生产的轻型汽车 | 4.5 | 1 200 | 3.0 | 900 |
| 1995年7月1日起生产的轻型汽车 | 4.5 | 900 | 3.0 | 900 |
| 2000年7月1日起生产的第一类轻型汽车[①] | 0.8 | 150 | 0.3 | 100 |
| 2000年10月1日起生产的第二类轻型汽车 | 1.0 | 200 | 0.5 | 150 |
| 1995年7月1日以前生产的重型汽车 | 5.0 | 2 000 | 3.5 | 1 200 |
| 1995年7月1日起生产的重型汽车 | 4.5 | 1 200 | 3.0 | 900 |
| 2004年9月1日起生产的重型汽车 | 1.5 | 250 | 0.7 | 200 |

注：① 对于2001年5月31日以后生产的5座以下（含5座）的微型面包车，执行此类在用车排放限值。

② 对于使用闭环控制电子燃油喷射系统和三元催化转换器技术的汽车进行过量空气系数（λ）的测定。发动机转速为高怠速时，λ值在1.00±0.03或制造厂规定的范围内。进行λ测试前，应按照制造厂使用说明书的规定预热发动机。

(3) 装配压燃式发动机车辆自由加速试验排气可见污染物限值如表6-3所示（GB 3847—2005）。

表6-3 装配压燃式发动机车辆自由加速试验排气可见污染物限值

| 车辆类别 | 光吸收系数（$m^{-1}$） |
| --- | --- |
| 2001年10月1日以后上牌照的在用车 | 2.5 |
| 2001年10月1日至2005年7月1日装配废气涡轮增压器的在用车 | 3.0 |
| 2005年7月1日生产的在用汽车 | 不应大于车型核准批准的自由加速排气烟度排放限值，再加$0.5\ m^{-1}$ |

(4) 装配压燃式发动机的车辆自由加速试验烟度排放限值如表6-4所示（GB 3847—2005）。

表6-4 装配压燃式发动机的车辆自由加速试验烟度排放限值

| 车辆类别 | 烟度值（Rb） |
| --- | --- |
| 1995年6月30日以前生产的在用车 | 5.0 |
| 1995年7月1日起至2001年9月30日期间生产的在用车 | 4.5 |

根据汽车生产年代的不同，检测的标准也不同，尤其对于汽油机车辆，由于发动机降低排污技术的快速发展，排放标准越来越高，在检测过程中，应掌握最新的检测标准要求，真正达到检测目的。

## 二、汽车排放污染物检测仪器及工作原理

目前国内外生产的尾气排放检测设备种类繁多，用来测定汽油车的主要有不分光红外线气体分析仪、氢火焰离子型分析仪、化学发光分析仪等，柴油机检测主要采用滤纸式烟度计、透光式烟度计等。下面以不分光红外线气体分析仪和滤纸式烟度计为例，分别介绍汽油发动机和柴油发动机汽车排放物检测仪器的主要结构和工作原理。

1. 不分光红外线气体分析仪的结构与原理（如图6-14所示）

不分光红外线分析仪器是两气分析仪，它从汽车排气管内收集汽车的尾气，并对气体中所含有的CO和HC的浓度进行连续测定。它主要由尾气取样装置、尾气分析装置、浓度指示装置和校准装置构成。

(1) 尾气取样装置

尾气取样装置由探头、滤清器、导管、水分离器和泵等构成，如图6-15所示。用探头、导管、泵从排气管采集尾气。排气中的粉尘和碳粒用过滤器滤除，水分用水分离器分离出去。最后，将气体成分输送到分析部分。

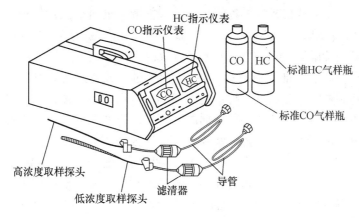

图6-14 不分光红外线气体分析仪

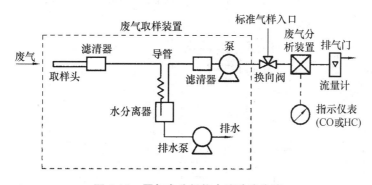

图6-15 尾气在分析仪内流动路线图

(2) 尾气分析装置

根据检测原理不同,尾气分析装置有两种不同的结构形式,即电容检测器和半导体检测器。下面主要介绍电容检测器检测原理。

电容检测器检测原理是建立在一种气体只能吸收其独特波长的红外线的特性基础上的。即是基于大多数非对称分子对红外线波段中一定波长具有吸收功能,而且其吸收程度与被测气体的浓度有关。如CO能够吸收 $4.55\ \mu m$ 波长的红外光线,$CH_4$ 能吸收 $2.3\ \mu m$、$3.4\ \mu m$、$7.6\ \mu m$ 波长的红外线。

该分析仪是由红外线光源,测量室(测定室、比较室),回转扇片和检测器构成。从采集部分输送来的多种气体共存在尾气中,通过非分散型红外线分析部分分析测定气体(CO、HC)的浓度,用电信号将其输送到浓度指示部分。工作原理如图6-16所示。它由两个红外线光源发出两组分开的射线,这些射线被两旋转扇片同相地遮断,从而形成射线脉冲,射线脉冲经滤清室,测量室而进入检测室,测量室由两个腔室组成,一个是比较室,另一个是测定室。比较室中充有不吸收红外线的氮气，使射线能顺利通过。测定室中连续填充被测试的尾气，尾气中 CO 含量越高，被吸收的红外线就越多。检测室由容积相等的左右两个腔室组成，其间用一金属膜片隔开，两室中充有同摩尔数的 CO。由于射到检测室左室的红外线在通过测定室时一部分射线已被排气中的 CO 吸收，而通过比较室到达检测室右室的红外线并未减少，这样检测室左右两室吸收的红外线能量不同，从而产生了温差，温度的差异导致了压力差的存在，使作为电容器一个表面的金属膜片弯曲。弯曲振动的频率与旋转扇片的旋转频率相符。排气中的 CO 浓度越大，振幅就越大。膜片振动使电容改变，电容的改变引起电压的变化，从而产生交变电压。交变电压经放大，整流成直流信号，变为被测成分浓度的函数，因此可用仪表测量。而 HC 由于受到其他共存气体的影响，所以使用固体滤光片，利用了正乙烷红外线吸收光谱的特点。因此，样品室内共存的 CO、$CO_2$、$NO_x$ 等 HC 以外的气体所产生的红外线被吸收，再经检测器窗口的选择和过滤，仅让具有 HC（或正己烷）3.5 μm 附近的波长到达检测室内。HC（或正己烷）被封入检测器，样品室中的 HC（或正己烷）吸收量也就被检测器检测出来。

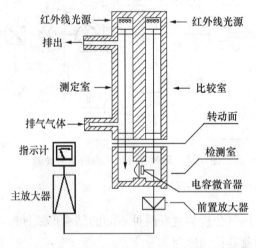

图 6-16 电容检测器工作原理

(3) 浓度指示装置

浓度指示装置室按照废气分析装置送来的电信号进行显示，在 CO 测量仪上用 CO 浓度容积的百分比进行刻度；在 HC 测量仪上用 HC 换算成正己烷浓度容积的 $10^{-6}$ 为单位进行刻度。

仪表指针可用零点调整螺针调零。根据测量浓度不同，仪表上设有不同量程的换挡旋钮，可以方便地控制。

新型仪器的指示装置改为数字显示，有的可直接打印测量值。

(4) 校准装置

校准装置是为了保持分析仪指示精度，使之能显示正确指示值的一种装置。在分析仪上通常设有加入标准气样进行校准的校准装置和机械的简易校准装置。

① 标准气样校准装置是把标准气样从分析仪单设的一个专用注入口中直接送到废气分析装置，再通过比较标准气样浓度值和仪表指示值的方法来进行校准的装置。

② 简易校准装置是用遮光板把废气分析装置中通过测量气样室的红外线挡住一部分，用减少一定量红外线的方法进行简单校准的装置。简易校准开关装在仪表板上，并分别设有CO、HC校准旋钮。

对于汽油机排气中CO的浓度可以直接测量。而HC由于成分复杂，因此要把各种碳氢化合物的成分浓度换算成统一的正己烷（$C_6H_{14}$）浓度来作为HC的浓度测量值。从而对于那些正己烷以外的HC的相对灵敏度，成了测量仪器的重要性能，在技术标准中，相对灵敏度用正己烷与丙烷（$C_3H_8$）的比值来表示，并规定：丙烷浓度值测量仪器指示值范围1.73～2.12。在测量仪中，把该数的倒数（0.472～0.578）作为换算系数予以标明。

鉴于目前实施的急速工况测定CO、HC两气体的排气检测手段已无法有效反映汽车排气中的$NO_x$和$CO_2$，而四气、五气体分析仪可满足测量要求，四气与五气的分析仪区别在于五气分析仪可检氮氧化合物（NO）。

五气分析仪中CO、$CO_2$、HC浓度通过非分散红外线不同波长能量吸收的原理来测定，可获得足够的测试精度。而$NO_x$与$O_2$的浓度采用氧传感器和一氧化氮传感器测定。

氧传感器基本形式包括一个电解质阳极和一个空气阴极组成的金属-空气有限度渗透型电化学电池。氧传感器电流是一个电流发生器，其所产生的电流正比于氧的消耗率。此电流可通过在输出端子跨接一个电阻以产生一个电信号。如果通入传感器的氧只是被有限度地渗透，利用上述信号可测氧的浓度。

在汽车废气检测上应用的氧电池，使用一种塑料膜作为渗透膜，其渗透量受控于气体分子撞击膜壁上的微孔，如果气体压力增加，分子的渗透率增加。因此，输出的结果直接正比于氧的分压且在整个浓度范围内呈线性响应。

由氧传感器输出的信号经放大后，送至仪器的数据处理系统的A/D输入端，进行数字处理及显示。

NO的传感器是基于氧传感器基础上发展起来的电化学电池式传感器。

2. 滤纸式烟度计的结构与原理

从测量原理上来说，滤纸式烟度计是一种非直接测量的计量仪器，它通过检测测量介质被所测量烟度污染的程度大小来间接得出烟度的大小。仪器的取样系统通过抽气泵、取样探头从柴油车的排气管内，在规定时间中，抽取规定容积废气，经过测量介质（测试过滤纸）过滤，废气中的炭粒附着在过滤纸上，形成一个规定面积的烟斑，然后通过测量系统的光电测量探头对烟斑的污染程度进行测量，转化为电信号，经过放大、处理，再将测试结果通过显示装置显示出来。

滤纸式烟度计其结构如图 6-17 所示，由采样器和检测器两部分组成。采样抽气系统由抽气汽缸、抽气电机、取样探头以及气路管道系统和控制电路组成；采样时，在控制电路的控制下，电机带动汽缸运动，汽缸通过气路管道系统（取样枪从柴油车的排气管内抽取规定容积的废气），并通过测试过滤纸过滤，完成采样过程。

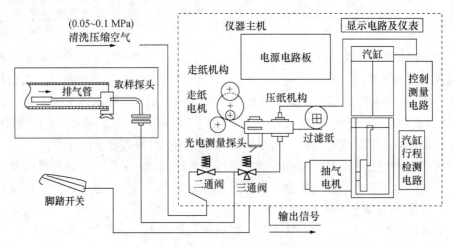

图 6-17　滤纸式烟度计总体结构示意图

测量系统主要由走纸机构、压纸机构、光电测量探头以及测量电路和结果显示电路组成。测量时压纸机构张开，走纸电机带动走纸机构，将被采样系统污染后的测试过滤纸带到光电测量探头下，光电测量探头对其进行测量，通过其内部的测量装置（如图 6-18 所示）将滤纸污染程度转化为电信号，经过测量电路放大、处理，最后通过显示电路在数字表上将测量结果显示出来。

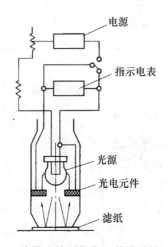

图 6-18　染黑度检测与指示装置结构示意图

## 资讯五　汽车噪声的检测

随着近代工业、交通运输业和城市建设的发展，汽车的保有量急剧增长，汽车噪声对环境污染问题日益严重，对人类的生活构成了潜在的威胁，成为当今世界上威胁人类生存的三大公害（空气、水源、噪声）之一。许多国家都成立了噪声控制专门机构，颁布了有关法律、条例，采取各种措施控制噪声对环境的污染。

### 一、汽车噪声检测的评价指标

噪声是泛指人们不需要、令人烦躁和讨厌的干扰声。噪声是一种不规则或随机的声音信号。汽车发出的噪声可归为两类：一类是发动机工作和冷却系统工作发出的噪声，另一类是行驶系统工作和喇叭发出的噪声。噪声对人的生理、心理会产生较大的影响。长期工作在较大的噪声环境下，可导致听觉器官损伤，引起神经、心脏、消化等不良，易使人产生烦躁和疲劳。因此，噪声是汽车使用的不安全因素之一。

噪声的主要物理参数有声压和声压级，是表示声音强弱的最基本的参数。声压是由声波引起的压力增值。声音强弱取决于声压，声压越大，声音就越强。声级是一种作相对比较的无量纲单位：分贝（dB），声压级是指某一点的声压 $P$ 与基准声压 $P_0$ 的比值，取常用对数再乘以 20，表达式为：

$$L_P = 20\lg(P/P_0) \tag{6-4}$$

式中　$L_P$——声压级，单位：dB；

$P$——某一点测得的声压，单位：Pa；

$P_0$——基准声压，单位：Pa。

《机动车安全技术条件》GB 7258—2004 对噪声进行了严格的要求，汽车加速行驶时，车外噪声应符合 GB 1495—2002 标准，见表 6-5，测量方法应按 GB 1496—2002 规定。车内噪声：对于客车车内最大噪声级应不大于 82dB（A）。机动车应设置喇叭，其性能应可靠，声音悦耳，喇叭噪声应符合《机动车运行安全技术条件》中的规定，城市用机动车喇叭声级在距车前 2m，离地高 1.2m 处应为 90～115dB（A）。驾驶员耳旁噪声应不大于 90dB（A）。

表 6-5　机动车车外最大允许噪声

| 机动车种类 | 机动车车外最大允许噪声 dB（A） ||
|---|---|---|
| | 1985 年 1 月 1 日前生产的汽车 | 1985 年 1 月 1 日起生产的汽车 |
| 载货汽车（8 t≤载质量≤15 t） | ≤92 | ≤89 |
| 轻型越野车 | ≤89 | ≤84 |
| 公共汽车（4 t≤总质量≤11 t） | ≤89 | ≤86 |
| 轿车 | ≤84 | ≤82 |
| 摩托车 | ≤90 | ≤84 |
| 轮式拖拉机（44 kW 以下） | ≤91 | ≤86 |

## 二、汽车噪声检测的原理

图 6-19 所示是噪声测量系统的方框图。话筒的功用是将波动的声压信号转换成电压信号。目前常用的是电容话筒，但其输出阻抗很高，经不起电缆电容的衰减，所以紧接其后安排了前置放大器进行阻抗变换，然后通过电缆接到输入放大器。

输入放大器的作用是将微弱的电压信号加以放大，它具有高度稳定的增益，但当输入信号较大时，应通过衰减器作适当的衰减，以保证放大器在最佳状态下工作。

插在输入和输出放大器之间的是滤波器和计权放大器，放大器均设计成在相当宽的频率范围内响应平直；带动滤波器则截取某一频带信号对噪声进行频率分析；计权放大器则用来直接读取声级以便获得近似的响应级量度。计权放大器一般有 A、B、C 三种。A 计权声级是模拟人耳对 55dB 以下低强度噪声的频率特性，B 计权声级是模拟 55～85dB 的中等强度噪声的频率特性，C 计权声级是模拟高强度噪声的频率特性。三者的主要差别是对噪声低频成分的衰减程度，A 衰减最多，B 次之，C 最少。A 计权声级由于其特性曲线接近人耳的听感特性，因此是目前世界上噪声测量中应用最广泛的一种，B、C 已逐渐不用。

从声级计上得出的噪声级读数，必须注明测量条件，如单位为 dB，且使用的是 A 计权放大器，则应记为 dB（A）。

图 6-19　噪声测量系统方框图

输出放大器的输出端给出的是经滤波（或计权）放大后的声电信号，但它还不能直接供人们认识，因此，必须加入检波器和显示装置。如果将该声电信号接往阴极射线示波器，在荧光屏上将显示出声压随时间变化的波形，这对脉冲声的测量比较重要。对于稳定噪声，通常只需要了解其总声压级和 A、B、C 以及各频带声压级，并不一定要了解声压信号的其他细节。这时就必须通过均方根检波电路对声压信号加以平方、平均和开方，然后将得到的直流均方根电压信号输往电表。该电表的刻度是经过专门标定的，可以直接读出声压级的分贝数。均方根检波电路的平均时间是可以调节的，通常有"快"、"慢"两挡，有些仪器则具体标出所用的平均时间。总的声压级读数由衰减器及表针位置决定。

如果要将声压随时间的变化或各频带声压级所构成的频谱作自动记录，则应接上高速电平记录器，该记录器内也有均方根检波和对数转换装置，并能使描笔在记录纸上绘出声压级变化的轨迹，记录纸的移动速度是恒定的，通过软轴脉冲可使记录器纸带的运动与滤波器的切换同步，这样便可自动地描绘出声压级频谱图。

## 三、汽车噪声检测仪器

测量噪声的仪器包括声级计、频率分析仪、电平记录仪等。这里只介绍测量汽车噪声用的声级计。声级计按供电电源种类可以分为交流式和直流式两种，其中直流式声级计因操作携带方便，所以比较常用。如图 6-20 所示，为衡阳产 HY104 型声级计的外形图。声级计一般都是由传声器、放大器、衰减器、计权放大器、检波器和指示装置组成。

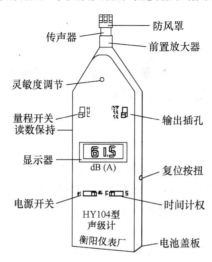

图 6-20　HY104 型声级计外形结构

### 1. 传声器

传声器也叫话筒，是将声压信号转变为电信号的传感器，是声级计中的关键元件之一。常见的传声器有晶体式、驻极体式、动圈式和电容式数种。其中电容式传声器是噪声测量中常用的一种。其结构如图 6-21 所示。它主要由金属膜片和靠得很近的金属电极组成，这两者实质上形成了一个平板电容器。在声压的作用下，膜片反复出现变形，使两个极板之间的距离不断发生变化，于是极板间的电容也不断改变。这就为所接的输入电路提供了一个交变电信号，信号的大小与声压成一定比例。

电容式传声器具有动态范围大，频率响应特征好和灵敏度高等特点，因而广泛应用与噪声测量。

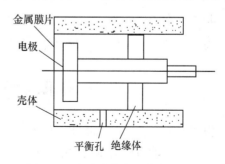

图 6-21　电容式传声器结构示意图

## 2. 前置放大器

由于电容式传声器输出信号很小，输出阻抗很高，所以需要通过前置放大器将信号进行放大和实现阻抗匹配。

## 3. 衰减器

衰减器用于调整输出信号的大小，使得显示仪表指示到适当的位置。根据量程的选择衰减程度分为 H、M、L 3 挡。

## 4. 计权放大器

计权放大器即计权网络。它是将声音信号的低频段进行适当衰减的电路，以便使仪器的频率特征更好地适应人耳的听觉特性。计权网络分 A、B、C 三种，有的声级计只有 A、C 两种计权。

## 5. 检波器

在检波器之前的信号还是包含着声音频率成分的交流信号。为了便于仪表指示，信号需经检波处理（实质上就是整流和滤波），以便将快速变化的交流信号转换成变换比较慢的直流电压信号。检波器的输出一般分为快慢两挡。

## 6. 对数放大器

从检波器输出的信号还只是与声压成正比。为了与人耳听觉对声音响应的对数特征相吻合，在电路中设计了对数放大器，以便使信号仪表指示后，能够以均匀的刻度显示所测声级数值。

## 7. 保持输出

声级计上有一个保持按钮，在测量最大值时使用。当按下保持按钮时，仪表指示的数值只能升不能降，从而可测量某一段时间内的声音最大值。当松开按钮后，自动恢复即时显示。

## 8. 指示仪表

目前使用的指示仪表有数字式和指针式多种形式。

# 资讯六　汽车制动性能检测

根据 GB 7258—2004《机动车运行安全技术条件》的规定，机动车可以用制动距离、制动减速度和制动力检测制动性能，检测设备有五轮仪、制动减速度仪和制动试验台。

汽车制动性能检测分台架试验法和道路试验法两种。用五轮仪和制动减速度仪检测汽车制动性能时，需在道路试验中进行，称道路试验法。台架试验法使用制动试验台进行检测。

与道路试验法相比，台架试验法具有迅速、准确、经济、安全，不受自然条件的限制以及试验重复性好和能定量地指示出各车轮的制动力等优点，因而在国内外获得了广泛应用。其中，滚筒式制动试验台测量车轮制动力的原理，如图6-22所示。

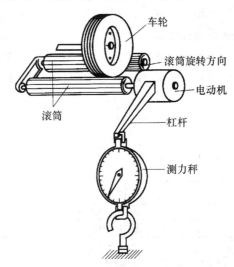

图 6-22　制动力的测量方法

1. 制动性能检测的目的

汽车的制动性能是指汽车在行驶中能强制地减速以至停车，或下长坡时维持一定速度的能力。

汽车的制动性能主要由4个方面来评定：

① 制动效能包括制动距离、制动减速度、制动力和制动时间。

② 制动效能的恒定性指制动过程中，制动器的抗热衰退能力和水湿恢复能力。

③ 制动的方向稳定性指汽车在制动过程中不发生跑偏、侧滑和转向的能力。

④ 制动操纵轻便，反应灵敏指制动操纵省力，制动力迅速而平稳地增加。放松踏板，制动迅速解除。在行驶中不出现自行制动现象。

为保证汽车制动性能完好，除制动装置结构设计合理外，还必须确保汽车制动装置技术状况的完好。制动系统的技术状况变坏，会导致事故的发生。因此，必须对汽车的制动装置和制动性能进行严格的检测，并进行定期的维护。

2. 制动性能检测设备

台架式检测法使用的设备是制动试验台。制动试验台按测试原理分为：反力式和惯性式；按支撑车轮形式分为：滚筒式和跑板式；按检测参数分为：测制动力式、测制动距离式和多功能综合式；按测量装置至指示装置传递信号的方式分为：机械式、液压式和电气式；按同时能检测车轴数分为：单轴式、双轴式和多轴式。

上述类型中，反力式滚筒试验台（测制动力式），特别是单轴反力式滚筒试验台应用最为普遍。目前我国汽车安全技术检测线所用的制动检测设备多为这种形式。

单轴反力式滚筒试验台的典型结构如图 6-23 所示。试验台主要由驱动装置、制动力承受装置、制动力测量装置和制动力指示装置等组成。为使试验台能同时检测左、右车轮的制动力，左、右两侧的制动力承受装置、制动力测量装置和驱动装置是分别独立设置的。

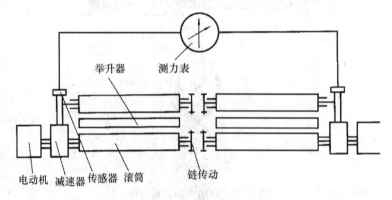

图 6-23  单轴反力式滚筒试验台示意图

① 驱动装置由电动机、减速器和链传动机构组成。

② 制动力承受装置由四个滚筒组成，每对滚筒独立设置，每个滚筒的两端分别用轴承支撑。

③ 制动力测量装置由测力杠杆和测量机构等组成。

④ 制动力指示装置由制动效能计算装置和指示仪表组成。

3. 路试检测制动性能

(1) 行车制动性能检测

① 用制动距离检测行车制动性能

制动距离是指汽车在规定的初速度下紧急制动，从脚接触制动踏板时起至汽车停住止，汽车所驶过的距离。汽车在规定的初速度下的制动距离和制动稳定性应符合表 6-6 的要求。对空载检测制动性能有质疑时，可用表中规定的满载检测制动性能要求进行检测。

② 用充分发出的平均减速度，检测行车制动性能

汽车在规定的初速度下紧急制动时，充分发出的平均减速度和制动稳定性应符合表 6-7 的要求。对空载检测制动性能有质疑时，可用表中规定的满载检测制动性能要求进行。

表6-6 制动距离和制动稳定性要求

| 车辆类型 | 制动初速度/(km·h$^{-1}$) | 满载检测制动距离要求/m | 空载检测制动距离要求/m | 制动稳定性要求车辆任何部位不得超出试车道的宽度/m |
|---|---|---|---|---|
| 座位数≤9的载客汽车 | 50 | ≤20 | ≤19 | 2.5 |
| 其他总质量≤4.5 t的汽车 | 50 | ≤22 | ≤21 | 2.5① |
| 其他汽车、汽车列车及无轨电车 | 50 | ≤10 | ≤9 | 3.0 |

注：总质量大于3.5 t并小于等于4.5 t的汽车试车道宽度为3 m。

表6-7 制动减速度和制动稳定性要求

| 车辆类型 | 制动初速度/(km·h$^{-1}$) | 满载检测充分发出的平均减速度/(m·s$^{-2}$) | 空载检测充分发出的平均减速度/(m·s$^{-2}$) | 制动稳定性要求车辆任何部位不得超出试车道的宽度/m |
|---|---|---|---|---|
| 座位数≤9的载客汽车 | 50 | ≥5.9 | ≥6.2 | 2.5 |
| 其他总质量≤4.5 t的汽车 | 50 | ≥5.4 | ≥5.8 | 2.5① |
| 其他汽车、汽车列车及无轨电车 | 50 | ≥5.0 | ≥5.4 | 3.0 |

注：对总质量虽大于3.5 t并小于等于4.5 t的汽车试车道宽度为3 m。

③ 制动气压、制动踏板力的要求

a. 满载检验时

气压制动：气压表的指示气压≤额定工作气压。液压制动系踏板力，座位数不大于9的载客汽车≤500 N，其他车辆≤700 N。

b. 空载检验时

气压制动系：气压表的指示气压≤600 kPa。液压制动系踏板力，座位数不大于9的载客汽车<400 N，其他车辆<450 N。

④ 路试制动性能检测方法

a. 检测应在平坦（坡度不应超过1%）、干燥和清洁的硬路面（轮胎与路面之间的附着系数不小于0.7）上进行。

b. 在试验路面上画出与表6-6所列制动稳定性要求相应宽度试车道的边线，被测汽车沿着试验车道的中线行驶至高于规定的初速度时，置变速器于空挡，急踏制动踏板，使汽车停住。

c. 应采用速度计、第五轮仪或用其他测试方法测量汽车的制动距离。

d. 应采用速度计、制动减速度仪或用其他测试方法测量汽车充分发出的平均减速度。

（2）应急制动性能检测

应急制动性能是指其行车制动系统有一处管路失效的情况下，在规定的距离内将汽车停住。在进行应急制动性能试验前，应使被测汽车行车制动系统的一处管路失效，然后按检测要求进行试验。

汽车在空载或满载状态下,按表6-8所列初速度进行应急制动性能检测,应急制动性能应符合表6-8的要求。

表6-8 应急制动性能要求

| 车辆类型 | 制动初速度/ $(km \cdot h^{-1})$ | 制动距离/m | 充分发出的平均减速度/ $(m \cdot s^{-2})$ | 允许操纵力不大于/N | |
|---|---|---|---|---|---|
| | | | | 手操纵 | 脚操纵 |
| 座位数≤9的载客汽车 | 50 | ≤38 | ≥2.9 | 400 | 500 |
| 其他载客汽车 | 30 | ≤18 | ≥2.5 | 600 | 700 |
| 其他汽车 | 50 | ≤20 | ≥2.2 | 600 | 700 |

(3) 驻车制动性能检测

在空载状态下,驻车制动装置应能保证汽车在坡度为20%(总质量为整备质量的1.2倍以下的车辆为15%)、轮胎与地面间的附着系数不小于0.7的坡道上,正反两个方向保持固定不动,其时间不少于5 min。

4. 台式检测制动性能

(1) 行车制动性能检测

① 检测前的准备

a. 检查轮胎,应清洁、无破损及无异物,气压达到规定值。

b. 检查滚筒,应无泥、水、油等。

c. 检查举升器工作是否正常。

d. 调整指示计零点。

② 检测方法

a. 接通试验台电源。

b. 升起滚筒间的举升器。

c. 受检车垂直于滚筒方向驶至举升板上,松开制动踏板,变速器置空挡位置,降下举升器。

d. 启动电动机,使滚筒带动车轮转动。

e. 当转动平稳时,记录车轮的阻滞力值。

f. 将制动踏板踏到底,记录车轮的制动力值。

g. 前后车轮的制动力检测完毕,关闭电动机,升起举升器,车辆驶出试验台。

h. 切断试验台电源。

③ 检测要求

a. 在制动试验台上检测的制动力应符合表6-9的要求。空载检测制动力有质疑时,可用表中规定的满载检测制动力要求进行检测。

表6-9 台式检测制动力要求

| 车辆类型 | 制动力总和与整车质量的百分比 | | 轴制动力与轴荷的百分比 | |
|---|---|---|---|---|
| | 空载 | 满载 | 前轴 | 后轴 |
| 汽车、汽车列车、无轨电车和四轮农用车 | ≥60 | ≥50 | ≥60[①] | |
| 三轮农用车 | | | | ≥60[①] |

注：① 空载和满载状态F测试均应满足要求。
② 检测时制动踏板力、制动气压与路试检测要求相同。
③ 制动力要平衡，在制动力增长全过程中，左右轮制动力差与该轴左右轮制动力大者之比，前轴不大于20%，后轴不大于24%。
④ 对于车轮阻滞力，要求进行制动力检测时，汽车各轮的阻滞力均不得大于该轴轴荷的5%。
⑤ 当车辆经台架检测后，对其制动性能仍有质疑时，可用路试检测法进行检测，并以满载路试的检测结果为准。

（2）驻车制动性能检测

检测汽车驻车制动力时，车辆空载，乘坐一名驾驶员，使用驻车制动装置，测得驻车制动力总和应不小于该车在测试状态下整车质量的20%，对于总质量为整备质量1.2倍以下的汽车，此值为15%。

（3）注意事项
① 不准超过试验台允许负荷的汽车驶到试验台上，不准在试验台上长时间停放汽车。
② 进行测量时，发动机应熄火。
③ 指示仪表应避开阳光直射和湿度大的地方。
④ 不能有水进入试验台特别是测量装置里。
⑤ 试验台每使用6个月应进行维护。
⑥ 定期检定。

## 资讯七　汽车侧滑量检测

汽车侧滑量一般由汽车侧滑试验台检测。目前使用最多的是滑板式侧滑试验台，它按滑动板数不同，可分为单板式和双板式两种。一般均由测量装置、指示装置和报警装置等组成。以下主要介绍双板式侧滑实验台。

1. 测量装置

测量装置由框架、左右两块滑动板、杠杆机构、回位装置、滚轮装置、导向装置、锁止装置、位移传感器及信号传递装置等组成。该装置能把前轮侧滑量测出并传递给指示装置。

滑动板的长度一般有 500 mm、800 mm 和 1 000 mm 3 种。滑动板的上表面制有"T"形纹或"十"形纹,以增加与轮胎之间的附着力。滑动板的下部装有滚轮装置和导向装置,两滑动板之间连接有曲柄机构、回位装置和锁止装置。在侧向力作用下,两滑动板只能在左右方向上做等量位移,并且要向内均向内,要向外均向外,在前后方向上不能位移。

当前轮正前束(IN)过大时,滑动板向外侧滑动;当前轮负前束(OUT)过大时,滑动板向内侧滑动;当侧向力消失时,在回位装置作用下两滑动板回到零点位置;当关闭锁止装置测试时,将滑动板的位移量通过位移传感器变成电信号,再经过放大与处理而传输给指示装置。位移传感器有自整角电动机式、电位计式和差动变压器式等多种形式。

以自整角电动机作为位移传感器的测量装置,如图 6-24 所示。测量装置上的发信自整角电动机通过齿轮齿条机构、杠杆和连杆等与滑动板连接在一起。指示装置中也装备有同一规格的收信自整角电动机。当滑动板位移时,发信自整角电动机回转一定角度,并产生电信号传输给收信自整角电动机,收信自整角电动机接到电信号后回转同一角度,并通过指针指示出滑动板位移量的大小和方向。

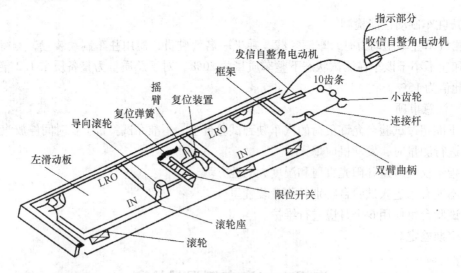

图 6-24 侧滑试验台电气式测量装置

以电位计作为位移传感器的测量装置如图 6-25 所示。可以看出,当滑动板位移时能变为电位计触点在电阻线圈上的移动,致使电路阻值发生变化,进而使电路电压发生变化。把这一变化传输给指示装置(电压表),就可将滑动板位移量的大小和方向指示出来。

以差动变压器为位移传感器的测量装置如图 6-26 所示。当滑动板位移时,通过触头带动差动变压器线圈内的铁心移动,使电路电压发生变化。将这一变化传输给指示装置(电压表),就可将滑动板位移量的大小和方向指示出来。

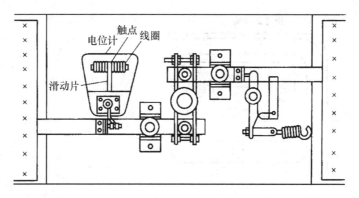

图 6-25　侧滑试验台电位计测量装置

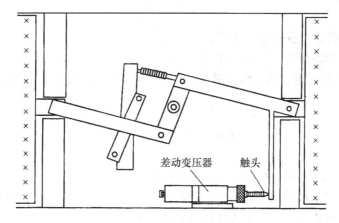

图 6-26　侧滑试验台差动变压器测量装置

2. 指示装置

指示装置也分为机械式和电气式两种,有的用指针式指示,有的用数码管式指示。指针式指示装置,如图 6-27 所示。指示装置能把测量装置传递来的滑动板侧滑量,按汽车每行驶 1 km 侧滑 1 m 定为一格刻度。前轮正前束（IN）和前轮负前束（OUT）都分别刻有 10 格的刻度。因此,当滑动板长度为 1 000 mm,滑动板侧滑 1 mm 时,指示装置指示 1 格刻度,代表汽车每行驶 1 km 侧滑 1 m。同样,当滑动板长度为 800 mm 滑动板侧滑 0.8 mm 和当滑动板长度为 500 mm 滑动板侧滑 0.5 mm 时,指示装置也都能指示一格刻度。这样,检测人员从指示装置上就可获得前轮侧滑量的具体数值,并根据指针偏向 IN 或 OUT 的方向确定出侧滑方向。

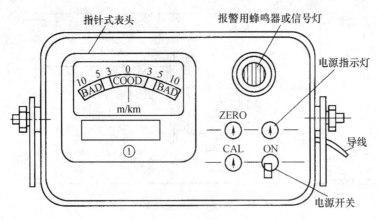

图 6-27　指针式指示装置

指示装置的刻度盘上除用数字和符号标明侧滑量和侧滑方向外,有的还用颜色和英文划为 3 个区域。即:侧滑量 0～3 mm 范围内为绿色,表示为良好(GOOD)区域;侧滑量 3～5 mm 为黄色,表示为可用区域;侧滑量 5 mm 以上为红色,表示为不良(BAD)区域。

3. 报警装置

在检测前轮侧滑量时,为便于快速表示检测结果是否合格,当前轮侧滑量超过规定值(5 格刻度)后,侧滑试验台的报警装置能根据测量装置的限位开关发出的信号,用蜂鸣器或信号灯报警,因而无须再读取指示仪表上的具体数值,为检测工作节约了时间。

国内各厂家生产的侧滑试验台的电气式指示装置,多以单片机进行数据采集和处理,因而具有操作方便、运行可靠、抗干扰性强等优点,同时还能对检测结果进行分析、判断、存储、打印和数字显示等功能,其电气部分的原理框图如图 6-28 所示。该种侧滑试验台,当滑动板侧滑时通过位移传感器转变成电信号,经过放大与信号处理后成为 0～5V 的模拟量,再经 A/D 转变成数字量,输入单片机进行运算处理,然后由数码管显示出检测结果,或由打印机打印出检测结果。

图 6-28　电气部分原理框图

## 资讯八　电脑四轮定位的检测

目前,电脑四轮定位仪受到广大用户的青睐。电脑四轮定位仪一般由主机、彩色显示器、操作键盘、高精度传感器、支架、转盘、打印机、遥控器等组成，往往制成可移动式。

这种仪器一般由安装在车轮上的传感器，把车轮与定位角之间的几何关系转变成电信号或光信号，送入电脑分析判断，然后将结果由显示屏显示或打印机输出。采用电脑四轮定位仪进行车轮定位参数检测，可一次顺序完成前后轮前束、前后轮外倾角、主销内倾角与主销后倾角等多项测量，测试速度快，测量精度高。现代先进的电脑四轮定位仪，不仅采用了先进的测量系统和科学的检测方法，而且储存了大量常见车型的四轮定位标准数据，在检测过程中，可随时把实测数据与标准数据进行比较，并通过屏幕用图形和数字显示出需要调整的部位、调整方法，以及在调整过程中实测数值的变化，把复杂的四轮定位检测调整简化成依图操作。为便于检测和调整，被检汽车需放在地沟上或举升平台上（下面以汽车放在举升平台上为例讲解），地沟或举升平台应处于水平状态，四轮定位仪部分安装在地沟两旁或举升平台上，参见图6-29和图6-30所示。

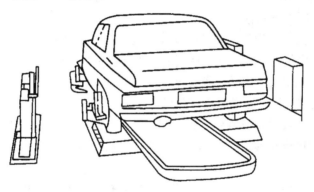

图6-29 定位仪安装在地沟旁

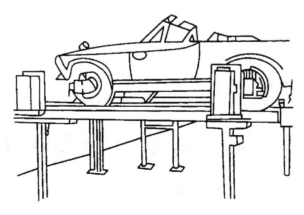

图6-30 定位仪安装在举升平台上

1. 对被检车辆的基本要求

在检测汽车的前轮定位时,被检车辆应满足以下要求。

(1) 前后轮胎气压及胎面磨损基本一致。

(2) 前后悬架系统的零部件完好、不松旷。

(3) 转向系统调整适当、不松旷。

(4) 前后减振器性能良好、不漏油。

(5) 汽车前后高度与标准值相差不大于 5 mm。

(6) 制动系统正常。

2. 注意事项

(1) 使用前,检查四轮定位仪所配附件是否与使用说明书上列出的清单相符,设备安装时要遵循使用说明书所提出的各项要求。

(2) 对于光学式四轮定位仪中的投影仪(或投光器)应细心维护,并经常进行调整;传感器是电脑式四轮定位仪的重要元件,使用前要进行校正,以保证测试精度。

(3) 传感器应正确地安装在传感器支架上,在不使用时应妥善保管,避免受到损坏;电测类传感器应在接线完毕后再通电,以避免带电接线引起电磁振荡而损坏传感器。

(4) 移动四轮定位仪时,应避免使其受到振动,否则可能使传感器及电脑受到损坏。

(5) 四轮定位仪应半年标定一次,标定时应使用购买时所带专用标定器具,并按规定程序进行标定。

(6) 在进行四轮定位前,须进行车轮传感器偏摆补偿,否则会引起大的测量误差。

3. 四轮定位的检测方法

(1) 检测前的准备

① 仪器的仪表指针应校准到零点。

② 检查、清除仪器及场地周围的机油、石子、污泥等杂物。

③ 车辆轮胎气压应符合规定。

④ 轮胎粘有油污、水渍或胎纹间嵌有小石子,应清理干净。

(2) 检测方法

① 将汽车对正侧滑试验台(对于单板式侧滑仪,将汽车的一侧车轮对正侧滑板),并使转向盘处于正中位置。

② 汽车沿台板上的指示线以 3~5 km/h 车速平稳前行。在行进过程中,不得转动转向盘。

③ 当转向轮通过台板时,测取侧滑量。

（3）注意事项

① 不能让超过仪器允许负荷的车辆通过滑动板。

② 汽车不能在试验台上转向或制动。

③ 保持设备内外清洁。

④ 滑动板上不能停放车辆。

⑤ 按期检定。

4. 检测方法

（1）把汽车开上举升平台，托起四个车轮，把汽车举升 0.5 m（第一次举升）。

（2）托起车身适当部位，把汽车举升至车轮能够自由转动（第二次举升）。

（3）拆下各车轮，检查轮胎磨损情况。

（4）检查轮胎气压，不符合标准时应充气或放气。

（5）作车轮的动平衡，动平衡完成后，把车轮装好。

（6）检查车身高度，检查车身四个角的高度和减振器技术状况，如车身不平应先调平；同时检查转向系统和悬架是否松旷，如松旷则应先紧固或更换零件。

（7）把传感器支架安装在轮辋上，再把传感器（定位校正头）安装到支架上，并按使用说明书的规定调整。

（8）开机进入测试程序，输入被检汽车的车型和生产年份。

（9）轮辋变形补偿。转向盘位于直线行驶位置，使每个车轮旋转一周，即可把轮辋变形误差输入电脑。

（10）降下第二次举升的高度，使车轮落到平台上，把汽车前部和后部向下压动 5 次，使其做压力弹跳。

（11）用制动踏板抵压器压下制动踏板，使汽车处于制动状态。

（12）把转向盘左转至电脑发出"OK"声，输入左转角度；然后把转向盘右转至电脑发出"OK"声，输入右转角度。

（13）把转向盘回正，电脑屏幕上显示出后轮的前束及外倾角数值。

（14）调正转向盘，并用转向盘锁锁住转向盘使之不能转动。

（15）把安装在四个车轮上的定位校正头的水平仪调到水平线上，此时电脑屏幕上显示出转向轮的主销后倾角、主销内倾角、转向轮外倾角和前束的数值。

（16）调整主销后倾角、车轮外倾角及前束，调整方法可按电脑屏幕提示进行。若调整后仍不能解决问题，则应更换有关零部件。

（17）进行第二次压力弹跳，将转向轮左右转动，把车身反复压下后，观察屏幕上的数值有无变化，若数值变化应再次调整。

（18）若第二次检查未发现问题，则应将调整时松开的部位紧固。

（19）拆下定位校正头和支架，进行路试，检查四轮定位检测调整效果。

# 资讯九　发动机动力性检测

发动机的动力性评价指标包括额定功率和额定转矩，评价指标的确切数值只有在发动机台架试验中才能得到，在发动机不离车的情况下只能用其他的方法对动力性进行间接地判断。发动机的有效功率是曲轴对外输出的功率，是一个综合性评价指标。

## 一、发动机功率评价指标

根据国家标准 GB 7258—2004《机动车运行安全技术条件》和 GB/T 15746.2—1995《汽车修理质量检查评定标准·发动机大修》附录 B 的规定：发动机功率不允许小于标牌（或产品使用说明书）标明的发动机功率的 75%；大修后发动机最大功率不得低于原设计标定值的 90%。部分汽车发动机的动力性指标（不带风扇、空气压缩机、空气滤清器、排气消声器等附件时的功率）见表 6-10。

表 6-10　部分常见车型汽车发动机的动力性指标

| 汽车型号 | 系列 | 排量/L | 发动机型号 | 最大功率/kW | 最大功率对应发动机转速/（r/min） |
| --- | --- | --- | --- | --- | --- |
| 桑塔纳 | Lx | 1.8 | jv | 66 | 5 200 |
| 桑塔纳 2000 | GSI | 1.781 | AJR | 74 | 5 200 |
| 别克 | GLX | 2.986 | 61A6 | 126 | 5 200 |
| 奥迪 | 100 | 1.8 | jw | 66 | 4 800 |
| 雷克萨斯 400 | | 3.9 | CA488 | 193 | 5 300 |
| 红旗 | CA7200 | 2.21 | V8 | 65 | 4 800 |

（1）测试方法一

先测出发动机整机功率，再测出某个单缸断火情况下的发动机功率，两功率差即为断火之缸的单缸功率。技术状况良好的发动机，各单缸功率应是一致的，亦即各缸功率差应是相等的，否则会造成发动机运转不平稳。比较各单缸功率，可判断各缸工作状况。

（2）测试方法二

可利用在单缸断火情况下测得的发动机转速下降值，来评价发动机各汽缸的工作状况。工作正常的发动机，在某一转速下稳定运转时，发动机的指示功率与摩擦功率是平衡的。此时，若取消任一汽缸的工作，发动机转速都会有相同的下降值。当发动机在 800 r/min 下稳定工作时，取消一个汽缸工作致使转速正常平均下降值如表 6-11 所示，要求最高与最低下降值之差不大于平均下降值的 30%。

表 6-11　单缸断火转速正常平均下降值

| 发动机缸数 | 单缸断火转速正常平均下降值/（r/min） |
| --- | --- |
| 4 | 150 |
| 6 | 100 |
| 8 | 50 |

## 二、发动机功率检测仪器

目前，最常用的发动机功率检测仪器有两种。一种是便携式发动机无负荷测功仪，如图 6-31 所示；另一种是发动机综合测试仪，如图 6-32 所示。

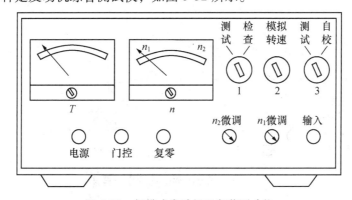

图 6-31　便携式发动机无负荷测功仪

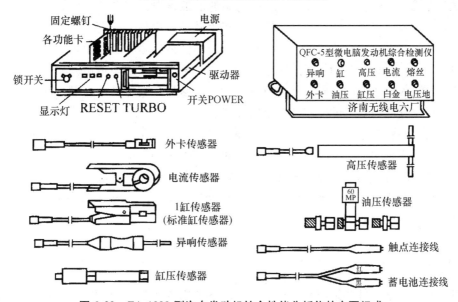

图 6-32　EA-1000 型汽车发动机综合性能分析仪的主要组成

测量仪目前采用的测量方法一种是测量瞬时加速度；一种是测量加速时间。在国产发动机检测仪中，有的采用通过测角加速度以确定瞬时功率的测试原理，如天津 YT-416 型发动机检测仪；有的采用通过测试加速时间测定平均功率的测试原理，如济南 WFJ-1 型发动机检测仪。

1. 测量瞬时加速度

测量瞬时加速度是通过测量加速过程中某一转速下的加速度，从而获得瞬时功率。仪器主要由传感器、整形装置、时间信号发生器、计数器和控制装置、转换分析器、转换开关、功率指示表、转速表和电源等组成。其原理框图如图 6-33 所示。

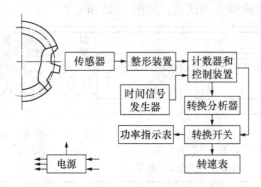

图 6-33　测量瞬时加速度原理框图

电磁感应式传感器装在离合器壳上一个特制的加工孔内，与飞轮齿顶保持 2～4 mm 的间隙，属于非接触式。当飞轮转动时，传感器内产生脉冲频率信号，每分钟脉冲信号频率除以飞轮齿数，就可获得发动机的转速。从传感器传来的脉冲信号，通过整形、放大（把脉冲信号的频率放大 2～4 倍，主要是为了提高仪器的灵敏度）后变成矩形触发脉冲信号。矩形触发脉冲信号被输入加速度计数器，并且只有发动机转速达到规定值时，整形装置才输出触发脉冲信号，触发脉冲信号通过控制装置触发加速度计数器工作，计算一定时间间隔内输入的脉冲数，并把这些脉冲数累加起来。时间间隔由时间信号发生器控制。第一时间间隔的脉冲数与发动机转速成正比，后一时间间隔和前一时间间隔脉冲数的差值则与发动机的加速度成正比，而发动机的有效功率又与加速度成正比。转换分析器能把计数器输出的脉冲信号，亦即与功率成正比的相对加速度脉冲信号变成直流电压信号，然后输入功率指示表。该指示表可按功率单位标定，因而可直接读得功率数。时间间隔取得越小，测得的有效功率就越接近瞬时有效功率。

2. 测量加速时间

测量加速时间是通过测量加速过程中某一转速范围内的加速时间，从而获得平均加速功率。仪器主要由转速信号传感变压器、转速脉冲整形装置、起始转速 $n_1$ 触发器、终止转速 $n_2$ 触发器、时标、计算与控制装置和显示装置等组成，其原理框图如图 6-34 所示。

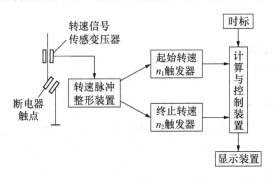

图 6-34　测量加速时间原理框图

这种仪器能把来自点火系初级电路断电器触点开闭一次的电流感应信号，作为发动机转速的脉冲信号，经整形装置整形为矩形触发波，并变为平均电压信号。当发动机节气门突然全开加速到起始转速 $n_1$ 时，与 $n_1$ 对应的电压信号通过 $n_1$ 触发器触发计算与控制电路，使时标信号进入计数器并寄存。当发动机加速到终止转速 $n_2$ 时，与 $n_2$ 对应的电压信号通过 $n_2$ 触发器又去触发计算与控制电路，使时标信号停止进入计数器，并把寄存器中的时标脉冲数经数模转换随时转换成电流信号，在显示装置上按加速时间显示或直接标定成功率显示。

### 三、发动机功率检测的原理

发动机功率测试可采用稳态测功和动态测功两种形式。

稳态测功是对发动机功率测量的一种台架试验，指发动机在节气门开度（或油量调节机构位置）一定、转速一定和其他参数都保持不变的稳定状态下，在测功器上测定发动机功率的一种方法。多为发动机设计、制造单位，高等院校和科研单位进行性能试验所采用，其缺点是测功时费时费力、成本较高，并且需要大型、固定安装的测功器。因而，在一般的汽车运输企业、汽车维修企业和汽车检测站中采用不多，在此不详细叙述。

动态测功是在发动机节气门开度和转速等均为变动的状态下，测定发动机功率的一种方法。由于动态测功时无须对发动机施加外部负荷，所以又称为无负荷测功或无外载测功。这种测功的基本方法是：当发动机在怠速或空载某一转速时，突然全开节气门，使发动机克服其惯性和内部各种运动阻力而加速运转，其加速性能的好坏可直接反映出发动机功率的大小。因此只要测出发动机在加速过程中的某一参数，就可得出相应的最大功率。

动态测功是基于动力学的原理。当发动机在怠速或某一空载低转速运转时，突然全开节气门加速运转，此时发动机产生的动力，除克服各种内部运动阻力矩外，将使曲轴加速运转，即发动机以自身运动机件为负荷加速运转。如果被测发动机的有效功率愈大，则曲轴的瞬时角加速度也愈大，而加速时间愈短。所以，只要测得角加速度和加速时间，就可以间接获得发动机功率。

1. 测角加速度

转矩与角加速度的关系为：

$$M_e = I\frac{d\omega}{dt} = I\frac{\pi}{30} \times \frac{dn}{dt} \tag{6-5}$$

式中 $M_e$——发动机的有效转矩，单位：N·m；

$I$——发动机运动机件对曲轴中心线的当量转动惯量，单位：kg·m²；

$n$——发动机转速，单位：r/min；

$\frac{d\omega}{dt}$——曲轴的角加速度，单位：rad/s²；

$\frac{dn}{dt}$——曲轴的加速度，单位：1/s²。

把 $M_e$ 代入式 $P_e = M_e n/9550$，整理得

$$P_e = Cn\frac{dn}{dt} \tag{6-6}$$

求出 $C$ 为：

$$C = K\frac{\pi I}{9550 \times 30}$$

式中 $K$——修正系数。

由于发动机加速过程是一个非稳定工况，所以实际测得功率值是小于同一转速下的稳态测功值的，因而要进行修正。

式 (6-6) 表明，发动机加速过程中，在某一转速下的有效功率与该转速下的瞬时加速度成正比。因此，只要测出加速过程中的这一转速和对应的瞬时加速度，即可求出该转速下的有效功率。对于某一型号的发动机，其转动惯量，为一常数，修正系数 $K$ 的数值可通过台架对比试验得出。

2. 测加速时间

根据功能原理，发动机在某一转速范围的加速过程中，发动机驱动曲轴转动所做的功等于曲轴旋转动能的增量，为：

$$A = \frac{1}{2}I\omega_2^2 - \frac{1}{2}I\omega_1^2 \tag{6-7}$$

式中 $A$——发动机所做的功，单位：J；

$\omega_1$、$\omega_2$——测定区间起始角速度和终止角速度，单位：rad/s²。

若发动机从 $\omega_1$ 上升到 $\omega_2$ 的时间为 $\Delta T$ (s)，则发动机在这段时间内的平均功率 $P_{em}$ 为：

$$P_{em} = \frac{A}{\Delta T} = \frac{1}{2}I\frac{\omega_2^2 - \omega_1^2}{\Delta T} \tag{6-8}$$

注意，由于 $\omega = \frac{\pi}{30}n$，并以千瓦（kW）作为平均功率的单位，则有：

$$P_{em} = \frac{C_1}{\Delta T} \tag{6-9}$$

由式（6-9）得出：

$$C_1 = \frac{1}{2}I(\frac{\pi}{30})^2\frac{n_2^2 - n_1^2}{1\,000}$$

若已知转动惯量 $I$，并确定测量时的起始转速和终止转速 $n_1$、$n_2$，则 $C_1$ 为常数，称为平均功率测功系数。

由上式可知，发动机在起止转速范围内的平均有效加速度功率与其加速度时间成反比。当发动机的节气门在突然全开时，发动机由起始转速加速到终止转速的时间越长，则其有效加速度功率就越小；反之则越大。因此，只要测得发动机在设定转速范围内的加速时间，便可得出平均有效加速功率。

## 四、发动机动力性故障的诊断和排除

如果发动机功率偏低，一般是燃料供给系调整状况不佳、点火系技术状况不佳或汽缸密封性不佳等原因造成的。其典型故障的原因与排除方法如表6-12所示。

表6-12　影响汽油发动机功率的典型故障及排除方法

| 故障现象 | 故障原因 | 排除方法 |
| --- | --- | --- |
| 燃油供给不良 | 燃油箱盖通气孔堵塞<br>汽油标号选择不当 | 清洁<br>重新加注符合要求标号的汽油 |
| 压缩不良 | 活塞环磨损或烧蚀；活塞和汽缸磨损<br>气门与气门座不密封<br>一个或数个气门弹簧折断 | 修理发动机<br>研磨气门<br>更换弹簧 |
| 汽缸充气不良 | 汽缸垫烧穿<br>节气门不能完全打开<br>气门间隙调整不当<br>空气滤清器堵塞<br>消声器堵塞 | 更换汽缸垫<br>调整节气门操纵机构<br>调整间隙<br>洗涤滤清器，并加新机油<br>清理消声器 |
| 发动机过热 | 风扇传动带松或有油污<br>冷却系有水垢 | 调整传动带、拉紧和清洁<br>清除冷却系水垢 |

对个别汽缸技术状况有怀疑时,可对其进行断火后再测功,从功率下降的大小,诊断该缸的工作情况。发动机单缸功率偏低,一般是该缸高压分火线或火花塞技术状况不佳、汽缸密封性不良、汽缸内烧机油等原因造成的,应调整或检修。

# 资讯十　汽车底盘输出功率的检测

在进行室内汽车动力性检测时,用底盘测功试验台测取驱动轮输出功率或驱动力作为诊断参数,即为底盘测功。底盘测功的目的,一是为了获得驱动车轮的输出功率或驱动力,以便评价汽车的动力性,二是获得驱动轮输出功率与发动机飞轮输出功率进行对比,求出传动效率,以便判断底盘传动系的技术状况。

## 一、底盘输出功率的评价指标

根据国家标准 GB/T 18276—2000《汽车动力性台架试验方法和评价指标》的规定:汽车动力性合格的条件为:

$$\eta_{VM} \leqslant \eta_{Ma} \text{ 或 } \eta_{VP} \leqslant \eta_{Pa}$$

式中　$\eta_{Ma}$——汽车在额定转矩工况下校正驱动轮输出功率与额定转矩功率的百分比的允许值(%);

$\eta_{Pa}$——汽车在额定功率工况下校正驱动轮输出功率与额定功率的百分比的允许值(%)。

## 二、底盘输出功率检测原理和设备

底盘测功在滚筒式底盘测功试验台上进行。滚筒式底盘测功试验台,一般由框架、滚筒装置、举升装置、测功装置、测速装置、控制与指示装置、飞轮装置和辅助装置等组成。其机械部分如图 6-35 所示。

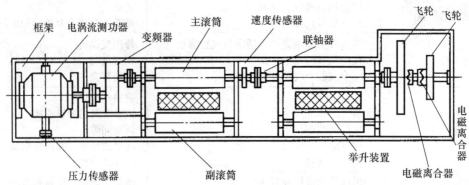

图 6-35　汽车底盘测功试验台机械部分结构图

1. 框架与滚筒装置

底盘测功试验台的滚筒相当于连续移动的路面,被测车辆的车轮在其上滚动。该试验台有单滚筒和双滚筒之分,如图 6-36 所示。

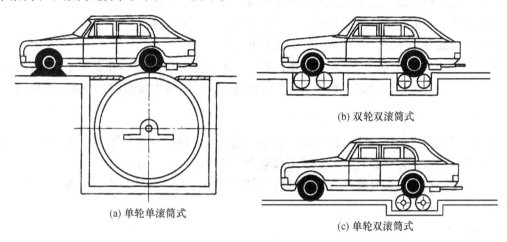

(a) 单轮单滚筒式
(b) 双轮双滚筒式
(c) 单轮双滚筒式

图 6-36　滚筒式底盘测功试验台

(1) 单滚筒试验台

支承两边驱动车轮的滚筒各为单个的试验台,称为单滚筒试验台。单滚筒试验台滚筒直径一般较大,多在 1 500~2 500 mm 之间。滚筒直径愈大,滚筒表面曲率愈小,轮胎与滚筒的滑转率小、行驶阻力小,因而测试精度较高。但加大滚筒直径会受到制造、安装、占地和费用等多方面的限制,因此滚筒直径不宜过大。

单滚筒试验台对车轮在滚筒上的安放、定位要求严格,故使用不方便。所以,这种试验台仅适用于汽车制造厂、科研院所和大专院校科研性试验,不适用于汽车维修企业、汽车检测站等生产性试验。

(2) 双滚筒试验台

支承汽车两边驱动车轮的滚筒各为两个的试验台,称为双滚筒试验台。双滚筒试验台的滚筒直径要比单滚筒小得多,一般在 185~400 mm 之间。滚筒直径往往随最大试验车速而定,当最大试验车速高时,直径也大些。由于滚筒直径相对比较小,轮胎与滚筒的接触与在道路上不一样,致使滑转率增大,滚动阻力增大,滚动损失增加,因此,测试精度较低。据有关资料介绍,在较高试验车速下,轮胎的滚动损失达到传递功的 15%~20%,但双滚筒试验台具有车轮在滚筒上的安放、定位方便和制造成本低等优点,因而适用于汽车维修企业和汽车检测站等生产单位,尤其是单轮双滚筒式得到了广泛应用。

双滚筒试验台的滚筒多采用钢质材料制成,采用空心结构。按其表面形状不同,有光滑式、滚花式、沟槽式和涂覆层式多种形式。目前,涂覆层式滚筒应用最多,滚花式、沟槽式应用较少。光滑式滚筒表面的摩擦因数较低,而涂覆层式滚筒是在光滑式滚筒面上涂覆摩擦因数与道路实际情况接近一致的材料制成的,是比较理想的一种形式。

单滚筒试验台的滚筒多采用硬质木料或钢板制成,也是采用空心结构。

双滚筒式底盘测功试验台还有主、副滚筒之分。与测功器相连的滚筒为主滚筒,左右两个主滚筒之间装有联轴器,左右两边的副滚筒处于自由状态。

不管哪种类型的滚筒,均要经过平衡试验,并通过滚动轴承安装在框架上,可以高速旋转而不振动。框架是底盘测功试验台机械部分的基础,由型钢焊接而成,坐落在地坑内。

2. 举升装置

为了方便汽车进出底盘测功试验台,在主、副滚筒之间设有举升装置。举升装置由举升器和举升平板组成。举升器有气动、液动和电动三种形式,以气动最为多见。

举升器又有汽缸式和气囊式之分,气囊式结构简单、制造容易、成本低廉,已开始在底盘测功试验台上应用。

3. 测功装置

测功装置能测量发动机经传动系传至驱动车轮的功率。测功装置也是一个加载装置,这对于滚筒式测功试验台是十分必要的。这是因为汽车在滚筒式试验台上试验时,试验台应模拟车辆在道路上行驶所受的各种阻力,因此需要对滚筒加载,以使车辆的受力情况如同在实际道路上行驶一样。测功装置由测功器和测力装置组成。

(1) 测功器

滚筒式底盘测功试验台常用的测功器有水力测功器、电力测功器和电涡流测功器三种。不论哪种测功器,它们都是由转子和定子两大部分组成的,并且转子与主滚筒相连,而定子是可以摆动的。

汽车检测站和汽车维修企业使用的滚筒式底盘测功试验台,多采用电涡流测功器。电涡流测功器具有测量精度高、振动小、结构简单和易于调控等优点,并具有宽广的转速范围和功率范围。

电涡流测功器的定子,其内部沿圆周布置有励磁线圈和涡流环,转子在励磁线圈和涡流环内转动。转子的外圆上加工有或镶有与圆柱齿轮相仿的、均匀分布的齿与槽,齿顶与涡流环留有一定空气隙。

当励磁线圈通以直流电时,在其周围形成磁场,磁场产生的磁感线通过转子、空气隙、涡流环和定子形成闭合磁路。由于转子外圆上的齿与槽是均布的,因而转子周围的空气隙也大小相间地均布,通过的磁感线也疏密相间。当转子旋转时,这些疏密相间的磁感线也同步旋转。由于通过涡流环上任一点的磁感线是呈周期性变化的,因而在涡流环每任一点上都感生了涡电流。该涡电流与产生它的磁场相互作用而产生了对转子的制动力矩,因而测功器吸收了驱动车轮的输出功率,同时也对滚筒加载。

只要变更励磁电流,就可以自由地控制测功器产生的制动力矩,因而能比较容易、经济地实现对测功器的控制。

测功器在工作中吸收的功率转化为热量,因而涡流环的温度较高,需采用风冷或水冷的方式将热量散到大气中去。

(2) 测力装置

该装置能测出驱动车轮产生的驱动力。驱动车轮对滚筒施加的驱动力所形成的转矩,由测功器定子与转子间的制动作用而传给可摆动的定子,定子则通过一定长度的测力杠杆传给测力装置,然后由指示装置显示出来。指示装置的显示值,即为驱动车轮的驱动力。

测力装置有机械式、液压式和电测式三种形式,目前应用较多的是电测式。电测式测力装置一般在测力杠杆外端安装测力传感器,将测力杠杆传来的力变成电信号,经处理后送到指示装置显示出来。

汽车底盘测功试验台在测力杠杆下安装有压力传感器,该传感器产生的电信号送往单片机处理后,即可显示出驱动车轮的驱动力。

4. 测速装置

底盘测功试验台在进行测功、加速、等速、滑行和燃料经济性等试验时,都必须对试验车速进行测试。测速装置多为电测式,一般由测速传感器、中间处理装置和指示装置组成。

常见的测速传感器有光电式、磁电式、测速发电机等类型,它们通常安装在副滚筒一端,随滚筒一起转动,能把滚筒的转动转变为电信号。该电信号经放大后送入处理装置,换算为车速(km/h)并在指示装置上显示出来。

5. 控制与指示装置

底盘测功试验台的控制装置和指示装置往往制成一体,形成柜式结构,安置在底盘测功试验台机械部分左前方易于操作和观察的地方。如果测力装置为电测式,指示装置能直接显示驱动车轮的输出功率。特别是微机控制的底盘测功试验台,在测力杠杆下测力传感器输出的电信号送入单片机处理后,可在指示装置上直接显示功率(以 kW 为单位)。

测力装置为机械式和液压式的试验台,其指示装置仅能指示驱动车轮的驱动力。此时,驱动车轮的输出功率应根据测得的驱动力和对应的试验车速按下式计算

$$P_t = F_t V/3\,600 \tag{6-10}$$

式中　$P_t$——驱动车轮的输出功率,单位:kW;

　　　$F_t$——驱动车轮的驱动力,单位:N;

　　　$V$——试验车速,单位:km/h。

6. 飞轮装置

飞轮装置用于模拟汽车在道路上行驶时的动能,常采用离合器以实现与滚筒的自由结合。

飞轮装置通常具有一组多个飞轮，飞轮的质量一般按照被测汽车的质量选取。日本弥荣 CDM-600 型底盘测功试验台飞轮质量与汽车质量的关系如表 6-13 所列。

表 6-13　日本弥荣 CDM-600 型底盘测功试验台飞轮质量与汽车质量的关系

| 汽车质量（kg） | 飞轮质量（kg） | 汽车质量（kg） | 飞轮质量（kg） |
| --- | --- | --- | --- |
| <800 | 不配置飞轮 | 1 400～2 100 | 1 200 |
| 800～1 400 | 700 | >2 100 | 700 + 1 200 |

**7. 辅助装置**

底盘测功试验台的辅助装置，包括汽车的纵向约束装置和冷风装置等。

（1）纵向约束装置　汽车在底盘测功试验台上试验时，为防止汽车前后位移，应设置必要的纵向约束装置。双滚筒试验台一般不设置纵向约束装置，或必要时在从动车轮前后加装三角木就可以保证试验顺利进行。对于单滚筒试验台，由于要保证驱动车轮在滚筒上运转时能稳定地置于准确位置，只用三角木是不够的，还必须在汽车前后设置能拉紧汽车的钢质索链。三角木和钢质索链均称为纵向约束装置。

（2）冷风装置　汽车在滚筒式底盘测功试验台上模拟道路行驶时，虽然驱动车轮在滚筒上滚动，但汽车并不发生位移，因而缺少迎面风，致使发动机冷却系的散热强度相对不足。特别是当长时间处于大负荷、全负荷试验工况时，发动机易过热，必须在汽车前面面对散热器设置移动式冷风机，以加强冷却。长时间试验也提高了轮胎胎面的工作温度，为延长轮胎的使用寿命，在驱动桥两侧面，对着驱动轮处亦应设置移动式冷风机，以加强轮胎散热。

## 任务思考

1. 汽车整车检测的项目有哪些？
2. 画简图并说明汽车制动试验台的检测原理。
3. 如何对汽车侧滑量进行检测？
4. 汽车发动机功率检测的常用方法有哪些？各有什么特点？
5. 影响汽车底盘输出功率因素有哪些？
6. 影响发动机功率的因素有哪些？

# 参 考 文 献

[1] 天天汽车工作室. 轿车发动机维修技能实例 [M]. 北京：机械工业出版社，2003.
[2] 杨海泉. 汽车故障诊断与检测技术 [M]. 北京：人民交通出版社，2004.
[3] 尹万建. 轿车发动机电控系统原理与检修实用教程 [M]. 北京：机械工业出版社，2003.
[4] 刘昭度，韩秀坤. 汽车检测技术与设备 [M]. 北京：中国劳动和社会保障出版社，2002.
[5] 张建俊. 汽车诊断与检测技术（第2版）[M]. 北京：人民交通出版社，2004.
[6] 鲁植雄. 汽车故障诊断图解丛书 [M]. 南京：江苏科学技术出版社，2001.
[7] 胡光辉. 汽车性能检测与故障诊断. 北京：机械工业出版社，2008.
[8] 邹小明. 汽车检测诊断技术 [M]. 北京：人民交通出版社，2005.
[9] 明平顺，杨万福. 汽车质量与安全检测 [M]. 北京：人民交通出版社，2001.
[10] 周建平. 汽车电气设备构造与维修 [M]. 北京：人民交通出版社，2002.
[11] 刘仲国. 现代汽车检测与故障诊断 [M]. 北京：人民交通出版社，2006.
[12] 戴耀辉，于建国. 汽车检测与故障诊断 [M]. 北京：机械工业出版社，2007.
[13] 夏令伟. 汽车电控发动机构造与维修 [M]. 北京：人民交通出版社，2002.
[14] 崔选盟. 汽车故障诊断技术 [M]. 北京：人民交通出版社，2005.
[15] 陈焕江. 汽车检测与诊断（上）、（下）[M]. 北京：机械工业出版社，2001.
[16] 子建淑，等. 汽车智能化检测设备及应用 [M]. 北京：人民交通出版社，2004.
[17] 潘伟荣. 汽车故障诊断与检测技术（第2版）[M]. 重庆：重庆大学出版社，2009.
[18] 沈辉. 汽车检测技术实验教程. 北京：中国电力出版社，2007.